大学生公共基础课系列教材
高等教育公共课示范教材

大学生学业引导、职业规划与就业指导

主　编：林　峰
副主编：赵泽人　林　翔　古家军
参　编：（按姓氏笔画为序）
　　　　王　璀　代　龙　吕　静
　　　　李全泽　吴　捷　陶垠颖

电子工业出版社
Publishing House of Electronics Industry
北京·BEIJING

内 容 简 介

本书旨在帮助大学生尽快熟悉和融入大学，学会学习和认知专业，探寻自我潜能、重视职业规划，树立职业观念，明确就业方向，将大学生职业发展规划——职业能力培养——有效就业指导形成教育教学"闭环"，以此引导大学生在中国特色社会主义建设的伟大实践中发挥作用。本书主要内容包括学业引导、职业规划与就业指导三部分，学业引导部分内容涉及：开启大学生活和感知学涯真谛；职业规划部分涉及：探寻自我潜能、启航职业规划、正视职业能力和揭开职场面纱；就业指导部分内容涉及：迈入职场就业、尝试创业实践、选择考公考编、选择国内考研、海外留学深造和其他就业项目。

本书可作为大学生学业引导、职业规划和就业指导的使用教材，也可为大学生创业教育和职业生涯发展与规划教育的工作者和学习者提供借鉴和参考，以及作为相关领域的培训工具书。

未经许可，不得以任何方式复制或抄袭本书之部分或全部内容。
版权所有，侵权必究。

图书在版编目（CIP）数据

大学生学业引导、职业规划与就业指导 / 林峰主编.
北京：电子工业出版社，2024.8. -- ISBN 978-7-121-48742-2
Ⅰ．G647.38
中国国家版本馆CIP数据核字第2024M2E634号

责任编辑：吴　琼
印　　刷：三河市华成印务有限公司
装　　订：三河市华成印务有限公司
出版发行：电子工业出版社
　　　　　北京市海淀区万寿路173信箱　邮编　100036
开　　本：787×1 092　1/16　印张：13.5　字数：345.6千字
版　　次：2024年8月第1版
印　　次：2025年7月第2次印刷
定　　价：48.50元

凡所购买电子工业出版社图书有缺损问题，请向购买书店调换。若书店售缺，请与本社发行部联系，联系及邮购电话：(010) 88254888，88258888。
质量投诉请发邮件至zlts@phei.com.cn，盗版侵权举报请发邮件至dbqq@phei.com.cn。
本书咨询联系方式：(010) 88254541，wuqiong@phei.com.cn。

前　　言

高等教育进入大众化阶段，科教兴国战略的实施，使高等教育改革不断深化，适应中国特色教育现代化的高等教育人才培养体系日趋完善。习近平总书记勉励新时代广大青年："青年兴则国家兴，青年强则国家强。青年一代有理想、有本领、有担当，国家就有前途，民族就有希望"。当代大学生作为国家建设和发展的生力军，其肩负着国家与人民的期待和历史发展的重任。党的二十大报告指出："教育是国之大计、党之大计。培养什么人、怎样培养人、为谁培养人是教育的根本问题。"

大学阶段，是大学生形成世界观、人生观和价值观的关键时期。如何以较短时间、最佳方式和最优效果教育和培养大学生，使他们成为中国特色社会主义的合格建设者和可靠接班人，是广大高等教育工作者的责任和担当。基于架构大学生学业引导——职业规划——就业指导完整的教育教学"闭环"，根据教育部"大学生职业发展与就业指导"课程要求，结合高校办学实际，我们组织编写了本教材。

为更好帮助和有效引导大学生，树立正确职业观念，重视职业规划，了解职业世界、探寻自我潜能、聚焦职业方向、体验职业规划，实现自己理想的职业目标，本教材贯彻落实高等教育"为党育人，为国育才"精神，章节内容体现课程思政要求，把大学生职业生涯规划教育纳入中国特色教育现代化的有机组成部分，揭示中国大学生职业生涯教育和实现的具体途径，以此引导大学生在中国特色社会主义建设的伟大实践中建功立业。本教材编写注重理论联系实际，体现实用性、系统性和针对性。

本教材由林峰担任主编，赵泽人、林翔、古家军担任副主编。一批在高等院校从事大学生日常管理和热衷于大学生职业生涯规划的教育教学工作者积极参与编写。教育部高校思想政治工作创新发展中心（浙江树人学院）主任章清教授对教材编写给予了悉心指导，浙江工商大学杭州商学院古家军教授对本教材的出版给予了大力支持。

本教材在编写过程中参考和借鉴了国内外专家、学者、同行的有关著作及研究成果，以及兄弟院校同人的职业规划与就业指导等方面的教材与文献资料，在此一并表示衷心感谢！由于编者水平有限，书中难免存在疏漏和不妥之处，恳请专家和广大读者批评指正，提出宝贵建议和意见，以便更好地修订和完善。

本书编写组

目　　录

第一章　开启大学生活 ·· 1

第一节　走进大学 ·· 1
一、何谓大学 ·· 1
二、体验大学 ·· 3
三、收获大学 ·· 7

第二节　为人处世 ·· 10
一、处理人际关系 ··· 10
二、大学课外活动 ··· 13

第三节　理想信念 ·· 18
一、发挥理想信念作用 ··· 18
二、树立共产主义信仰 ··· 19

第二章　感知学涯真谛 ·· 21

第一节　学会学习 ·· 21
一、感知学习真谛 ··· 21
二、掌握学习规律 ··· 23
三、提高学习效率 ··· 27

第二节　认知专业 ·· 28
一、专业的概述 ·· 28
二、专业与兴趣 ·· 31

第三章　探寻自我潜能 ·· 34

第一节　明确自己的价值观 ··· 34
一、职业价值观的含义 ··· 34
二、价值观与职业选择 ··· 35
三、职业价值观的完善 ··· 35

第二节　剖析自己的个性 ··· 36
一、了解自己的性格 ·· 36
二、识别自己的气质 ·· 37

第三节　找准自己的兴趣 ··· 39
一、兴趣的含义 ·· 39
二、兴趣与职业 ·· 39
三、兴趣的培养 ·· 40

第四节　发现自己的能力 ··· 41
一、职业发展需能力 ·· 41
二、能力提升靠实践 ·· 41

第四章　启航职业规划 … 43

第一节　职业发展规划 … 43
一、职业是推动人全面发展的重要平台 … 43
二、职业发展规划的定义和分类 … 44
三、职业类型和职业发展的取向 … 45
四、职业发展规划的原则和路径 … 48

第二节　职业规划理论 … 49
一、职业选择理论 … 49
二、职业发展理论 … 49
三、职业决策理论 … 50

第三节　职业规划设计 … 50
一、职业规划决策的困境 … 50
二、职业规划设计的准则 … 51
三、职业发展方向的确定 … 53
四、职业规划设计的流程 … 54
五、职业规划方法的选择 … 55

第四节　职业规划调整 … 56
一、调整职业规划的成因 … 56
二、调整职业规划的时机 … 56
三、调整职业规划的方法 … 57

第五章　正视职业能力 … 58

第一节　自我管理 … 58
一、计划管理 … 58
二、时间管理 … 62
三、健康管理 … 68

第二节　善于沟通 … 79
一、沟通：职场成功的核心要素 … 79
二、善于把握面对面的沟通 … 83
三、自觉运用非语言的沟通 … 88

第三节　融入团队 … 92
一、认识团队 … 92
二、加入团队 … 95
三、助推团队 … 97

第四节　创新思维 … 99
一、创新及创新思维 … 99
二、创新思维的主要类型 … 101
三、创新思维训练方法 … 103

第六章　揭开职场面纱 ……………………………………………………………… 108

第一节　认知职业 ……………………………………………………………… 108
一、职业概述 …………………………………………………………………… 108
二、职业功能 …………………………………………………………………… 108
三、职业特征 …………………………………………………………………… 109
四、选择职业 …………………………………………………………………… 110

第二节　认知产业 ……………………………………………………………… 111
一、产业的定义和分类 ………………………………………………………… 111
二、产业的特点和发展趋势 …………………………………………………… 111

第三节　认知行业 ……………………………………………………………… 112
一、行业的定义与分类 ………………………………………………………… 112
二、行业的现状分析与发展趋势 ……………………………………………… 113
三、行业对人才的要求 ………………………………………………………… 114

第四节　认知企业 ……………………………………………………………… 115
一、企业及其分类概述 ………………………………………………………… 115
二、选择企业时应关注的重点 ………………………………………………… 115

第七章　迈入职场就业 ……………………………………………………………… 117

第一节　择业与就业的准备 …………………………………………………… 117
一、树立新型择业观念 ………………………………………………………… 117
二、择业与就业的心理准备 …………………………………………………… 118
三、科学有效地从事工作 ……………………………………………………… 121

第二节　明晰就业程序 ………………………………………………………… 123
一、收集就业信息 ……………………………………………………………… 123
二、关注招聘宣讲 ……………………………………………………………… 125
三、通过就业测试 ……………………………………………………………… 126
四、签约的注意事项 …………………………………………………………… 130

第三节　个人简历展现 ………………………………………………………… 134
一、样式与类型 ………………………………………………………………… 134
二、制作原则与要求 …………………………………………………………… 134
三、结构与内容 ………………………………………………………………… 135

第八章　尝试创业实践 ……………………………………………………………… 137

第一节　了解创业 ……………………………………………………………… 137
一、创业的意义 ………………………………………………………………… 137
二、创业过程与能力 …………………………………………………………… 139
三、创业要素 …………………………………………………………………… 143

第二节　创立企业 ……………………………………………………………… 149
一、了解企业的创办 …………………………………………………………… 149

二、企业注册流程 ·················· 150
三、防范风险 ······················ 151

第九章 选择考公考编 ·············· 154

第一节 参加公务员招考 ············ 154
一、了解政策 ······················ 154
二、知晓程序 ······················ 155
三、应试技巧 ······················ 158

第二节 参加事业单位招考 ·········· 161
一、了解事业单位招聘政策 ············ 161
二、知晓程序 ······················ 161
三、应试技巧 ······················ 162

第三节 不同考生的备考策略 ········ 162
一、初试考生 ······················ 162
二、经验考生 ······················ 163
三、基础薄弱型考生 ················ 163
四、基础扎实型考生 ················ 163

第十章 选择国内考研 ·············· 164

第一节 政策把握和应对 ············ 164
一、了解招生工作管理规定 ············ 164
二、考研准备全流程解析 ············ 172

第二节 考研目标的选择 ············ 175
一、专业范围界定 ·················· 175
二、意向专业选择策略 ·············· 175
三、意向地区考量 ·················· 175
四、意向硕士点筛选 ················ 176
五、意向硕士点竞争难度分析 ········ 176
六、自我竞争力分析 ················ 176

第三节 研究生招考常识 ············ 177
一、研究生专业目录 ················ 177
二、研究生学位类型 ················ 177
三、研究生学习方式 ················ 179
四、研究生专项计划 ················ 179

第十一章 海外留学深造 ············ 182

第一节 留学规划 ·················· 182
一、选择留学 ······················ 182
二、时间规划 ······················ 183

第二节 国家（地区）的选择 ········ 184

一、留学选择的关键考量因素 ·· 184
　　二、主要留学国家（地区）概况 ·· 185
第三节　留学体验 ··· 188
　　一、制定学校申请方案 ·· 188
　　二、语言考试概览 ·· 189
　　三、留学申请策略 ·· 192
　　四、留学申请流程 ·· 194
　　五、留学前的准备 ·· 195

第十二章　其他就业项目 ·· 196
第一节　国家鼓励就业项目 ·· 196
　　一、高校毕业生面向基层就业的现实意义 ···································· 196
　　二、高校毕业生面向基层就业项目 ·· 196
第二节　应征入伍服义务兵役 ··· 199
　　一、应征入伍的政治条件和基本身体条件 ···································· 199
　　二、高校毕业生应征入伍服义务兵役的主要程序 ·························· 200
　　三、高校毕业生应征入伍服义务兵役享受的优惠政策 ··················· 200
　　四、国家资助大学生应征入伍服义务兵役 ···································· 200
　　五、大学生申请应征入伍服义务兵役的国家资助程序 ··················· 201
　　六、大学生士兵退役后享受的就学优惠政策 ································ 202

参考文献 ·· 203

第一章 开启大学生活

第一节 走进大学

一、何谓大学

（一）大学之内涵

大学是一种独特的学术组织，与社会经济和政治机构既相互独立又相互依存。大学不仅是人类文化和经济社会发展到一定阶段的产物，也在长期办学实践的基础上，经过历史的积淀、自身的努力和外部环境的影响，逐步形成了独特的大学文化。作为国家高等教育的学府，大学提供综合性的教学和研究条件，并颁发学位。大学承担着人才培养、科学研究、社会服务、文化传承创新和国际交流合作五大职能，其中人才培养是首要和本质职能。大学也常被人们形象地喻为"象牙塔"。

1. **大学是自我提升的舞台**

大学生活为学生提供了一个自我提升的平台。高考后被录取的学生，离开家乡或家庭，甚至首次独立面对学习和生活中的各种挑战。在大学期间，他们将学会独立自主，逐步确定自己的发展方向和路径，并为实现既定目标和理想奠定基础。

2. **大学是个体成熟的摇篮**

大学是个人知识储备、思想成熟和性格完善的重要时期。与中学相比，大学学习更注重学习能力和创造潜能的开发，有助于提高人际交往能力、人格修养和生活技能。大学学习具有专业性，需要学生进行更多的自主探索和深入钻研。在这个学习过程中，学生将会独立思考，聆听不同意见做出自己的判断，选择适合自己的人生发展道路，因此，大学是学生个体成熟的摇篮。

3. **大学是人生精神的家园**

大学在自身存在和发展过程中会形成独特的精神文化，即人们所称的大学精神，是大学科学精神的时代标志和具体体现，是大学文化的核心。大学精神不仅深藏于校园之中，也影响着校园之外的社会。大学精神为大学注入了生命活力，虽不能直接赋予学生职业、财富和幸福，但会潜移默化地影响学生的精神世界，给予学生持续终身的精神滋养，是学生精神的家园。

（二）大学之特征

大学自诞生以来，就对人类文明进步起到了巨大的推动作用，被视为思想库和动力站，广受世人的赞誉和敬仰。人们常用各种美誉来形容大学，如"人才培养的摇篮""人类精神的家园""知识创新的源泉"和"社会良知的先导"。同时，大学教师也被尊称为"人类灵魂的工程师"。就现代大学而言，其主要特征表现在以下几个方面。

1. 现代化的校园设施

大学拥有优越的办学条件，包括美观整洁的校园环境、具有特色的建筑、宽敞明亮的教学空间、先进的设备及丰富的图书资源。这些有形资产是衡量一所现代大学办学质量和水平的重要标准。

2. 杰出的学术权威

学术权威在一定程度上代表了大学的水平和声望，是吸引学生和教师的关键因素之一。他们的学术成就和精神风貌对大学的发展和学生的成才起着至关重要的作用。

3. 杰出的校领导

大学校长的办学理念是学校事业发展的关键，他们不仅是学校发展的引领者，也是学校形象的代表。公众对一所大学的认识和评价，往往与其校长的领导风格和个人魅力密切相关。

4. 深厚的文化底蕴

文化既是大学外在的社会表现，也是内在的学术追求。现代大学的本质在于其深厚的文化积淀和创新。传承和创新文化是现代大学的基本职能，研究文化则是大学活动的核心。大学不仅是物质存在，更是一种文化和精神的存在。

5. 知识的殿堂

大学是高深学问的研究场所和高级人才的培养基地，提供多样化的专业教育，不仅传授学生生存的知识和技能，更教导学生做人做事的原则，是传道、授业、解惑的学术殿堂。

6. 创新的前沿

大学的任务在于创造未来，这一使命具有与时俱进的时代内涵。现代大学是知识、思想、真理的探索和发现的集结地，是社会思想文化的桥头堡和思想库，也是青年一代的精神家园。

（三）大学之所学

大学教育与学生未来职业选择及社会对人才的需求紧密相连，是一种专业化的教育。学生在大学期间的学习成果主要体现在以下三个方面。

1. 学得"事物之理"的大智慧

大学传授给学生的专业知识，是对事物的本质及相关属性高度概念化、抽象化的"高深"学问，这种专业知识似乎和现实生活有一定距离，但理解并掌握这些知识，对提高学生的综合素质、理性思维能力至关重要。虽然不同高校设置不同的学科、专业，不同的专业对人才培养的具体标准也有所差别，但在培养学生的理性思维能力方面，是"殊途同归"的。通过学习理论知识，并在实践中应用和发展这些知识，有利于培养学生从具体的感性思维发展到抽象的理性思维。实践证明，接受过高等教育的人和未接受过高等教育的人相比，在知识量、知识组织和管理能力上更加突出。这种对知识的有效组织和管理的能力，往往通过大学的系统学习和培养获得。

掌握这种思维能力的学生，将更敏锐地洞察事物的本质，对事物发展趋势的理解、判断就会更全面、更准确，从而表现出所谓的"大智慧"。

2. 拓展"治学之道"的大视野

大学是知识密集、人才密集的场所，时常会举办各种正式或非正式的学术交流活动。在这样的学术氛围中，可近距离地感受学术大师的风采，学到治学的方法和科学的精神，在潜移默化中拓展自己的学术视野。

同时，学生在校期间，除学习本专业的必修课程外，还可跨学科、跨专业选修自己感兴趣的课程。为更好地促进学生成长，目前许多学校之间加强了横向联系，实行学生双向交流制度，允许一部分学生到其他学校学习，并互相承认学分，有的学生甚至可以到国外知名大学深造。有的学校给学生提供科研经费，鼓励他们参与科研，或者鼓励他们创业。这种多样化的人才培养模式，为学生的成才提供了广阔的空间。

多渠道的学术交流，多样化的人才培养模式，不仅可以使学生"向内审视"，从多角度分析、认识自己的能力和性格特点，还能够"向外拓展"，把本学科、本专业的特点同社会对人才的要求结合起来，从中寻找适合自己的学习方法、治学策略，拓展"治学之道"的大视野。

3. 培养"服务社会"的大境界

现代社会中，接受过高等教育的人更倾向将职业选择同个人的职业生涯规划及社会需求相结合。学生在大学接受的教育，不仅可以增加知识储备，更能促进自身全方位的提升。大学期间，学生逐步学会用科学的思维方式、敏锐的洞察力，加深对职业本质的理解，学会以社会的发展和进步为导向，不断提高自身的社会责任感和道德水平，逐步实现从"以自我为中心"向"以社会为中心"的转变与调整，从而真正融入社会。

因此，学生应积极适应大学的人才培养模式，确保自身在身心各方面发展更和谐，实现个人价值与社会价值有机统一，具备自身发展与社会发展同步的崇高境界，立志成为中国特色社会主义事业的建设者和接班人。

二、体验大学

（一）大学生活"框架"

刚刚步入大学生活的学生，总会被这样那样的问题困扰，甚至感到迷茫，有时还将面临人生的重要转折。在大学这座象牙塔里，无论是学习还是生活，作为大一新生，在进入大学的梦想实现后，人生目标也将处于短暂的"真空"状态，需要学生去感悟和适应。

大学的生活既丰富多彩，又紧张有序，如何圆满、顺利和有效度过这段时光，是一门艺术。我们可以将大学生活构建为一个多维度的框架。该框架包括学习、生活、社交、休闲和消费五个维度，如图 1-1 所示。

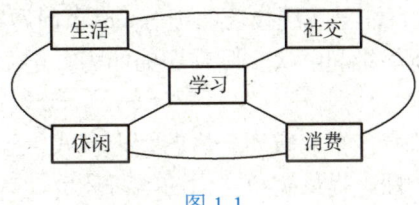

图 1-1

该框架实现的理想状态是：学习占据中心，生活有条不紊，休闲为之充电，社交有的放矢，消费量入为出。即大学生活的"一中心，两个基本点"。

一个中心，即紧紧抓住学习这个中心任务不放。如今，大学生唯有养成从书本中学习、从他人身上学习，养成终身学习的习惯，才能应对瞬息万变的知识经济时代。从某种程度上讲，大学可能是大多数学生在这一生中最后一次集中时间学习的机会，因此应当倍加珍惜。

两个基本点，即学会做人、学会实干。大学最基本功能之一就是为国家培养心智健全、身体健康、具有较高素质的公民和社会主义事业的建设者和接班人。因此，大学生必须充分利用大学时光学习如何融入社会、如何与他人合作，在社会实践中培养领导能力、人际交往能力、沟通协调能力等，并树立正确的人生观、价值观和世界观，在多元化社会中保持自我。我们生活在一个伟大的时代，物质生活丰富，精神生活多彩，我们要养成健康向上的生活习惯，具有健全的人格，掌握服务社会的一技之长，前者是我们感受幸福人生的保证，后者是我们立足社会的根本。学会实干，不是高谈阔论，而是"纸上得来终觉浅，绝知此事要躬行"地践行。要在博览群书、通晓古今、融会中西基础上，勇于实践，在实践中提升实干能力，要有敢于创新的精神和不怕失败的勇气。社会是一所真正的大学，要多参加社会实践活动，敢于到社会中去磨炼自己。

大学是人生中最美好的时光之一，在这段关键时期，是选择激情满怀地拼搏，还是碌碌无为地"躺平"，是平庸度过，还是创造奇迹，取决于学生的选择和努力！

（二）大学和中学的区别

1. 总体上的差异

教育目的的不同。中学教育，侧重基础知识和技能的传授，强调学生对书本知识的熟练掌握和解题能力的训练，旨在为学生通过高考选拔进入更高层次的学习阶段做准备。而大学教育，面向社会经济，结合当下和未来社会发展和经济建设的实际需求，致力培养学生适应未来职业发展的能力。

教学方式的不同。中学里，教师角色是知识的传授者和学生生活的监督者，引导学生朝着明确的升学目标努力。大学里，教师角色更加多元化，不仅是知识的传授者，更是学术的引导者、解惑者，教学中注重学生的自主学习和解决问题能力的培养。此外，大学教师要同时承担教学、科研与服务社会的任务。

学习状态的不同。中学生的学习活动多在学校和家庭的监管下进行，学习目标较为单一，即提升学习成绩。大学生需要自主、自觉地学习，具备自我加压和自我控制的能力，合理安排学习计划，确保课程学习的有效性。

学习要求的不同。在中学，课程统一，教学大纲明确，强调学习标准的统一性和规范性。在大学，倡导学生自由和学术创新，鼓励学生独立思考和批判性思维，培养学生的创新能力和实践能力。

思维训练的不同。中学教育注重解题技巧的训练，追求问题数量的减少和准确性的提高。大学教育注重培养学生的创新思维和解决实际问题的能力，鼓励学生发现问题、提出问题，并通过研究和实践解决问题。

管理方式的不同。中学教育多采取较为严格的管理模式，学生自主性相对较低。大学教育鼓励学生自主发展，张扬个性，提供宽松自由的学习环境，有利于学生潜力的开发和综合素质的提升。

承担责任的不同。在中学，学生多为未成年人，法律责任和义务相对有限。在大学，学生多数已成年，需独立承担公民的法律责任和义务，对自己的言行负责，对他人和社会负责。

生活方式的不同。在中学，学生多由家长照顾，生活自理能力相对较弱。在大学，学生需独立面对生活和学习中的各种问题，学会自我照顾和管理，培养独立生活的能力。

学习视野的不同。在中学，学习视野相对狭窄，主要围绕升学目标展开。在大学，学习视野更加广阔，需不断探索、思考和践行个人发展的道路。

社会活动不同。在中学，社会活动相对较少，主要围绕学业进行。在大学，社会活动丰富多样，学生可参与各类组织活动和社团活动，锻炼社会工作能力，积累社会经验。

2. 学习上的差异

学习目标由单一变为多元。在高中阶段，学习目标主要围绕考入理想大学，具有明确的内容大纲、考核指标和历年题库，学习方向清晰。在大学阶段，学分制下，学习目标变得多元化。学生以课程为核心、教师指导为辅助，通过绩点和学分衡量学习质量。在完成基本学业要求后，学生有充分自由去深入学习专业知识，还可以辅修其他专业，或者参与培训、实习等实践活动。

学习内容由少点变为多面。在高中阶段，主要学习基础性知识，以知识掌握为主，课程数量有限。在大学阶段，学习内容转向专业性学习，课程在广度和深度上远超中学。除理论知识外，还包括实验操作、论文写作等多种技能的培养与提高。大学重视综合素质的提升，课程内容常涵盖前沿知识和信息。随着大学教育教学改革的推进，越来越多的大学利用"大班听课、小组研讨"和"翻转课堂"等教学手段，鼓励学生通过"提出问题、组织讨论、查阅资料和开展实践"的方式学习。

学习方法由被动变为自主。在高中阶段，学习进度、时间和内容均由教师把控，学生被动接受知识，进行反复纠错和训练。在大学阶段，学生需自主安排学习时间，提倡自主学习。课堂以介绍学习思路、讲授重点和难点为主，学生需课后自主学习和探究。课后时间充裕，学生可自由分配用于复习、拓展或深入研究。

3. 生活上的差异

生活料理由包办转向自理。在大学阶段，学生需要摆脱中学时期父母的照料，自行负责衣、食、住、行等生活琐事。这要求学生能够主动适应新的生活方式，培养独立生活的能力，并妥善处理学习和生活中出现的各种问题。相较于高中生活，自主、自立、自律成为大学生活的核心。

生活环境由单纯步入融合。学生来自五湖四海，彼此在地域、经济、性格、语言、文化、作息习惯等方面存在显著差异。因此，学生需要学会自我调节，学会包容，学会融入集体生活，既不傲慢自大，也不自卑怯懦。

时间管理由被动变为主动。高中时期，学生的时间被学业所填满，而大学阶段的时间则相对充裕和自由。若没有良好的规划和计划，学生可能会感到空虚和迷茫。大学提供了丰富的课余活动，如社团活动、学术报告、讲座等，但过多的选择也可能导致学生感到盲目。因此，学生需要靠自身努力规划时间，寻找适合自己的发展方向。

经济支配由被掌控转为自主。高中时期，学生的消费主要用于购买学习资料和日常生活用品，其他支出则由父母掌控。而大学阶段，学生的消费变得更为自主，除父母提供的资金外，还可以通过奖学金、竞赛获奖、勤工俭学、实习等方式获得一定的经济收入。可支配的资金增多，同时消费也会受到社会和周围同学的影响，容易引发攀比心理，因此学生需要具备良好的自控能力。

(三)教室、寝室和图书馆的作用

1. 教室对人才培养的影响

大学的教室为学生提供了集中的学习环境,是教育和培养人才的重要场所,在大学人才培养体系中占据举足轻重的地位。大学教室对学生的学业教育、学术能力和综合素质提升具有重要影响。

教室是学生学习知识和技能的主要场所。在教室里,学生们聆听教师的讲授,学习各科的理论知识。教师通过讲解、示范和案例分析等方式,将抽象的概念转化为具体的实践,帮助学生深刻理解和把握学科和专业的核心原理与精髓。同时,教室也是学生们进行讨论和合作学习的重要平台,通过与教师和同学间的交流和辩论,学生们可以互相启迪、进行批判性思考,从而拓宽思维方式和学术视野。

教室是培养学生思维能力和创新精神的重要环境。在教室里,学生们被鼓励提问、质疑和思考,教师为学生提供培养创造性思维和解决问题能力的机会。在课堂上,学生们通过分析和解决现实问题,锻炼批判性思维能力和创新意识。教室中的互动与辩论能够激发学生的思维活力,提高学生的思维敏锐度和逻辑推理能力。

教室是学生学习行为和学术规范的重要场所。在教室里,学生们通过观察教师的教学方式,了解和掌握学术研究和学习方法。同时,学生们也学会了遵守纪律、尊重他人和合理表达自己的观点。这些行为规范和学术规范的养成,对学生在未来的学习和工作具有重要指导意义。

2. 寝室对人才培养的影响

大学的寝室不仅是学生日常生活的居所,更是学生独立生活的空间,同时也是人才培养中至关重要的组成部分。寝室环境对人才的全面发展具有深远的影响。

寝室是个人发展与自我管理的重要平台。在寝室中,学生们需要自主安排日常作息,如按时起床、上课和休息,这样的生活方式有助于他们学会独立生活、管理时间和事务,培养自理能力和独立解决问题的能力。此外,寝室也是学习的场所,学生们可以根据自己的学习习惯和方式自由安排学习时间,从而提高学习效率,养成良好的学习习惯。

寝室是社交与建立人际关系的重要场所。寝室是学生与室友共同生活的空间,他们需要相互理解、尊重和包容,这种相处模式有助于培养学生的社交技巧和合作能力。通过与室友的交流和互动,学生们能够接触不同背景和文化的人群,拓宽视野,进而增强自身的人际关系处理能力。

寝室是休息与放松的主要空间。面对学习压力和各种挑战,寝室为学生提供了放松和减压的场所。在寝室里,学生们可以与室友聊天、娱乐,分享彼此的感受,从而缓解学业压力,保持身心健康。充足的休息和放松有助于学生保持良好的精神状态,提高学习效果,促进人才的全面发展。

寝室是培养共同责任与团队精神的沃土。在寝室生活中,学生们需要共同维护寝室的整洁和安全,遵守寝室规定。在面对问题和困难时,他们需要积极沟通、共同解决,这种过程有助于培养学生的团队合作和解决问题的能力。这些社会责任感和团队精神对学生未来的职业发展和社会交往具有重要意义。

3. 图书馆对人才培养的影响

大学图书馆是知识的宝库,是学生深入学习和探索的场所。在图书馆里,学生可以接触到海量的图书、期刊、论文等学术资源，这些资源涵盖各个学科的最新研究成果和经典著作。通过阅读和分析这些资料，学生可以更全面地了解某个学科领域的知识，并深入思考、研究和讨论。

同时，图书馆为学生提供了一个安静、专注的学习环境。相较于教室和寝室，图书馆更为静谧，少有外界干扰。在这样的环境下，可以集中注意力，更好地进行学习和思考。此外，图书馆还配备了各种学习设施，如阅览室、电脑终端和研讨室等，为学生提供了便利和舒适的学习条件，有助于提高学习效率和学术成果的产出。

大学图书馆作为提供学术资源和知识服务的重要场所，对人才培养起着深远的影响。

图书馆是学生获取信息和扩展视野的重要途径。现代社会信息爆炸，新知识层出不穷。图书馆不仅为学生提供了最新的学术资讯和研究成果。同时，图书馆也收藏了丰富的非学术读物，如文学作品、新闻报道和社会科学调查等，这些资源有助于学生开阔视野，了解社会动态和文化知识。通过利用图书馆的资源，学生们能够多角度地思考和理解问题，进而培养综合分析和判断的能力。

图书馆是学生自主学习和终身学习的重要场所。在图书馆中，学生们可以自由选择自己感兴趣的书籍和研究课题，在自主学习的过程中培养独立思考和解决问题的能力。此外，图书馆还定期举办学术讲座、专题展览和学术研讨会等活动，为学生提供了交流和互动的平台。通过参与这些学术活动，学生们可以不断更新自己的知识和学术素养，培养终身学习的意识和能力。

三、收获大学

（一）学到"四会"

联合国教育、科学及文化组织提出了面向 21 世纪教育的四大支柱，即学会学习（learning to know）、学会做事（learing to do）、学会共处（learning to live together）、学会生存（learning to be）。大学时期恰是人们掌握这四项技能，实现生存与发展的黄金时期。

1. **学会学习**

当今时代是终身学习的时代，学会学习是现代人生存和发展的关键能力，是通往新时代的通行证。正如美国未来学家托夫勒所言："未来的文盲不再是不识字的人，而是没有学会学习的人。"因此，大学生应积极掌握学习方法。

（1）培养自学能力

根据个人兴趣及发展需求，主动通过各种渠道去获取知识，构建合理的知识体系。自学能力包括阅读能力、文献检索能力，以及运用知识解决问题的能力。

（2）拓宽学习途径

学习不仅局限于课堂，大学生更应向不同职业领域的人学习，向具有不同专业背景和不同人生阅历的人学习。还可以借助网络、讲座、社团、实习、竞赛、创业、旅行等方式，丰富个人阅历和知识储备。

（3）合理支配时间

大学学习生活的有效利用，关键在于时间的规划与分配。大学生应注重提升时间管理能力，根据课程、身体状况、学习效率、兴趣和爱好，合理安排每天的日程，保持高效的学习和生活节奏，避免拖延。

2. 学会做事

学会做事是指用一种持之以恒的态度，认真对待并处理各种事务，坚持不懈地追求完善。"做事"更侧重于实践层面。对于大学生而言，学会做事主要体现在以下方面。

（1）学以致用，增强解决问题能力

"纸上得来终觉浅，绝知此事要躬行。"从课堂、书本、讲座等途径获得的知识，需通过实践应用转为解决问题的能力。因此，大学生应秉持在做中学、在学中做的理念，不断锻炼和提高自己的实践能力。

（2）加强锻炼，提升为人处世能力

大学校园文化丰富多彩，为大学生提供了"认识自我、展示自我、发现自我、提升自我"的广阔平台。大学生应积极参与感兴趣的各种社团，既可以开阔视野、增长见识、激发各种灵感，又能结识朋友、扩大人脉、提高各种能力。

（3）参加活动，提高社会适应能力

大学生应积极参与社会兼职、青年志愿服务和假期社会实践等活动，增强对社会的了解，提高适应社会、服务社会的能力。这些活动不仅有利于锻炼大学生的实践能力，还能帮助他们发现自己的不足，及时学习提高；同时，这些经历有利于完善大学生的性格和意志品质，加快个体的社会化进程。

3. 学会共处

学会与他人共事、共同生活，是当今社会个体应具备的重要能力。实践证明，一个人的成功，一部分取决于他的专业技术知识，更多地取决于与人相处和沟通协调的能力。因此，大学生要从以下方面提升与人相处及共事的能力。

（1）真诚待人接物

美国学者安德森（N.Anderson）研究了影响人际关系的核心品格，排序在前面、受喜爱程度较高的六个人格品格分别是真诚、诚实、理解、忠诚、真实、可信；排序在后面、受喜爱程度较低的几个品质，如说谎、假装、邪恶、不老实等，为人所不齿。这一研究凸显了真诚在人际交往中的重要性，真诚受人欢迎，不真诚则令人远离。

（2）妥善处理人际关系

在大学生活中，每个学生都需要面对多样且复杂的人际关系，包括与家人、朋友、室友、同学、辅导员及老师等的交往。为了维护这些关系，大学生应秉持真诚包容的心态，尊重彼此的差异，积极交流、欣赏、相互体谅、帮助。同时，还应学会微笑、感恩，保持谦虚谨慎的态度，做到言行一致。

（3）积极参与集体活动

团队合作能力往往是通过课外的集体活动得到锻炼和提升的，如社团活动、校园文化活动、社会实践小组活动、创新创业团队活动等。如今，企业在招聘时愈发重视候选人的团队意识和协作精神，特别是在团队中协作完成任务的过程。通过参与这些活动，大学生能够学会如何与他人分工合作、融洽相处，进而提高自身的协作能力，增强群体意识和集体荣誉感。

4. 学会生存

生存是人类的基本技能，发展则是人类永恒的追求。对于大学生而言，学会生存与发展可从以下方面着手。

（1）增强生活自理能力

大学生需培养独立生活的能力，包括准时作息、合理安排饮食、整理个人物品及适应不同气候和环境。此外，理财知识的学习也至关重要，需学会合理规划日常花销，以实现经济的自主管理。

（2）提升实践技能

在竞争激烈的现代社会中，大学生需不断提升自身的发展能力。这要求他们不仅掌握扎实的专业知识与技能，还需培养可迁移技能，如创新思维、团队协作等。同时，加强自我管理技能的培养，包括情绪管理、时间管理、压力管理等方面，亦是不可或缺的。

（3）提前接触与适应职场

通过参与校内外的兼职活动，大学生能够提前了解职场环境与要求，将理论知识与实践相结合，锻炼自身多种能力。这不仅有助于提升个人综合素质，还能实现一定程度的经济独立。

学会学习、学会做事、学会共处、学会生存这四个方面构成了大学生成长的有机整体。其中，学会生存是核心目标，其他三个方面是实现这一目标的重要手段和内容。这四个方面相互渗透、互为条件，共同推动大学生的全面发展。

（二）提升"七商"

1. 智商

智商（Intelligence Quotient, IQ）代表个体认识和改造世界的综合能力，涵盖认知、思维、语言、观察、计算和应变能力。其核心在于思维能力。因此，大学生应着重进行阅读与表达、数字计算、空间想象、逻辑推理、概念记忆等方面的训练。

2. 情商

情商（Emotional Quotient, EQ）指个体在情绪与情感方面的智慧，包括识别自我情绪、情绪管理、自我激励、识别他人情绪，以及人际关系管理。情商是个体在社交与情感互动中的关键能力。

3. 财商

财商（Financial Quotient, FQ）指个体在财务方面的智慧，包括财富创造、认知和管理能力。财商的培养旨在树立正确的金钱观、价值观与人生观。大学时期是财商、智商、情商共同发展的黄金时期。

4. 职商

职商（Career Capability Quotient, CQ）是评估个体在职业活动中胜任素质的综合指标。涵盖知识技能、心态及方法论，不仅考察个体的专业知识技能，还注重其在职场中的心态、团队协作、自我驱动力等多方面的能力。

5. 逆商

逆商（Adversity Quotient, AQ）反映个体面对逆境时的应对能力，即面对挫折、摆脱困境和克服困难的能力。在竞争激烈的现代社会，逆商的培养对大学生的职业发展与激发创业潜能至关重要。

6. 心商

心商（Mental Intelligence Quotient, MQ）是个体维持心理健康、缓解压力、保持良好心理状况的能力。心商的高低直接影响个体的生活质量和命运走向。

7. 健商

健商（Health Quotient, HQ）1999年由谢华真教授提出，用于衡量个体的健康意识、知识和能力。健商理念强调身心健康，鼓励个体以最新的健康知识为基础，进行自我保健，形成健康的生活方式。健商可细化为体商（BQ）、心灵商（MQ）、人缘商（RQ）和性商（SQ）。

（三）实现"六化"

校园化：致力于促进学生更好地适应大学校园环境，妥善处理校园内的各种关系，以便与校园中的同伴和团队共同成长。

生活化：需提升学生的独立生存与生活能力，使其成长为具备合格社会素质的自然人，并懂得如何与自然和谐共处。

社会化：旨在培养学生了解和适应社会的能力，使其能够友好地处理与社会成员之间的关系，进而实现与社会的和谐共生。

职业化：应注重培养学生顺利就业的核心竞争力，以及未来在职场竞争中持续发展的职业能力。

企业化：应培养学生深入了解企业运营，成为为企业谋求发展、与企业共同成长的职场精英。

个性化：应鼓励学生实现个人价值的最大化，充分发掘和发挥个人的兴趣、能力，从而成为独具特色的个体。

第二节 为人处世

一、处理人际关系

俗话说："一个篱笆三个桩，一个好汉三个帮。"在当今社会，社会分工日益细化，任何一项任务的完成和目标的实现，都离不开社会、团队乃至他人的融入和合作。人们常说"天时不如地利，地利不如人和"，这强调了人际关系的重要性。

大学犹如一个"小社会"，大学生们的大部分时间是和同学共同度过的。一起学习、生活、运动休闲、居住用餐，正是这些共同经历组成了丰富多彩的校园生活。大学期间，大学生们需要面对和处理各种人际关系。尽管大学里的人际关系相对简单，但是对刚进大学校门的学生来说，依然需要处理好各种类型的人际关系。

（一）父母关系

父母关系，作为一种深厚的血缘纽带，对于大学生而言具有不可替代的重要性，尤其在注重家庭观念的中华民族中。许多大学生的大学生涯正是从父母的呵护中起步的。我们都能回忆起大学新生报到的场景，许多家庭的父母携带着各式行李，从祖国的四面八方汇聚到子女所在的大学，不辞辛劳地协助他们完成入学手续，然后带着不舍离去。

随着大学生离家求学，他们的心理逐渐成熟，开始更加体谅父母的辛劳，并体验到深深的思念。短信、电话、网络成为了大学生与父母沟通交流的主要工具，这种交流的频率往往比工作后更为密集。一方面，由于现代大学生中独生子女占多数，父母对子女的牵挂和某些大学生对父母的过度依赖，使得这些大学生在心理上尚未完全独立；另一方面，面对全新的陌生环境，大学生特别渴望得到他人的关爱，尤其是来自父母的关爱。在新生尚未找到合适的倾诉对象之前，父母往往是较为安全、信赖、真挚的沟通对象。

尽管父母与孩子之间偶尔会出现所谓的"代沟"，但亲情的力量是坚不可摧的。学校与学生家长之间的联系将持续进行，父母与孩子、学校与家长之间的互动只会加强而不会减弱。因此，大学生应当首要关注和处理好与父母的关系。

（二）同学关系

同学关系是大学生活中不可或缺的重要组成部分，其珍贵程度和情感深度在大学生活中占据显著地位。大学期间，同学关系的发展往往经历三个主要阶段。第一阶段，入学之初，由于空间因素的限制，大学生最早形成的人际关系往往体现在宿舍中，室友之间的关系较为重要。第二阶段，随着交往的深入，由于不同地域、家庭背景、个性特点和生活习惯的差异，以及在学习和课余生活中的利益冲突，可能导致人际关系变得紧张或尴尬。第三阶段，大学生关系逐渐稳定和成熟，他们会根据自己的价值观念、性格爱好等综合因素，建立起良好的同学关系、好友关系或知己关系。

若大学生不能妥善处理与同学之间的关系，将对其大学生活的各个方面产生不良影响，甚至影响其未来的职场交往。特别是室友关系，其好坏直接影响大学生的生活质量、学习成绩和身心健康。在朝夕相处中，随着彼此缺点的逐渐暴露，不同看法和意见的产生，室友间可能会出现矛盾。因此，室友关系是大学生人际交往中需要特别关注的问题。

大学生来自五湖四海，在很多方面都存在不同程度上的差异。首先是人生观、价值观的不同。有的同学更重视学习，把成绩视为大学成功的关键；有的同学重视拓展人脉，广泛交友，努力搭建和谐的人际关系；有的同学积极参与课外活动，关心社会事务，致力提升综合素质；有的同学可能重能力而忽视人品，有的同学则重金钱而轻友谊。在同一屋檐下生活，不同的人生观和价值观必然会反映在对待实际问题的态度上，大家各持己见，甚至可能发生冲突。其次，大学生在中学时代一般是优等生，进入大学，同在一个起跑线上，谁能成为大学里的优等生还是未知数。在宿舍中，同学间无形中会有一种竞争的压力，有一种害怕落后的紧张感。大学期间，有的同学担任学生干部，有的同学成绩优异，有的同学获得表彰荣誉。于是，羡慕、嫉妒等感觉自然而生，这也会使宿舍成员间的关系变得紧张。另外，长期养成的生活方式和习惯也很难立即改变，加之同学间的适应能力不一致，这也是造成室友关系紧张的因素之一。如有的同学谨慎、细心，有的同学直率、坦诚；有的同学含蓄，有的同学开朗；有的同学注重卫生，有的同学不太讲究；有的同学早起早睡，有的同学是晚上是"夜猫子"，早晨却爱睡懒觉。这些差异，造成了不同类型的同学之间可能产生冲突。面对这些问题，需要同学们树立平等意识、分享意识、公共意识和互助意识，本着耐心和智慧、沟通与理解、尊重与包容、宽容与谅解、和谐与稳定的原则去有效处理。

第一，深化自我剖析，强化自我认知能力。当个体遭遇问题，特别是涉及人际关系的问题时，往往倾向于归咎他人，而忽视了对自身的深刻反思。大学生正处于独立意识形成的关键阶段，对外部世界的观察与思考逐渐深入，自我反省的能力尚需进一步提升。在宿舍人际交往中，个体常感他人不够关心或尊重自己，却鲜少自问：我是否给予了他人同等的关心与尊重？是否曾设身处地，换位思考？若皆能率先自我反思，审视个性中的不足，构建和谐的同学关系便有了坚实的思想基础。

第二，运用沟通技巧，以诚待人。共同生活数年，难免遭遇难以忍受的情境或人物。此时，应对之道在于巧妙运用沟通技巧。若他人不良的生活习惯干扰了你的正常生活，如过度的"卧谈"影响休息，或是不负责任的言行破坏团结，甚至涉及严重的道德品行问题，直接提出意见可能效果有限。此时，应选择适当的时机和氛围，以委婉的方式表达自己的看法和建议。这种方式应避免在众人面前进行，以免使对方尴尬。以真诚的态度出发，这样的沟通方式往往更能赢得他人的理解与接受。

第三，理性对待批评，宽容面对误解。由于性格差异，人们在表达观点时方式各异。有些人直言不讳，甚至以批评责备的口吻指出问题；有些人则可能因性格使然，在未弄清事实之前就发泄情绪，指责他人。这些都是大学生活中可能遇到的挑战。面对批评，我们应保持理性，正面接受，毕竟当面指出问题总比被背后议论要好得多。而朋友间的批评更是珍贵，应虚心接纳。在人际交往中，误解和委屈难以避免。此时，切记不可因一时冲动而做出过激反应，这样不仅不能解决问题，反而可能使情况恶化。对于重大误解，若一时难以消除，可采取冷处理的方式，时间往往是解决问题的良药。

第四，求同存异，积极适应。与他人共同学习、生活时，应首先承认并接受每个人独特的生活习惯和价值观念。在未来的生活中，我们会遇到形形色色的人，要学会与不同观点、不同性格的人和谐相处。在集体生活中，更应彼此关心、照顾，避免因个人行为影响他人。良好的室友关系源于相互适应与宽容。若多数人的生活习惯与你不同步，可适当调整自己的作息时间。面对冲突时，应采取宽容和谅解的态度，这既是一种美德，也是一种高尚的精神境界。通过相互尊重、宽容和谅解，可以共同营造一个温暖、友善且充满爱的大学生活环境。

（三）师生关系

古人云："一日为师，终身为父。"师生关系不仅伴随学生的学习生涯，更对个体的人生产生深远影响。无论历史如何变迁，大学里师生之间的情感始终如一。

遇见良师，是人生的幸事；学校拥有优秀教师，是学校之荣；一个民族持续涌现优秀教师，则是民族的希望所在。在大学，教师不仅是学生学术道路上的引路人，更是他们人生道路上的良师益友。他们博学多才、思想深邃，以学无止境的精神，言传身教，激发学生的智慧与热情，引导他们认识世界、适应世界并改造世界。在锤炼学生品格、传授知识、创新思维及激励奉献等方面，教师都发挥着不可替代的作用。

然而，由于师生双方在角色、职责和视角上的差异，难免会出现意见不一甚至矛盾的情况。在学习上，教师倾向于严格要求，而部分学生可能觉得过于压抑；在生活上，教师强调学习的重要性，而部分学生可能过于追求其他方面而忽略学业；在情感体验上，双方也有各自的偏好。这些差异若处理不当，可能导致矛盾激化，影响教学效果和双方的生活与工作。

因此，对于师生关系中出现的任何问题，双方都应给予足够重视，并努力寻找解决之道。学生应秉持尊师重教的传统美德，尊重教师的辛勤付出；教师应理解和尊重学生的个性与差异，以耐心和包容的态度指导他们。在处理矛盾时，双方都应设身处地地思考对方立场，积极沟通，以增进感情、求同存异、以教学相长为目标，共同化解矛盾。

在大学里，辅导员作为与学生接触最为频繁的教师群体，被亲切地称为"知心人、热心人、引路人"。他们不仅在日常思想政治教育、心理健康教育、社会实践教育中发挥着重要作用，还在学生日常生活管理、资助管理、危机事件处理等方面提供着全方位的支持与帮助。正是辅导员们的辛勤付出，使得学校省心、家长放心、学生舒心。因此，学生应积极配合辅导员的工作，与他们建立良好的师生关系。在与辅导员相处时，学生应主动加强沟通，合理利用辅导员资源，并在建立和维护人际关系时，运用适当的策略和技巧，如建立相互信任与尊重的基础、积极参与学校活动等，以增进彼此的了解和情感。

（四）恋爱关系

爱情，作为人类情感中最为复杂且引人入胜的篇章，在大学校园中同样引发了广泛的关注与探讨。即便未曾亲身经历爱情，也能通过影视作品和文学作品中的动人故事，感受爱情带来的甜蜜与辛酸，情感亦随之起伏。然而，某些学生将恋爱视为大学生活中不可或缺的一部分，认为不谈恋爱就等于未曾真正体验过大学，这样的观点未免有失偏颇。

在大学，恋爱关系如同一门"选修课"，并非每位学生都必须选择，但对于选修这门课的同学们而言，确实需要投入时间与精力去经营和维护。大学的恋爱对象可能会在外貌、才华、家庭背景等方面表现出众的同学中产生，这一现象在入学后不久的军训生活中便可见一斑。然而，也有部分同学过度投入恋爱关系，将大量金钱和精力用于此，以至于忽视了学业，甚至因此产生了诸多矛盾。

大学生必须认识到，爱情固然美好，但同时也是充满挑战的。在这个共同成长的校园环境中，不稳定因素众多，要想让爱情长久，需要双方共同努力，并具备天时地利人和的条件。因此，对于恋爱关系，应持开放而审慎的态度，既不错失美好的情感体验，也不因过度投入而荒废学业。至于爱情能否长久，还需同学们在日后的生活中自行体会与感悟。

二、大学课外活动

（一）担任学生干部

学生干部，是在学生群体中担任特定职务，负责一定管理职责，协助学校进行管理工作的特殊学生群体。一般来说，学生干部具有较强的组织和管理能力，他们既是受教育者，又是学生事务的管理者，具备双重身份。作为学生，学习是首要任务，成绩优异是担任学生干部的基本条件；作为干部，工作表现是重要体现，需以身作则，率先垂范，积极投身学生事务的安排和完成中。一名出色的学生干部，一方面，以促进学生学习为中心，协助老师，带领、服务同学，为学校的发展、同学的成才做出积极的贡献；另一方面，也要提高自己的综合素质和能力。

学生干部是老师的助手和参谋，应起到桥梁和纽带作用；学生干部由学生中的佼佼者组成，应发挥表率作用；学生干部是同学的代言人，应全心全意地为同学服务；学生干部是学生工作的主力军，能够主动开展工作、独当一面。

根据工作职责、承担的责任、投入的精力和涉及的范围等因素，大学里的学生干部通常分为不同层次。第一层次包括校级学生组织的主要负责人（如校学生会主席等）、学生社团主要负责人、院团委副书记、院学生会主席等。这一层次的学生干部承担的责任最重，要独立地开展工作，投入大量精力，其工作的好坏带来的影响也很大。第二层次包括校级学生组织中骨干成员、院系学生会、学生党支部委员等。该层次的学生干部所发挥的作用仅次于第一层次，是第一层次学生干部的得力助手和工作伙伴。第三层次包括校级学生组织各部门成员、学生会各部门成员等，这一层次的学生干部往往都是具体工作任务的执行者，是主要学生干部的配合者、协助者。第四层次为其他学生干部（如寝室长、信息员等），该层次的学生干部工作性质单一、任务具体。

大学期间担任学生干部，有"得"，也有"失"。"得"主要体现在三个方面，一是有利于提高自身综合能力；二是有利于获得更多资源；三是有利于为升学、就业增加竞争力。"失"主要表现在三个方面，一是容易对自己学业造成影响；二是可能导致同学关系紧张；三是容易产生官本位思想。

大学期间做好学生干部，首先要树立公仆意识和服务理念；其次要勤奋务实和开拓创新；最后要处理好工作和学习之间的关系。

（二）加入学生社团

学生社团是指学生基于共同意愿和个人兴趣爱好，自愿组成的群众性组织。在当今国内外大学中，学生社团已成为大学校园文化建设的重要载体，是大学生全面发展的重要平台。学生社团可打破年级、系科甚至学校的界限，团结兴趣爱好相近的同学，发挥他们在某方面的特长，开展有益于学生身心发展的活动。

学生社团的活动始终围绕学生的健康成长和学校各项工作的顺利展开进行，很多学生社团利用课余时间开展形式多样的活动，旨在交流思想、切磋技艺、互相启迪、增进友谊。这些活动中既丰富了校园文化，充实了学生的课余生活，还提升了自我服务、自我管理的能力。

不同高校社团的数量各异，少则二三十个，多则近百个。社团形式多种多样，一般分为志愿公益类、文化娱乐类、文化研究类、体育竞技类、科技创新类等。每年各社团以其独特的思想性、艺术性、知识性、趣味性和多样性，吸引着广大学生积极参与。

每年的新生入学季，大学生社团组织都以"招新"活动，吸收新生积极参与。优秀的社团不仅能丰富校园文化，营造良好的育人氛围，还能引导学生树立正确的价值观和发展目标，培养学生自主学习的习惯和自我发展的能力。在选择社团时，可以从以下方面进行考量。

首先，应该对社团有总体的了解。在数目繁多的社团面前，大一新生要详细了解社团的类型、运作方式及特点。选择时应该大致了解学校社团的分类，认真阅读其相应的社团章程、机构设置、活动规则和活动内容等。可以通过社团的宣传板和招新人员那里了解社团的性质，也可以听听学长、学姐们的意见，还可以通过学校和学院团委、学生会等渠道，了解各社团的基本情况。同时，应结合个人兴趣爱好和大学规划，以学习锻炼的心态，有目的性、有针对性地进行选择。有的学校每年都要对全校社团进行评比表彰，这些优秀社团可以在学生感兴趣的情况下作为首选。

其次，加入学生社团应积极慎重。社团可以充分发挥学生某一方面的特长、爱好，促进学生的全面发展。但加入之前，最好是先对自己的性格、爱好、特长等进行一次理性的分析，正确认识自己的优势和不足，再根据个人综合素质提高的需要和对大学的适应情况进行选择。"扬长补短"是选择社团的基本原则，即选能够发挥自己特长的社团，同时选择可以提高自己薄弱方面的社团。

再次，尽量善始善终，也可适当调整。新生刚入社团时，可能会兴趣盎然，全力以赴。但随着时间推移，可能会认为社团活动只是娱乐，或者不是很重要，导致参与度下降。这种被动参加社团活动的做法不仅有悖于社团的宗旨，也会错失很多自我锻炼的机会。应把个人和社团的发展紧密结合，尽量善始善终，但如果真的发现加入的社团不适合自己，或对自己在某个社团的发展不满意，可以选择退出，再申请加入其他社团。

最后，要合理安排时间。学生首要以学习任务为主，加入社团的前提条件是不影响学业。社团活动可能影响到学生学习，特别是社团的主要负责人。因此，要掌握好度，调整好生活节奏，确保学业与社团活动之间的平衡。

（三）投身社会实践

社会实践是指在校大学生在课余时间积极参与社会活动，通过与社会的接触和交流，深入了解社会运作机制，同时运用自身才智为社会做出贡献，并在这一过程中锻炼自我、提升能力的过程。当前，参与社会实践已成为大学生在校期间的必修环节。

从组织形式上看，社会实践可分为两种类型：个人实践与团队实践。个人实践主要基于学生个体的意愿，可由学生单独或自行组队进行，其内容广泛，地域覆盖城乡、内陆与沿海、国内外等。虽然个人实践在时间和内容选择上有较大自由度，但其活动效果往往因缺乏统一规划和组织而难以保证。团队实践则通常由学校或院系团委统一组织，设定明确的活动主题，大学生自愿报名组成实践团队，前往各地开展实践活动。团队实践通常具有明确的主题、严谨的组织和较高的活动效果。

从实践类型来看，社会实践涵盖了多个领域，包括便民服务、支教活动、法律宣传与咨询、社会调查、义务劳动、文化下乡、环境保护等，以及当前备受关注的乡村振兴等。

受教学计划等因素的影响，目前大多数大规模的社会实践活动都安排在每年的暑期进行。以下将重点探讨大学生暑期社会实践活动。

1. 暑期社会实践活动的意义

暑期社会实践活动是引导大学生走出校园、深入社会、了解国家现状的重要途径。不仅促进了理论与实践的结合，也加强了青年学生与人民群众的联系。这一活动是大学生向人民群众学习、培养和锻炼自身能力的重要平台，同时也是提升思想认识、增强服务社会意识、促进个人全面发展的有效手段。通过参与社会实践，大学生能够更新观念，树立正确的世界观、人生观和价值观。大学生暑期社会实践活动的意义主要体现在以下几个方面。

增进对国情和社会的了解，提升社会责任感和使命感。现代大学生主要以学习书本知识为主，对国情和民情的了解相对有限。社会实践活动为大学生提供了深入了解社会的机会，帮助他们认识到社会的复杂性，并非仅通过阅读书籍、听讲座或看新闻的渠道。

促进自我认知，明确个人定位。通过参与社会实践，大学生能够更清晰地认识到自身素质与市场需求之间的差距，以及知识和能力上的不足。这有助于大学生客观地重新认识和评价自己，学会正确处理个人与社会、个人与集体的关系。

转化和拓展理论知识，提高解决实际问题的能力。虽然课堂学习对大学生至关重要，但理论知识并不等同于实际技能，往往难以直接应用于现实生活。社会实践使大学生将所学知识与社会现象相对照、比较，从而具备将抽象的理论知识转化为解决实际问题的能力。

增强适应社会和服务社会的能力。社会实践活动使大学生广泛接触社会，了解社会，通过实践锻炼动手、动脑、动口的能力，与社会各阶层、各部门的人交流合作，培养实际工作能力，并在工作中发现不足，及时改进和提高。

培养组织协调能力和创新意识。在没有课堂教学和校园生活限制的社会实践活动中，大学生的创造力和积极性得到充分发挥，他们勇于开拓、敢于创新，产生创造性的想法。

提升个人素养，完善个性品质。社会实践活动为大学生提供了提升个人修养和品质的良好环境。在与人民群众的交往中，大学生能够克服自身的"娇气"和"骄气"，在面对困难和挑战时，培养牺牲精神和坚强品质，形成坚韧、顽强的性格，养成务实的学习态度和生活作风。

2. 如何参加暑期社会实践活动

（1）组织好活动

在大学期间，不同年级的学生参与暑期社会实践活动的内容和方式各有侧重。低年级学生通常更注重体验和志愿活动，而高年级学生则更倾向参与调研实践、上岗实习及学术服务。社会实践活动一般包括实践选题、组建团队、开展实践和总结评比四个阶段。学生可以根据自己的专业特点和个人兴趣自主选题，既可以选择个人参与，也可以选择团队合作。学校或学院团委会根据申报的团队实践项目进行立项，立项成功的团队将开展实践活动。活动结束后，通过总结评比，验收合格的团队可能获得学校的资助。

在团队社会实践中，学生可以跨越年级、专业、学院甚至学校进行合作，只需向各自学校提交申请并获得批准。原则上，每个实践团队都应有一名指导老师，可以是辅导员、班主任或任课教师等。实践活动的时间应根据项目特点和实际情况确定，通常两周为宜。

开展团队暑期社会实践时，全体成员应发扬团结协作精神，遵循学校或学院的安排，积极参与实践活动，并努力完成被分配的任务。团队应选出一名公认的、责任心强的学生担任队长，队长需要对实践计划有充分的了解和认真思考，负责组织协调工作。同时，应指定专人负责财务管理，详细记录团队活动的财务支出，并收集所有相关凭证。

暑期社会实践是培养和锻炼学生综合能力、增长社会经验的重要途径，也是展示学生和学校风采、提升学校社会认可度和知名度的机会。因此，团队应配备足够的宣传人员，负责及时整理活动简报、简讯、照片、随队日记、实践感想等成果，以及媒体报道的原件或复印件、DV等资料。活动结束后，这些材料应与社会实践总结一并上报。

作为高校所有大学生的"必修课"，暑期社会实践结束后，学校通常会为每位同学发放社会实践证书，参与团队社会实践的同学还可以参加各级评比和评优表彰。

（2）撰写好报告

暑期社会实践结束后，应撰写一份规范且具有特色的总结报告，字数一般为3000~5000字。内容由封页、简介和正文组成。

封页应包括报告题目，简介部分应描述实践者的个人信息或团队的详细组成，活动时间、地点、单位和主题等信息。正文主要包括以下内容。

实践目的。介绍实践的目的和意义，实践单位或部门的概况及发展情况，以及实践要求等。这部分内容通常以前言或引言的形式呈现，不单独列出标题和序号。

实践内容。在概述实践安排（包括时间、内容、地点等）后，按照实践顺序详细介绍具体的实践流程和工作内容，以及专业知识和技能在实践中的应用。以记叙为主，重点介绍认为有重要意义或需要研究解决的问题，其他内容则简要介绍。

实践结果。围绕实践目的，重点介绍实践中发现的问题及其分析思考，提出解决问题的对策和建议。分析讨论的内容和推理过程是实践报告的重要部分，也是评价实践报告水平的关键。分析讨论及对策建议应有依据，有参考文献，并在正文后附录。

实践总结或体会。评价实践效果，重点介绍收获和体会。报告最后部分应针对实践中发现的不足，提出未来学习和锻炼的方向。

（四）参加志愿服务

志愿者是指自愿参加相关团体组织，在自身条件许可的情况下，不谋求任何物质、金钱及相关利益回报的前提下，合理运用社会现有资源，志愿奉献个人所能，帮助有一定需要的人士，开展力所能及的、切合实际的，具有一定专业性、技能性、爱心性服务活动的人。

志愿服务是一种直接的社会实践活动，大学生志愿服务的过程是理论付诸实践、学以致用的过程，也是向社会、向他人学习借鉴的过程。志愿服务作为一条强有力的纽带，在不同社会群体之间建立了联系和交流的渠道。在环保、扶贫、助老、助残等方面的志愿行动，能够丰富志愿者的社会阅历，帮助其增长才干。通过参与政府所提倡的服务领域，志愿者还能在实际工作中提升统筹协调能力。

大学生参加志愿活动，成为志愿者，具有现实意义：一是使大学生获得一个深入接触社会实际、了解和认识国情的机会，以此丰富生活阅历，增强感性认识；二是强化大学生的社会责任感，对改善社会风气，确立敬业精神起到积极作用；三是通过志愿服务培训和实际工作，能够增强大学生的协作精神、团队精神和帮扶弱势群体意识，使他们学会与他人团结合作，依靠团队力量去共同完成任务。特别是通过培养帮助残障人士或其他弱势群体的技能，树立帮扶意识，使他们从中学会关心他人，并延及关心整个社会，学习维护弱势群体的利益，并致力于服务整个社会和人民的利益。

大学生正处于人生价值观形成和塑造、社会责任和完整人格形成的关键时期。他们未来将成为社会主流意识的承载者，志愿精神传承和建设的主力军。大学生成为志愿者，参加志愿活动，要在遵循社会主义核心价值观的前提下，通过自我认知、评价和选择，加以培育和引导。概括来讲，大学生志愿者的精神体现在以下方面。

奉献精神。这是大学生志愿服务的首要品质，主要体现在参与志愿服务活动的出发点和落脚点上，就是为了他人的幸福和社会的进步而付出，不计名利、不求回报，体现了人类高尚的精神品质。

友爱精神。这是大学生志愿服务精神的根基，主要体现在无论何时何地，志愿者都能自觉地善待、尊重并帮助他人，甚至面对天灾人祸，他们依然会冒着生命危险去提供援助，这就是友爱精神的体现。

互助精神。这是大学生志愿服务最直接的体现。面对因各种原因而处于困难或危机中的人们，志愿者以大爱和奉献的精神，伸出援手，力所能及地提供服务，帮助他们克服困难，走出困境，树立自信，重拾美好的生活。受助者得到帮助的同时，也会吸收、内化这种奉献友爱的精神，一旦他们摆脱了困境，有了一定能力时，同样会成为志愿服务的一员，去关心和帮助他人，这种"互相帮助、助人自助"的精神，是大学生志愿活动应大力倡导的精神。

进步精神。这是大学生志愿服务推动社会进步发展的动力。首先，绝大部分志愿服务都使直接受助者得到了帮助，生活得到了改善，自身得到了进步；其次，通过志愿服务活动，志愿者丰富了阅历，锻炼了能力，增长了才干，让自身得到明显进步。

（五）参与各类赛事

大学期间，学生们会有展现自我风采的广阔平台——各类赛事。这些竞赛不仅可以开阔学生的视野，拓展他们未来的可能性，更为他们提供了培养团队意识、增强个人自信和提升综合素养的平台。

按竞赛内容来分，大致有综合类学科竞赛、专业竞赛、文娱生活竞赛。综合类学科竞赛，不局限于某个或某几个专业，是绝大多数学生都能参加的竞赛项目，如全国大学生数学竞赛、"挑战杯"中国大学生创业计划大赛等。专业竞赛旨在考查某一专业方面的知识运用能力，如全国大学生数学建模竞赛、中国大学生程序设计竞赛、全国大学生电子设计竞赛、全国大学生机器人大赛等。

按竞赛形式来分，有个人竞赛和团队竞赛。个人竞赛类型较多，涉及面广，广泛存在于大学学习的各阶段，如全国大学生数学竞赛、全国大学生英语竞赛等。团体竞赛是以团队为单位组队参加比赛，如"挑战杯"中国大学生创业计划大赛。

大学生参加何种竞赛，以个人兴趣为出发点，选择适合自己的比赛。同时，还应考虑自己的实际能力，在自己能力范围内参加比赛。

对大学生而言，参加比赛的过程和结果同样重要。赛前准备至关重要，为此，要从以下方面着手。

思想上高度重视。一旦决定参加比赛，就要明确参赛目的和目标，并具备坚持不懈的毅力。不同竞赛项目所需的时间、精力不同，有的比赛从选拔到最后决赛可能耗时数月，其间也可能会遇到各种各样的困难和挫折，为此，在决定参赛前，一定要有充分的思想准备，并下定坚持奋斗到底的决心。

全方位了解赛事。不同的竞赛有不同的组织形式和规则，有的可能重在考查专业知识，有的则注重创新意识、表达能力、领导能力等。因此，决定参加赛事，就须先深入了解参赛的种类和要求。

志同道合的队员。一个团队的好与坏不是由单一成员决定的，在没有能力改变他人时，只能选择适合自己的。同时，如果自己不能为团队贡献力量，也应放弃加入其中。大学生组建团队时，不应仅仅限于自己的个人感情取向，而要就自己的比赛目标选择具有不同特长的队员，只有发挥每个队员所长，团结协作，才能有效推动比赛进程。

知己知彼。赛前充分了解比赛对手的情况，是百战不殆的必要条件。组织队员尽可能多了解竞赛对手的情况，收集信息，剖析情报，取长补短，力争做到有的放矢，最终战胜对手。

值得特别提醒的是，如今大学生参加各级各类竞赛时，展示是必不可少的内容。为此，在参赛最后阶段，大学生务必要高度重视"路演"环节。

第三节　理想信念

一、发挥理想信念作用

1. 大学生理想信念及其重要性

理想信念是指个人对于追求真善美、社会进步和个人发展的根本信念和价值追求，包含对自身价值和追求的明确认知，对社会变革和进步的责任担当，以及对美好事物和未来的向往。大学生处于人生的关键时期，理想信念往往会在这个阶段被塑造和形成，对于他们未来的人生道路和社会角色起着至关重要的作用。

大学生理想信念的形成和培养对于个人的成长和发展具有重要意义。有坚定的理想信念可以帮助大学生树立正确的人生目标和价值观，增强自我认知和自我管理的能力，培养积极向上的品质和精神境界。同时，理想信念可以激励大学生在学习和生活中勇往直前，克服困难和挫折，不断提升自己的能力和水平。在追求理想信念的过程中，大学生还能够不断反思和思考，逐渐形成独立的思维方式和人生观，为未来社会发展做出积极贡献。

2. 大学生理想信念对个人成长的影响

大学生的理想信念对个人成长具有深远的影响。首先，理想信念具有激励和提供动力的作用。有了明确的信念和目标，大学生能够明确自己的发展方向和努力方向，树立追求卓越的信心和意志，不断超越自我，提升自身的知识和能力水平。其次，理想信念可以塑造大学生的价值观和品质，鞭策大学生积极向上，努力进取，从而培养他们崇高的道德情操和良好的行为习惯。最后，理想信念可以提高大学生的社会责任感和使命与担当精神，为社会的发展进步贡献自己的力量。

3. 大学生理想信念对社会发展的意义

作为高素质的年轻一代，大学生是社会进步的重要力量。他们的理想信念可以激发社会的创新活力，推动科技进步和社会文明。大学生对于社会问题，有着敏锐的洞察力和独特的思考，能够为解决各类社会问题提供新思路和方案。同时，大学生以乐观、积极的态度投身社会实践，带动社会风气的向上向善。在大学生的理想信念的引领下，大学生能够在各个领域展现出自己的价值和才能。

4. 大学生理想信念的培养途径和实践路径

大学生理想信念的培养是一个系统工程，需要从多个方面着力。首先，大学生应该通过自我学习和思考形成独立而深刻的思想，通过读书、参加讲座等方式，开阔自己的眼界，提升自己的思考能力。其次，大学生应该积极参与社会实践和志愿服务活动，通过亲身经历了解社会问题，锻炼自己的实践能力。再次，他们还可以通过参加学生组织、社团等方式，培养自己的组织和领导能力。最后，大学生还应该积极借鉴他人的经验和教训，与他人进行交流和互动，提升自己的价值观和行为准则。

大学生理想信念的实践路径包括个人实践和社会实践两个方面。个人实践是指通过努力学习和艰苦奋斗，提升自身的知识和能力水平。大学生应该树立追求卓越的信念，积极参加各类学术竞赛、科研项目等，不断提升自己的专业素养和实际操作能力。同时，大学生还应该关注社会实践。通过参与社会实践活动、实习、创业等方式，了解社会发展的需求和机遇，不断拓宽自己的视野，提升自己的实践能力和综合素质。通过个人实践和社会实践相互融合，大学生能够更好地实现自己的理想信念，助力个人成长和社会发展。

总之，理想信念是人生的精神向导、精神动力和精神支柱。培养理想信念，对大学生个人成长和社会发展具有重要意义。

二、树立共产主义信仰

新时代大学生，不仅要有经济、情感、事业的理想和信念，还必须树立自己的政治理想和信仰。大学生是国家未来的栋梁之材，是社会变革和进步的重要力量。应该用马克思主义武装头脑，坚定共产主义信仰，这不仅是正确世界观的选择，更是对社会问题的深入思考和解决方案的积极探索。

共产主义信仰对大学生的未来发展具有重要意义。在全球化和信息化的时代背景下，大学生需要具备高度的社会责任感和全球视野，以推动社会的进步和发展。共产主义信仰能够启迪大学生开阔思路，强调人与人之间的互相帮助与协作，培养大学生积极向上的品质和担当精神。

大学生树立共产主义理想信仰，可以从以下方面着手。

加强党性锻炼，自觉将信仰转化为忠于党、忠于国家、忠于人民的实际行动。当代大学生应当是热爱中国共产党，热爱社会主义，拥护中国共产党的方针、政策和路线，坚持中国共产党的领导，坚持走中国特色社会主义道路，对全面建设社会主义现代化国家充满信心，以强烈的责任感和主人翁精神投身于社会主义事业建设中去，为中华民族伟大复兴贡献力量。

大学精神与职能

大学新生面临五大转变

利用讲座资源，
接触前沿知识

利用网络资源，
获取多方咨询

志愿者在志愿服务
中应有态度

做实高校"五大"
基本职能

第二章 感知学涯真谛

第一节 学会学习

一、感知学习真谛

（一）知识的价值

在当今社会，知识与资金在个人职业发展的道路上扮演着截然不同的角色。如果仅拥有资金而缺乏知识，无论在哪个行业，即便付出巨大努力，成功的几率也往往较低；然而，若拥有知识但资金不足，即便是小小的付出，也可能带来回报，并增加走向成功的几率。

对于职场从业者而言，知识的力量在于其有着改变和决定命运。这主要体现在两个方面：一方面，知识本身具备巨大的潜能，能够为个人带来意想不到的机遇；另一方面，知识能够塑造人的性格，改善人的心态，进而通过学习，掌握知识，为个人的成功人生奠定坚实基础。正如"华山论剑"中，通过刻苦的修炼与领悟才能制胜，其中的制胜关键，正是知识的深厚积累和精准把握。在一定程度上，成功往往取决于对知识的掌握程度。

学校的学习固然是获取知识的重要途径，但未来人生道路上的持续成功并不仅仅依赖于课本知识。仅仅掌握与个人兴趣、专业相关的"有字之书"是远远不够的。例如，职场所需的"学问"，远非一纸文凭所能完全涵盖。诚然，文凭能够在一定程度上为人们提供进入职场的初始机会，但并不能保证持续的成功。因此，从业者需要具备更为广泛的知识体系，包括社会经济、文明文化、时代精神等要素，通过学习前人的知识和经验，读好"无字之书"，不断拓宽视野、调整心态，以更好地认识世界、适应世界，并最终改造世界。

（二）学习的功效

在探讨人们对待学习的态度和成效时，可以将其划分为三种类型的学习者：第一类为缺乏学习意愿和动力的人，他们往往难以适应时代的进步，最终被淘汰；第二类为虽有学习热情，但学习方法不当，缺乏学习技巧的人，长此以往，也难以保持竞争优势；第三类学习者，既具备学习热情，又掌握有效的学习方法，能够持续学习、善于学习，最终走向成功。

1. 学习是适应变化的关键

在知识经济时代，信息瞬息万变，知识总量迅速扩张，知识的迭代速度也随之加快。一个学生在校所学的知识仅占其一生所需知识的极小部分，大部分知识需要在工作实践中不断获取。因此，要想在知识信息化时代取得成功，必须以开放的心态树立终身学习的观念，不断适应外界变化，消除危机感，增强竞争优势。

2. 学习是实现持续性成功的保障

在现代社会，职业的半衰期日益缩短，当下的优势职业，明天可能就被淘汰。社会不会为个人而改变，只能依靠自己的力量去发展。因此，无论身处何地，都应保持清醒的头脑，对周围环境有全面深入的了解和认识。通过持续不断的学习，可以保持知识和技能的新鲜度，紧跟时代步伐，增强自身优势，提升职业竞争力，从而在职场中实现持续性的发展。

（三）懂得学习

人们自幼便开始了学习的历程，然而，并非每个人都能深谙学习之道。学习者需自觉并努力地去掌握学习规律，领悟学习策略，遵循学习流程，不断提升自己的学习能力，从而达到善于学习和精通学习的境界。

1. 领悟学习策略

学习策略，即学习者为提高学习效果和效率，有目的、有意识地制定关于学习过程的综合性方案。体现了学习者对学习方法的选择与综合运用，是学习方法得以正确发挥作用的先决条件。学习策略是伴随学习过程而产生的一种心理活动，这种心理活动实质上是对学习过程的精心规划。这种规划并非一成不变的固定模式，而是根据影响学习过程的多种因素即时生成的动态认知结构。这种认知结构可以被学习者内化为经验，也有可能因学习者的忽视而消失。因此，学习策略是学习者在完成特定学习任务时，选择、运用并调整学习程序、规则、方法、技巧和资源等的思维模式，这种思维模式是影响学习进程的各种因素间相对稳定的联系，与学习者的个人特质、学习任务的性质及学习发生的时空背景均密切相关。

2. 制定学习目标

学习目标是学习者期望达到的学习结果和标准。一旦有了明确的学习目标，学习者便能聚精会神，保持一种主动和专注的学习状态。

学习目标的确定，应基于个人的"需要"，即当前和今后一段时期的工作、生活和发展需求。以美国管理大师彼得·圣吉提出的"五项修炼"为例，虽然主要是关于组织学习的，但其中的原则，如自我超越、心智模式等，同样适用于个人学习目标的设定。

在制定学习目标时，应确保在时间和资源有限的前提下，目标内容具体、明确，目标可达成、可实现，结果可测量、可评估。

3. 确定学习计划

学习计划是学习者实现学习目标的蓝图。一个合理的学习计划对提高学习效率至关重要。确定学习计划时，需要遵循以下步骤：首先，明确学习的具体任务，即学习的具体内容；其次，选择适合的方法和措施，确保任务能够得到有效执行；最后，科学合理地分配时间，使学习生活有序进行。

在确定学习计划时，还需注意以下事项：符合自身实际情况；目标切实可行，避免好高骛远；内容具体详尽和量化；任务安排全面周到且重点突出；时间安排科学合理，统筹兼顾；学习节奏灵活多变，长短计划相结合；积极寻求他人支持和指导；重在实施和行动。

4. 安排学习时间

学习时间安排应有序合理。合理安排时间不仅能节省时间，还能提高学习效率。科学的时间安排能让学习者有更多的时间用于学习和自我发展。

在安排学习时间时，应注意以下几点：

- 根据学习任务的轻重缓急和计划，确定任务完成的先后顺序；
- 细化学习任务，明确学习步骤和具体时间；
- 有效利用零碎时间，避免拖延；
- 学会记录"时间日志"，以便更好地管理时间。

二、掌握学习规律

1. 学习特点

（1）独立性

中学阶段的学习侧重于知识的积累与记忆，而大学阶段则更强调对知识的深入理解与独立思考。在教师的引导下，学生需要通过阅读和实践，培养独立思考的能力，学会举一反三，触类旁通。这不仅要求学生能够自主分析和解决问题，还要求摆脱对教师和权威的依赖，培养自己的判断力，崇尚理性思考，并坚持对科学和真理的不懈追求。

（2）自主性

大学生活提供了较多的自由时间，学生如何科学管理和有效利用这些时间，以及如何合理规划自己的学习计划，对学习效果具有决定性影响。此外，学生还需要学会根据自己的职业发展规划，有目的地选择学习内容。尽管大学生活丰富多彩，但学习应始终是学生的首要任务。只有通过自主和自觉的学习，才能在未来的职业竞争中占据主动。

（3）专业性

大学学习的一个显著特点是明确的专业指向性。一旦选择了专业，学生在一定程度上就确定了自己未来的职业方向。因此，学生应积极培养对所选专业的兴趣，并在不断的学习和探索中加深对专业的理解。同时，学生还应拓宽知识视野，避免局限于狭窄的专业领域。

（4）计划性

与中学相比，大学课堂的教学时数明显减少，作业、考试和考查的频率也有所降低。这要求学生具备较强的自学能力和自制力，合理安排学习内容和形式，有效利用时间，并适时调整学习内容，以充实学习生活。

（5）实践性

大学生需要将课堂上和书本上学到的基本知识和理论，通过参与实践活动来加以巩固，并从中获得更多的知识和技能。实践活动旨在培养学生的独立思考能力、实际操作能力和解决问题的能力。

（6）创造性

大学生在生理、心理、思维和智力方面的发展为他们从继承性学习过渡到创造性学习提供了基础。大学教学的特点，如专业性、自主性、实践性和基础性，为学生在学习中发挥创造性提供了条件。因此，学生不仅要作为知识的接收者，还要能够对现有知识进行梳理、整合、体验、思考和加工，使之成为个人的知识，并努力创造新知识。

（7）探索性

大学是培养高级专门人才的摇篮。学生在大学阶段应初步具备科学研究的能力，并为未来的学习和职业生涯打下坚实的基础。学生不应仅仅满足于教学大纲的要求和教师的授课内容，而应在教师的引导下，积极探索和积累知识，利用图书馆、实验室等资源，进行科学研究尝试，善于发现问题，并注重培养自己的思维和创造能力。

(8) 多元性

大学是知识的殿堂，提供了丰富的学术活动，为学生的发展提供了广阔的空间。学生不应仅仅依赖课堂学习，而应通过实验、实习、学术报告、知识讲座、专题研讨、科技咨询、兴趣小组、第二课堂和社会实践活动等多种途径，拓宽视野，丰富知识结构，并正确处理课本知识与课外知识、专业学习与能力培养之间的关系。

2. 学习环节

（1）做好课前预习

课堂学习如同战场，充分的准备是取得胜利的关键。例如，面对高等数学课程，学生应在前一天进行充分的预习。这包括通读教材，识别已掌握的知识点和需要教师讲解的新知识。将不理解的部分进行标注，并进行初步思考，提出问题。同时，尝试完成教材后的习题，并将难题标记出来，以便在课堂上解决。这样的预习可以增强听课的目的性，提高课堂学习效率，并有助于培养自学能力。

（2）课堂专心听讲

课前准备的质量直接影响听课效果。上课前，应将相关课本摆放在桌面上，准备迎接教师的到来。在课堂上，应带着预习中的问题专心听讲，并积极思考，踊跃回答问题。课堂练习和作业应争取快速且准确地完成。同时，应做好笔记，记录教师讲解的重点、难点、关键点和典型例证，以及尚未理解的问题，以便课后继续研究或寻求教师的辅导。

（3）及时复习

复习是学习过程中不可或缺的环节。复习时，应再次阅读教材，回顾当天所学的内容，再现课堂知识，理解并记忆基本定义、定理和公式。及时复习有助于减少知识遗忘，巩固记忆，并使知识系统化。系统化的知识更易于应用，有助于实现从知识到技能的转变，并为掌握新知识打下基础。复习应有计划，包括及时复习当天的课程和进行阶段性复习。

（4）认真完成作业

要学好一门课程，通常需要做到：在理解的基础上多实践、多积累、多巩固。作业是练习运用知识的主要手段，通过作业可以加深对知识的理解，巩固所学，并培养解决问题的能力。对于教师批改时指出的错误，必须及时理解并改正。同时，鼓励独立思考和创造性地完成作业。

（5）回顾与总结

学完一个章节后，应进行回顾和总结。总结是对章节知识的梳理，通过比较、寻找联系，提炼出关键概念，如定义、定理、公式等。将这些概念用简明的文字或图表概括，使之条理化、系统化。这一过程有助于加深对知识的理解，促进知识的积累和记忆。不断完善学习方法，科学管理自己的学习，以提高学习效率和成绩。

以上五个环节是相互联系、相互影响的。每个环节的落实程度如何，都直接关系到下一环节的进展和效果。

3. 学习规划

就全日制四年本科大学生而言，学习规划可以分为四个阶段。

（1）大学一年级：打牢基础

大学伊始，确立学习目标是成功的关键。学生应调整心态，积极适应大学环境，了解学习特点，并尽快找到适合自己的学习方法。增强学习自觉性，了解专业培养计划和就业方向，培养学习兴趣。充分利用教室、图书馆、宿舍等学习资源，认真听讲，扎实学习基础课程，尤其是高等数学、大学英语和大学物理等。

（2）大学二年级：承前启后

学生需要更深入、理性地考虑自己的职业生涯规划，明确毕业后是继续深造还是直接就业。这一选择有助于摆脱目标不明确的迷茫状态。面对日益繁重的专业课程、英语四六级考试、各种证书考试及众多选修课，学生应进行科学的学习规划，以解决所面临的困难。

（3）大学三年级：研究性学习

专业课程的深度和系统性增强，学习重点从知识性学习转向研究性学习。学习范围也从书本知识扩展到与就业、深造相关的广泛知识。学生应确定专业内的主攻方向，主动参与实习、兼职或科研项目，培养研究、创新和创业意识。学会多渠道收集资料，充分利用图书馆和学术期刊网，全面了解职业信息、面试技巧和职场需求。

（4）大学四年级：理想实现

尽管课堂学习基本结束，课余时间增多，但这一年学生格外忙碌，有的准备考研，有的准备就业，有的作为优秀学生代表分享经验，有的则可能因毕业证书和学位证书的问题而烦恼。大四是运用所学知识开拓美好前程的关键时期，学生应运用自己的能力，求职的同学应准备个人求职材料，提高笔试和面试技巧；考研的同学则需坚持到底，保持必胜的信心和毅力。

大学生经过四年的学习和生活，应学会从思考中确立自我，从学习中寻求真理，从独立中体验自主，从计划中把握时间，从交流中锻炼表达，从交友中品味成熟，从实践中赢得价值，从兴趣中攫取快乐，从追求中获得力量。

4. 学习方法

（1）目标学习法

目标学习法是美国心理学家布卢姆所倡导的学习方法。布卢姆认为，通过最佳的教学，给学习以足够的时间，多数学习者都能取得优良的学习成绩。

教学内容由许多知识点构成，由点形成线，构成彼此联系的知识网。因此，明确目标至关重要：一是要了解所学知识点在知识网中的位置，从宏观角度把握微观细节，注重知识点的联系；二是要明确知识点的难易程度和掌握的层次要求，包括识记、理解、应用、分析、综合和评价等不同层次。设定明确学习目标能增强学习的注意力与学习动机。

目标学习法的核心在于培养自我测验、自我纠正和自我补救的习惯，并及时反馈和调整。

（2）问题学习法

带着问题去学习，有利于集中注意力、目的明确，这既是有意学习的要求，也是发现学习的必要条件。心理学家把注意分为无意注意与有意注意两种。有意注意需要预先设定自觉的目标，必要时需经过意志努力，主动地对特定事物产生注意，这依赖于人的心理活动的主体性和积极性。问题学习法强调有意注意有关解决问题的信息，使学习具有明确的指向性，从而提高学习效率。

（3）对比学习法

矛盾的观点基于对比学习法的哲学依据。进行对比学习时，首先要对比双方是否具有相似、相近或相对的属性。对比学习法的优点在于：一是可以减轻我们记忆负担，相同的时间内可识记更多的内容；二是对比学习有利于区别易混淆的概念、原理，加深对知识的理解；三是对比学习把知识按不同的特点进行归类，形成容易检索的程序知识，有利于知识的再现与提取，以及灵活运用。

（4）联系学习法

唯物辩证法认为，世界上任何事物都同周围的环境存在着相互影响、相互制约的关系。科学知识是对客观事物的正确反映，因此，知识之间同样存在着普遍的联系，将联系的观点运用到学习当中，有助于对科学知识的理解，实现高效学习。

根据心理学迁移理论，知识的相似性有助于迁移的产生，迁移是一种联系的表现。联系学习法不仅仅是一种迁移，还是一种自觉的学习过程，体现了主观能动性。这种学习方法基于知识点必然存在联系，从而有目的地去回忆、检索大脑中的信息，寻找出其间的内在联系。虽然原有的知识广度和深度直接影响建立知识联系的数量，但通过辩证思维、查阅资料，甚至是新的学习，可以构建新的知识联系，并使之储存在大脑中，使知识网络日益扩大。

（5）归纳学习法

归纳学习法是通过归纳思维，形成对知识的特点、核心和性质的识记、理解与应用。作为一种学习方法，归纳学习法强调归纳思维，不等同于归纳思维本身，同时以分析为前提。

运用归纳学习法，要善于去归纳事物的特点和性质，把握句子和段落的精神实质，同时，在此基础上，搜索相同、相近或相反的知识，一起进行识记与理解。其优点在于能起到更快地记忆、理解的作用。

（6）缩记学习法

缩记学习法旨在尽可能地压缩记忆的信息量，同时确保应记的内容。例如，要点记忆法、归纳记忆法、意义记忆法，都属此类方法。每段话有明确要点，则使用要点记忆法，如果没有，则需经过归纳形成要点后进行记忆。意义归纳是较关键的方法。缩记法以要点为基本单位，也可理解为以中心思想为单位。记住了要点并不是要放弃其他内容，而是以对其他内容的理解为前提，可极大地增加记忆的信息量。

（7）思考学习法

孔子曰："学而不思则罔，思而不学则殆。"他提倡广泛学习，并在此基础上进行深入思考，把学习与思考结合起来。如果是单纯背诵一些知识，而不通过思考加以消化，这只能是抽象的理解，抓不住事物本质。

《中庸》中提出了"为学"的五个阶段：博学、审问、慎思、明辨、笃行。慎思强调外在的知识与个人经验结合起来进行认真思考，既用自己的经验来思考知识与事件，又用知识与事件来思考自己的经验，不断地交换位置和方向，达到理解和重新理解知识、事件和经验的目的，促进个人精神世界的成长。

（8）合作学习法

合作学习法强调与不同水平的学习者共同学习。与水平相近者学习，可互相促进；与高水平者学习，可汲取其长处；与低水平者学习，可通过教学相长的方式深化理解。然而，合作学习并非简单的人数相加，而是需要有效的合作策略和方法。

有效运用合作学习法，需把握五个要素：学习者需对个人及团队学习负责；促进性的面对面互动；明确的学习任务分配；良好的社交技能；定期评价合作学习效果，确保活动的有效性。合作学习有助于增进人际理解、信任和沟通技巧，培养真正的责任感和义务感。

（9）循序渐进法

在学习上存在一个常见的误区，即认为只要投入大量时间和练习，学习成绩必然提高。然而，这并非绝对。虽然量变最终会导致质变，但并非所有量变都能引发质变，学习效率是关键。学习应循序渐进，避免盲目投入精力。

（10）持续发展法

持续发展法强调以发展的视角看待学习问题，追求全面发展而非偏科。全面发展并非平均发展，而是根据个人兴趣和特长进行有针对性地发展。为此，应围绕兴趣中心不断完善知识结构，深化学习，培养研究能力和科学精神，以实现个人的持续发展。这一方法首先要求学习者树立正确的学习观念，进而采用相应的学习方法，摒弃死记硬背和盲目崇拜，重视科学有效的学习方法。

三、提高学习效率

1. 养成良好学习习惯

良好的学习习惯历来被高度重视。因为学习习惯一旦形成，往往具备某种"自动化"特质，而且不容易改变。良好的学习习惯意味着在有限的时间内能高效地完成学习任务，能够有效地运用时间和心智资源，有利于取得好的学习成绩。相反，学习习惯不良者则很容易陷入低效学习的恶性循环，学习缺乏效率，往往事倍功半，影响成绩的提高。例如，学习缺乏计划，时间管理不当，考试复习缺乏系统性，双休日、寒暑假也不考虑安排学习任务；忽视课堂学习，频繁旷课、迟到，课上不专注听讲，课后投入数倍时间自学仍难以取得良好效果；作业态度敷衍，完成不及时，甚至抄袭他人作业等。

在实际的大学生活中，学习成绩优异的学生与成绩欠佳的学生在学习习惯上存在显著差异。这些差异包括但不限于课前预习、课后复习的习惯，是否能够按时完成作业，是否重视课堂学习，能否迅速进入学习状态，面对难题时是否愿意独立思考并寻求解决，以及当听讲遇到困难时如何克服等。

为了纠正不良的学习习惯，首先，需要深刻认识到良好学习习惯的重要性及其对个人发展的积极影响，同时也要认识到不良学习习惯的潜在危害。只有形成了正确的认识，才能促使个体采取正确的行动。其次，应深入反思和总结自身的学习习惯，积极向身边学习成绩优秀、学习习惯良好的同学请教，学习他们的优点，分析并改进自身的不足。最后，纠正不良习惯需要持之以恒的努力，因为不良习惯往往带有很大的惯性，只有坚持不懈，才有可能实现真正的改变。

2. 心动必须付诸行动

刚进入大学的学生往往满怀憧憬，对大学四年有详尽的规划。然而，心动若不付诸行动，一切美好愿景都只是空谈。有些同学似乎对每件事都感兴趣，但往往缺乏紧迫感，认为事情不必急于今日完成。无课时，容易受他人影响，加入各种娱乐活动；在教室学习时，也容易分心。面对诸多事务，他们往往感到迷茫，不知从何下手。

造成这种现象的原因有多方面。首先，许多新生认为大学是放松和休息的好时机，这与他们之前听到的关于大学轻松的描述有关。因此，他们看到他人不学习，自己也就放松了警惕。其次，新生们往往缺乏自主学习的意识和方法。大学的学习方式与中学截然不同，自主性大大增强，这要求新生们学会合理安排自己的学习时间。然而，许多新生仍停留在被动学习的状态，面对大量的自学内容，常常感到手足无措。

因此，心动必须转化为行动。一是需要审视自己的规划是否实际可行，是否能够通过努力实现梦想。二是制定一个切实可行的行动方案，并严格按照计划执行。通过合理安排学习和娱乐时间，可以逐渐养成良好的学习习惯，通过行动有所收获。

3. 效率源自学会学习

对于每一位刚步入大学殿堂的学子而言，大学学习最直观的感受便是：信息量庞大，新知识层出不穷，学习进度迅速，且强调自学能力的培养。在大学，教师更多扮演着引导者的角色，一堂课往往涵盖数页乃至数十页教材的内容，课外作业繁重，任务艰巨。有些在高中时期表现优异的学生，面对大学新的学习特点，往往感到无所适从，因为时间紧迫，难度加大。即便他们废寝忘食，也难以取得理想的成绩。究其根源，学习效率低下是其中的关键所在。

有些学生往往陷入"追求数量"的误区，即"看更多的书，完成更多的作业，阅读更多的参考资料"。然而，学习效率的真正意义在于在保持一定学习量的基础上，注重"质量"，即更加注重学习的实际效果和成果。

首先，要寻找最佳学习时间，确保学习时处于最佳精神状态。每个人在一天中都有各自的高效学习时间和相对疲劳的时段。通过一段时间的大学学习，应该找出自己的最佳学习时间，以便保持良好的学习状态。若感到疲惫，适当的休息远胜于强行支撑。短暂的休息可以恢复精力，使后续的学习更加高效。

其次，要高度重视课堂教学。教师的每一次授课都经过精心准备，其教学内容既基于课本又超越课本。因此，课堂上的每一分钟都显得尤为珍贵。专心听讲，关注教师强调的重点，深入理解教师分析的难点，对于更好地掌握课本知识、巩固学习成果具有极大的帮助。

再次，要选择良好的学习环境，以保持注意力的高度集中。学习需要一个安静、专注的环境，这种环境能够引发学习的"共鸣"。当置身于其他同学都在认真学习的教室或宁静的图书馆时，会不由自主地全身心投入到学习中，从而提高学习效果。

最后，要培养自觉、自律的学习习惯。大学的学习更多地依赖于学生的自觉和自律。没有频繁的单元测试，没有老师的时时鞭策，也没有家长的日常督促，一切都需要靠自己去把握。在平凡的生活和学习中，需要保持耐性和坚韧，持之以恒地不断求知。只有保持学习的连续性，才能不断获得新的体会和感悟，积累学习经验，提高学习效率。

第二节　认知专业

一、专业的概述

大学专业是高等院校根据社会分工需求划分的学业门类，是学生进入高校后学习的具体领域。这些专业基于教育部相关要求，按学科分类，旨在为学生提供专门的知识教学活动。

1. 大学专业基本类别

当前，根据国家教育部《普通高等学校本科专业设置管理规定》，高校设置专业须具备下列基本条件：符合学校办学定位和发展规划；有相关学科专业为依托；有稳定的社会人才需求；有科学、规范的专业人才培养方案；有完成专业人才培养方案所必需的专职教师队伍及教学辅助人员；具备开办专业所必需的经费、教学用房、图书资料、仪器设备、实习基地等办学条件，有保障专业可持续发展的相关制度。

教育部《普通高等学校本科专业目录》（2024年版），包含哲学、经济学、法学、教育学、文学、历史学、理学、工学、农学、医学、管理学、艺术学12个门类816个本科专业。由于各高校每个专业的历史沿革、学科方向和培养侧重点不同，即使专业名称相同，但所授内容在不同的高校之间也会存在一定的差别。

目前，教育部对大学专业设置是按照教育的特点进行划分的，具体分为学科门类、专业类和专业三个层次。最高等级是"学科"，是对高校人才培养、教师教学、科研业务隶属范围的相对界定，除军事学外共有12个，具体包括4个理科门类（理学、工学、农学、医学，也称自然科学）、8个文科门类（哲学、经济学、法学、教育学、文学、历史学、管理学、艺术学，也称社会科学）。每个门类下设若干一级学科，一级学科下再设若干二级学科。

在学位授予时，按照门类授予学位。一般而言，某个专业授予的学位与该专业所在的门类相对应，部分专业根据其所在学校培养内容的不同，也可授予其他门类的学位，如电子商务专业（所属门类为管理学）可授予的学位有工学、经济学或管理学，教育技术学专业（所属门类为教育学类）可授予的学位有工学、理学或教育学。

2. 清晰专业之间关系

各个高校专业之间存在一定的共性，也有明显的差异。大学生生活在校园内，必然会受到校园环境，特别是本专业所处学术氛围的影响。因此，了解本校整体的文化传承环境和相关院系、专业的文化传承环境，有助于大学生把握本专业核心要素，或者做出转专业、考研、辅修专业等合理的选择。

随着人类知识的不断积累和创新，没有人能够掌握每个领域的全部知识。同时，社会化分工和协作的深化对参与者的专业化要求越来越高，也要求我们掌握特定领域的知识学习。因此，知识领域的划分越来越细，大学专业的设置也呈现细化趋势。

很多高校因其行业背景带有比较明显的行业特征，其所设专业也具有这一特点。同时，由于专业所包含的细分领域较多，从事该专业的师资队伍研究方向各异，同一个名称的专业在不同的高校中，研究方法和培养方向也存在显著差异。

随着科技进步、经济建设和社会的快速发展，很多问题的解决都需要综合运用多门学科知识。很多高校构建学科群，促进交叉和新兴学科的成长，已成为世界高等教育发展的主流趋势。大学生应该对自己所学专业的学科群加强了解，在科技迅速发展、知识快速迭代的趋势下，只有综合素质强的个体才能更好地适应社会。

对于大学生而言，科学理解自己所学专业的内涵、专业间的关系，对个人职业生涯发展有着重要作用。大学生可以从以下方面理解专业之间的差别。

不同专业的侧重点不同。以信息管理与信息系统和信息资源管理专业为例。信息管理与信息系统主要是为了适应企业管理方式从原来的人工和半人工方式向全自动化转变的需求，该专业的基础知识偏向企业管理领域。信息资源管理专业研究的内容主要包括信息的采集、分类、摘要、检索、综合和发布等信息处理过程，其起源可追溯至传统的图书馆学，更偏重对文本和电子资料的研究。

不同专业的就业领域不同。信息管理与信息系统专业在很多高校都有开设，不同高校的培养内容各有侧重，但很多都偏向计算机领域，要求学生掌握数据库应用、管理信息系统设计、编程语言等知识和技能，毕业生多进入IT行业工作。开设信息资源管理专业的高校相对较少，一般在图书馆学、情报学等专业历史比较悠久的高校开设，毕业生多在图书馆、档案馆等事业单位工作，或进入企业的信息管理部门。

不同专业的办学实力不同。每所高校的优质教育资源并非均匀分布于每个专业或学院，所以同一所高校的不同专业的历史沿革差别较大、实力不同。同时，针对同一个专业，不同高校的办学水平和社会声誉也存在显著差异。差异在于专业是否为国家重点学科，是否有硕士、博士学位授予权，是否是优势专业等。

3. 全面认识专业方式

大学生应通过以下途径深入了解自己的专业，以加强专业素养和能力，为未来的学习和职业发展奠定坚实基础。

明确专业培养目标。 专业培养目标体现了专业的核心价值。大学生在明晰自己专业或专业大类的培养目标后，应结合自身通用能力、选修课程及其他知识，在大学期间做好规划，以专业为基础，形成个人独特的优势。

熟悉专业课程设置和教学大纲。 通过全面收集和仔细查阅专业的课程设置和教学大纲，了解专业的学习内容和要求，以及专业的培养方向，深化对本专业的理解，为自己制订一份科学合理的学业规划。

参与专业相关的活动与讲座。 通过参加专业相关的活动和讲座，有助于了解专业的前沿知识和发展趋势，同时能与专业领域的专家和学者进行交流和互动，拓宽视野。

研读专业相关的书籍与文献。 通过研读专业相关的书籍和文献，能够深入理解专业的理论基础和实践应用，进而提升专业素养和知识水平。

投身实习与实践活动。 参与实习和实践活动，可以将理论知识应用于实际，提高实践能力和解决问题的能力，同时了解专业的实际应用和就业前景。

加强与专业教师和同学的交流。 与专业教师和同学交流，可以了解专业的学习方法和经验，获得专业上的指导和建议，有助于更好地掌握专业知识。

4. 了解专业就业方向

专业就业概况。 专业的历年就业情况对大学生设定求职目标具有重要的参考价值。这包括就业率、升学率、就业单位类型、平均薪酬水平，以及用人单位对该专业毕业生的反馈和评价等。对于计划继续深造的大学生，应了解以往升学较为集中的专业领域和高校；对于有意出国（境）留学的学生，应重点关注目标国家的留学政策、目标高校的层次和专业质量。

专业榜样启示。 了解专业领域内优秀人物的发展轨迹，对大学生确定自己的职业发展方向具有显著的参考价值。这些榜样人物在职业生涯中必然面临过诸多挑战，了解他们如何克服这些困难、他们目前的成就及未来的发展方向，有助于大学生在职业规划时做出更明智的选择。

5. 正确对待冷热专业

基于自我兴趣判断专业冷热。 从自我角度出发，专业的冷热主要取决于个人的兴趣、爱好或特长，而非外界环境。当个人对某一专业怀有浓厚兴趣时，无论该专业的社会需求如何或未来的工作环境如何，个人都会将其视为热门，并坚定不移。然而，在我国大学中，仅有少数学生能从自我兴趣出发选择专业，因为许多学生并不清楚自己的兴趣所在，或受现实利益驱使，忽略了专业兴趣的重要性。

基于社会需求判断专业冷热。 从社会需求角度出发，专业的冷热由社会供求关系决定。通常，当某一专业的人才供大于求时，该专业便被视为冷门；反之，若供小于求，则被视为热门。社会供求关系会随着产业结构调整、行业发展变化及大学生人数的增减而变动。因此，某一热门专业在当前可能供不应求，但随着该专业人才培养的增多，几年后供求关系可能会发生显著变化。

基于职业前景判断专业冷热。 从职业角度出发，专业的冷热与人们的传统价值观念、社会声誉紧密相关。专业的冷热往往由对应职业的薪资待遇、工作环境和社会地位决定。当某一专业对应的职业薪资高、工作环境优越、社会地位高时，该专业便成为热门，反之则为冷门。例如，尽管交通运输、机械加工、物业管理等专业社会需求旺盛，但很多学生和家长仍认为这些专业冷门，因为从职业角度看，这些专业的工作环境相对较为艰苦。相反，金融专业尽管在某些时期社会需求并不旺盛，但由于其工作环境优越，仍被许多人视为热门专业。

从这三个角度判断专业冷热对大学生的学业规划具有重要意义。大学生应明确自己是从哪个角度出发来观察专业的冷热。如果基于自我兴趣，应坚定专业兴趣和职业理想；如果基于社会需求，应密切关注供求关系的变化，为未来的就业竞争做好准备；如果基于职业前景，应认识到核心竞争力的重要性，因为即使选择的专业对应的社会需求不旺盛，也需要凭借自身实力在激烈的竞争中脱颖而出。

二、专业与兴趣

（一）专业选择与兴趣

大学的学习和生活对大学生的自我管理能力提出了高要求。通常，当大学生的专业与其兴趣相契合时，他们的投入程度会更高。近年来，为了让大学生更好地兼顾专业和兴趣，众多高校实施了大类招生和人才培养策略，并提供了转专业、双专业、第二学位及辅修专业等多种选择机会。鉴于人的兴趣可以通过培养而发生转变，大学生在选择专业时，应基于兴趣并科学地结合以下途径进行。

1. 充分利用大类专业分流的机会

当前，许多高校采用大类专业招生，后续通过专业分流将大学生转入具体专业，按专业培养方案进行培养。在专业分流时，大学生应基于自己的兴趣和未来发展方向提出志愿，学校会根据各专业的容量和要求进行分配。学校通常会参考学生的专业志愿，尊重其自主选择权。但在某些热门专业申请人数过多的情况下，学校可能会进行选拔考核，择优录取。因此，大学生应重视专业分流的机会，通过多渠道了解学校的专业分流规定，并充分了解各个可选专业，为此做好充分准备。

2. 充分利用转专业的机会

转专业为大学生提供了调整专业方向的可能性。不同高校对于转专业的程序和要求各有差异，因此，有转专业需求的学生需要详细了解所在学校的相关规定。在申请转专业时，学生应特别注意以下三个方面的问题：一是要详细了解转专业的具体政策，包括申请转专业的次数限制、申请时间、具体的申请流程等。这些信息的掌握有助于学生在申请过程中避免不必要的误解和延误。二是需关注转入后的课程衔接问题。例如，若一名原行政管理专业的学生希望转入金融学专业，需考虑金融学专业对高等数学的高要求及该专业的热门程度。由于申请转入的学生可能众多，金融学专业在考核时可能会考虑学生是否具备高等数学的学习基础，或组织相关考试以评估学生的能力。即使成功转入，学生还需评估自己是否能跟上后续专业课程的学习，尤其是这些关键课程。三是应关注班级融入问题。转入新专业后，学生将面对陌生的班级环境，需要与新的同学和教师建立良好关系。因此，学生应积极适应新的学习环境，主动与新同学交流，以尽快融入新的集体。

3. 充分利用辅修专业的机会

目前，大学普遍设置了辅修专业制度，旨在满足学生个性化成长需求，发挥大类培养机制的优势，为学生提供跨专业、跨学科学习的机会。在选择辅修专业时，大学生应综合考虑自己的兴趣和主修专业的关联度。若两者具有相关性，将对未来的职业选择产生积极影响。例如，主修数学、辅修经济学的学生，可以从财经和数学结合的角度分析具体岗位的工作任务；主修工科相关专业、辅修语言类专业的学生，能够更好地了解国际最新的研究成果或加强国际交流。

辅修专业的教学计划通常基于主修专业的培养方案制定，包含特色课程和部分专业基础课程，与主修专业课程同质要求、同质管理，以确保教学质量。然而，辅修专业一般不能与主修专业的学科相近。因此，大学生在申请辅修专业时，应认真了解学校的相关政策，以便做出科学决策。

（二）专业学习与兴趣

1. 培养兴趣

个人的兴趣可能受到个人能力、品质、价值观，以及父母、老师或周围人的影响而发生变化。在日常生活中，有人可能会有这样的体验：一个人最初对弹钢琴并无兴趣，但在父母的坚持下开始接受钢琴培训。虽然初期感到抵触，但随着技艺的提升和参赛获奖的经历，逐渐对弹钢琴产生了浓厚的兴趣。工作后，钢琴成为个人放松心情的方式，甚至不自觉地弹奏，成为其个人爱好。这表明，外界压力或自我责任感可以推动我们提升技能，而技能提升带来的成就感会进一步激发我们对该事物的兴趣，形成"能力提升—兴趣增强—能力提升"的良性循环。

2. 将专业和兴趣相结合

悦纳并学习。专业学习通常涉及基础知识，这些基础可能既难又枯燥，难以直接激发兴趣。例如，无论是学习计算机还是金融，高等数学都是必学且难度较大的课程。面对这种情况，我们应积极接纳学习内容和要求，虚心向老师和同学请教。一旦开始掌握学习内容，畏难情绪自然会逐渐消失。

尝试和探索。很多时候，大学生对专业不感兴趣可能是由于信息不对称造成的误解、刻板印象或他人影响，但这些都不能成为忽视专业学习的理由。相反，应该通过尝试和探索来深入了解专业。例如，查看专业学习的课程目录、参加专业社团或校园招聘会等活动，以改变对专业的认知。

关联和促进。大学生需要积极寻找专业和兴趣之间的关联点，以促进两者之间的互助和互补，从而形成良性循环，培养出专业兴趣。例如，一个车辆工程专业的同学若对美术感兴趣，可以在专业学习的制图、设计等环节运用其美术特长，创作出既符合标准又美观的作品。这样的经历可能会得到老师、同学的认可，甚至赢得比赛奖项，进而增强他对专业和美术学习的兴趣。

3. 平衡专业学习与兴趣发展

当面临所学专业与个人兴趣存在显著差异时，大学生应充分运用各类资源，以增强自身在专业领域的能力，并同步发展个人兴趣。例如，对于一名机械工程专业的学生，若对摄影和新闻采访抱有浓厚兴趣，并期望未来从事记者职业，但当前无法转专业时，他应首先致力于机械工程专业的学习。学习成绩是展现个人学习能力和自我管理能力的关键指标，若因对专业不感兴趣而影响学业成绩，将给未来求职带来更大挑战。同时，他应充分利用课余时间选修摄影、新闻传媒等相关课程，并借助图书馆或数字化资源进行深入学习。此外，他还可积极参与学校媒体类社团，投身于社会实践或校内科研训练计划，尝试撰写并发表相关文章。

这些实践经历不仅能够拓宽他的视野，还可能让他结识更多专业人士，发现更多意想不到的发展机会。

让学习成为一种生活方式

学年制和学分制

学好外语的四项基本功

正确对待专业课、公共课和选修课

第三章 探寻自我潜能

科学规划职业生涯，精心策划人生之旅，在有意识的规划中实现个人价值，活出精彩的自己，是每个职场人的共同追求。在当前经济一体化、自主择业的大背景下，如何将自己的职业发展目标与市场需求相结合，将个人生涯规划与企业发展战略相融合，进而在激烈的竞争中脱颖而出，通过深思熟虑的规划走向成功，是个人职业发展规划中至关重要的人生课题。

第一节 明确自己的价值观

一、职业价值观的含义

1. 价值观及其特点

价值观是个体对周围事物所持有的评价或态度，是人在特定环境中动机、目的、需求和情感意志的综合体现。价值观包含认知、情感和行为等多重成分，不仅指引着人们的行为、态度、观点、信念、理想等，还决定了人们如何认识世界、认识自我和塑造自我等。同时，价值观也是人们行动的依据。对价值观的探讨有助于人们在进行职业选择时明确方向。

价值观是超越情境的，受社会化过程的影响，在一定程度上保持稳定。当价值观被激发后，无论是出于需求，还是受到机会的吸引，人们往往会表现出与价值观相符的行为。

价值观具有下列特性。

个体差异性。 由于个人的先天条件和后天环境不同，人生经历也不尽相同，受这些因素的影响，每个人都有自己的价值观和价值观体系。在同样的客观条件下，具有不同价值观和价值观体系的人，其动机模式不同，产生的行为也不同。

相对稳定性。 价值观是随着人们认知能力的发展，在环境、教育等多重因素的影响下，逐步培养而成的。构成了人们思想认识的深层基础，是世界观和人生观的源泉。人们的价值观一旦形成，便是相对稳定、很难改变的。

社会历史性。 处在不同历史背景或历史时代的人，其形成的价值观也是不同的，个体的价值观具有显著的时代特征和历史烙印。

适时改变性。 人的价值观具有相对稳定性，但并非一成不变。可能随着环境的改变、知识经验的积累和时间的推移而发生变化。

2. 职业价值观的含义

职业价值观是价值观在个体所从事的职业领域的具体体现，是在职业选择过程中价值观的延伸和细化，是人们对待职业的一种认识、期望、向往、追求、信念和态度，是人们在职业生涯中表现出来的一种价值取向。

职业价值观内涵包括三个方面。第一，职业价值观是个人对各种职业价值的基本认识和基本态度。第二，职业价值观揭示了个人通过工作所追求的理想目标，无论是为了经济收益、社会地位，还是为了感情满足等。第三，职业价值观是人们在选择职业时的一种内在标准，影响着人们的择业心态、行为、信念和认知等，同时也为个体判断职业行为提供了依据。

由于个体的身心条件、年龄阅历、教育状况、家庭环境，以及兴趣爱好的不同，人们对各种职业的主观评价也不同。这些不同的职业价值观，影响着个体对具体职业方向和就业岗位的选择。

根据不同划分标准，人们对职业价值观分类也不同。目前，国内学者一般将职业价值观分为 12 类，即收入财富、兴趣特长、权力地位、自由独立、自我成长、自我实现、人际关系、身心健康、环境舒适、工作稳定、社会需要和追求创意。

二、价值观与职业选择

对于大学生而言，正确的职业价值观能够引导大学生不断提升个人能力，并持续培养自身才干，适应时代的发展和职场的需求。

1. 树立正确的职业理想

正确的职业价值观有助于大学生形成明确的职业理想和合理的职业期望。大学生应基于个人追求、能力素质、岗位需求及未来发展等因素，设定职业理想，明确职业目标，并制定科学、具体的实施方案。

2. 确立正确的职业价值取向

职业价值取向涵盖职业的社会地位、地域倾向、行业选择、价值目标、工作条件选择等多个方面。正确的职业价值取向应追求自我价值与社会价值的和谐统一。引导大学生形成正确的职业价值观，可以提升其自我认知和职业认知的能力，确立健康的职业价值取向。

3. 做出合理的职业选择

合理的职业选择是大学生提升个人能力的关键导向。通过引导大学生形成正确的职业价值观，可以增强其自主择业和竞争择业的意识，进而提升大学生的求职能力与社会适应能力。在选择职业方向时，大学生应充分考虑个人的兴趣、专业背景及能力素质等因素。

4. 获得客观的职业评价

正确的职业价值观有助于大学生建立对自己和职业的客观认识和评价。通过将自己的兴趣、能力与企业需求相结合，大学生可以形成稳定的职业态度和积极的择业动机，从而推动职业生涯的稳步发展。

三、职业价值观的完善

1. 职业价值观应符合社会现实

在探索职业价值观的过程中，个人需要将个人价值观与社会现实相结合。既要明确"个人的职业追求"，也要了解"社会的职业需求"。人作为社会性动物，无法脱离社会而独立存在，因此，社会价值对于实现个人价值至关重要。

对于部分初出茅庐、缺乏工作经验的毕业生而言，他们可能倾向于追求进入国有企业、担任管理职务或成为白领精英等职业目标。然而，职业追求需要建立在现实的基础之上。在人才市场中，市场与销售岗位通常拥有大量的招聘需求，但可能不是所有求职者的首选。因此，求职者需要理解并接受不同职业之间的差异，认识到每种职业都有其独特的价值和意义。

根据调查，大学生在选择职业时往往倾向于政府机关、事业单位和大型国企等稳定且有较高声望的单位。这种偏好体现了学生们对于职业发展的稳定性和声望的看重，这是可以理解的。然而，我们也需要认识到，随着社会和经济的发展，职业选择也会发生相应的变化。因此，我们需要保持开放和灵活的心态，积极适应社会和经济的发展趋势。

总之，职业价值观应该既符合个人的追求和期望，也要考虑社会的需求和现实。我们应该尊重并理解不同职业之间的差异和价值，同时保持开放和灵活的心态，积极适应社会和经济的发展趋势。

2. 职业价值观应持续审视与澄清

随着个人职业生涯的发展及社会环境的演变，职业价值观也需要不断地进行修正和完善。这正如历史上许多人物的职业转变，他们通过调整自己的职业方向，实现了自我价值的最大化。

个人应时常审视自己的职业价值观，确保其合理性。在决定求职方向之前，应认真思考自己真正渴望的工作和生活方式。如果追求挑战和成就，城市中的工作环境可能更适合我们，但我们也应警惕，避免盲目受舆论或他人影响，而做出冲动的选择。

同时，现代社会的多元文化为个人提供了更多的职业选择。无论从事何种职业，只要我们能够发挥出自己的才能和潜力，都能为社会做出贡献，实现自我价值。因此，需要保持开放的心态，积极面对职业选择中的挑战和机遇。

价值观的形成是一个复杂而长期的过程，深藏于个人的内心，对个人的行为产生深远影响。职业价值观的形成，需要通过生活的磨砺和经验的积累来逐渐明确。对于大学生，尤其是新生来说，由于生活阅历的局限，可能对职业价值观的理解还不够深入。因此，需要通过不断学习、实践和反思，逐渐明确自己的职业价值观，为未来的职业生涯奠定坚实的基础。

第二节　剖析自己的个性

一、了解自己的性格

（一）性格与职业

性格与职业选择紧密相关。人们在性格上表现出显著的差异，如诚实、正直、谦逊，或者活泼、好动、善交际等。这些差异在人际交往的内向与外向、情绪的稳定性，以及意志上的果断或优柔寡断等方面会有进一步的体现。个人的内在性格不仅反映其生活态度，也潜移默化地影响着其行为方式。认识并了解自己的性格特征，对于就业或创业的各个阶段都是至关重要的。

性格与职业的错位，往往是人们在职业生涯中频繁跳槽或转职的主要原因。理性分析与精心准备是职业选择的关键步骤，每个人都应根据自己的性格特点进行职业规划，以实现职业生涯的稳健发展。

实际生活中，有的人虽然决心成为教师，却发现自己的耐心不足；有的人虽然选择了营销行业，却因天性沉稳、不善言辞而面临挑战。这种理想与现实之间的鸿沟往往使他们感到挫败和沮丧，进而难以在其职业领域取得令人满意的成果。归根结底，是由于个人性格与所从事的职业之间缺乏契合，如同选择了一双不合脚的鞋，其中的不适只有自己能够体会。

心理学家指出，根据性格选择适合的职业，可以使个人的行为模式与工作环境相匹配，更充分地发挥个人的才华和专长。例如，理智型性格的人喜欢深入思考、权衡利弊，更适合管理型、研究型或教育型职业；情绪型性格的人情感丰富、行为方式带有明显的情绪色彩，适合从事艺术型或服务型的工作；意志型性格的人积极主动、果断坚决，更适合从事经营型或决策型的工作。

（二）性格的类型

关于性格类型的划分，研究者们的观点各异。其中，瑞士心理学家荣格提出的心理类型说在学术界颇为流行。荣格认为，人的性格可以根据个体心理活动倾向于外部还是内部，划分为三种类型：外向型、内向型和中间型。

1. 外向型

外向型性格的特点具体表现为：积极关注外界的动态，追求刺激与冒险；性格开朗，乐观，易于相处，喜好开玩笑；情绪表达直接，容易激动但也容易平复；行动迅速，不假思索；有强烈的社交需求，乐于分享知识，容易冲动；喜欢变化，朋友众多；擅长交际，不太适应独自学习。

2. 内向型

内向型性格的特点具体表现为：对待事件事先规划，深思熟虑后行动；能够严格控制自己的情绪，鲜少表现出攻击性；性格自立，喜好内省，生活井然有序；安静热衷于阅读；除亲密朋友外，对其他人保持一定的距离；重视道德标准，但有时会显得悲观。

3. 中间型

中间型性格的特点则介于外向型和内向型之间。

二、识别自己的气质

（一）气质及其表现

气质是个体表现在心理活动方面的动力过程，即心理过程和行为发生的速度、灵活性、持久性和指向性等方面特点的总和，是个人典型的、稳定的心理特征。气质不仅是个性的生理基础，而且直接影响着一个人的性格、兴趣、能力和活动效果。在各项活动中人们所表现的气质差异十分显著，有的人活泼好动，喜欢说话；有的人安静稳重，偏爱宁静；有的人性格急躁，情绪外露；有的人不声不响，不轻易表露自己的情感。人与人之间在心理特征方面的差异，主要归因为气质的差异。

气质是性格发展的基石，同一气质类型，既可以形成积极的性格特点，也可能导致消极的性格特点。比如，多血质的人较为灵敏，这既可能发展成为敏捷灵活的优点，也可能发展成粗心大意的缺点。气质与个体处理问题的方式及反应有着密切的关系，对个体所从事的工作和工作效率都会产生一定的影响。不同气质类型的人，对待同一件事情的态度和处理方法，可能会截然不同。

（二）气质与职业

个体在选择职业时，要考虑多种主观、客观的条件，如性格、能力、兴趣和外部环境等因素。然而，如果能把个人气质类型也纳入考量，则可以事半功倍地施展个人的才华，更有助于职业目标的实现。

一般来说，气质对个体所从事的职业并不具有决定性的作用，但却对个体的工作性质和工作效率产生影响。相应地，不同职业对从业者的气质特点也有一定的要求。因此，在将性格、兴趣、能力作为职业决策的主要依据时，也应适当考虑个体的气质特点，以便进一步提高职业适应性。希波克拉底和盖伦的理论基于四体液来划分，将气质分为胆汁质、多血质、黏液质和抑郁质四种。

1. 胆汁质

胆汁质的人充实有活力，性格热情且坦率，面对工作和挑战时表现出勇敢与积极性。然而，他们的情绪外显，有时容易受到情绪影响而变得冲动，或者在控制脾气方面存在挑战。尽管如此，他们面对困难仍会凭借自身的意志力去尝试克服。不过，若在短期内遇到困难难以解决，可能导致情绪低落。在事业上，胆汁质的人通常表现出迅速投入且高效执行的特点，同时也具备克服重重困难的能力。然而，一旦精力消耗殆尽，他们可能对自己的努力失去信心。

胆汁质的人适合从事开拓性的工作，例如在商界取得成绩。但他们需注意提升自制力，以免这一性格特点成为事业上的障碍。同时，胆汁质的人不太适合长时间静坐或缺乏活动的工作性质。相反，在导游、推销员、经纪人、节目主持人、演说者、外事接待人员和演员等职业角色上往往能更好地发挥他们的才华。同时，他们也适合担任需要迅速应对紧急事件的职位。

2. 多血质

多血质的人活泼且机智，对周围环境反应敏捷，并能以富有感染力的表达吸引他人注意。他们适合多样化的工作类型。由于他们善于交际，适应能力强，在群体中往往受欢迎，但也需要注意，他们在持久性、深度和专注度上可能有所不足，有时会显得较为轻率，因为外界因素转移注意力。

多血质的人适合涉及广泛交往、环境活跃的工作，如企业管理人员、外事工作者、医生、律师、运动员、探险家、记者、演员或公关。然而，他们不太适合那些需要细致、持续和在较安静环境下进行的工作。

3. 黏液质

黏液质的人富于理性，在灵活性方面稍显不足，表现出安静稳重，避免空谈，并且具有出色的忍耐力。他们具备较强的自制力，能够有效控制情感的冲动。黏液质的人严格遵守生活秩序和工作制度，适合需长时间专注力和坚定意志力的岗位。

然而，他们有时可能表现出情感上的淡漠，行动拘谨，且在随机应变和创新精神方面有所欠缺。尽管如此，他们是理想中的合作伙伴，并且容易获得上司的肯定，他们的贡献是不可或缺的。黏液质的人更适合固定性强且需细心谨慎的工作，如会计、秘书、行政主管、财务、外科医生等。

4. 抑郁质

抑郁质的人细心谨慎、情感丰富，他们通常多思多虑，缺乏果断力。其神经系统较为敏感，有时轻微的刺激也可能对他们产生较大影响。在与人相处时，抑郁质的人通常表现得容易相处，能够承接并高效完成他人的委托。

抑郁质的人倾向在艺术领域发光发热，他们也适合从事需要细致观察和感受的工作，如护理、心理咨询、幼儿教育、校对和质量检测等。由于他们的身体和心理特性，抑郁质的人不宜选择运动员等需要高强度体力活动的职业。

不同的气质类型在工作中各有其独特的优势与局限，并无优劣之分，关键在于个体能否清晰认知自身的特点，并在工作中巧妙地扬长避短。实际上，大多数人的气质是多种类型的混合，其中某一种气质占据主导地位。在职业选择过程中，若能充分考虑个人气质类型，选择与之匹配的职业，将能更有效地发挥优势与特长，进而取得更大的职业成就。因此，在选择职业时，个体应根据自身的气质特点来做出更为合适的职业选择。

气质类型对职业生活的影响是深远的。不同气质的人适合的工作类型有所不同，不同的工作性质也需要具备相应气质的人才来胜任。如今，一些单位在招聘员工时，甚至会对应聘者的气质类型进行测试。因此，在寻找工作之前，先深入了解自己的气质类型，并寻找与之契合的职业方向，显得尤为重要。

第三节　找准自己的兴趣

一、兴趣的含义

兴趣是一种心理倾向，是人们力求认识某种事物或从事某项活动的意识倾向。兴趣表现为人们对某一事物、某项活动的选择性偏好和积极的情绪反应。兴趣以人的需要为基础，包括精神需要和物质需要等，例如精神需要有对科学、文化知识等的追求。人们若对某一事物或某项活动感到需要，就会热心于接触、观察这件事物，积极从事这项活动，并注意探索其奥秘。

兴趣又与认识和情感相联系。若对某一事物或某项活动缺乏了解，也就不会对其有情感，因而不会对其产生兴趣。反之，认识越深刻，情感越炽烈，兴趣就会越浓厚。

二、兴趣与职业

兴趣作为一种对事物的认识倾向，是一种心理活动。当兴趣发展成为爱好时，就成为个体持久且相对稳定的行为倾向，影响着个体能力的发挥。兴趣作为个体进行事业活动的基础，是发挥其创造能力的心理推动力之一，可以激发个体进行创造活动的内部动机，充分发挥潜能的作用，使其感知更为敏锐，创造性思维活跃，想象力更丰富，进而提高事业成功的可能性。同时兴趣也能激发个体强烈的创造热情，增强克服困难的信心和勇气。

个体在从事自己不喜欢的工作时，很难获得成功，即使真的取得了卓越的成绩，也难以获得满足感。相反，当个体从事自己所喜爱的工作时，就会最大限度地发挥个人潜能，而且也将更易获得成功。当个体把爱的情感投入所从事的工作时，工作效率与质量都将得到显著提升，而工作所引起的疲劳则会相对减少，这就是兴趣的魅力。

纵观历史，事业的成功者确定志向、选择职业很多都是从兴趣出发的。我国著名的戏剧家曹禺，在进入中学前就热衷于看"文明戏"和京剧，也爱看地方戏和电影。升入天津南开中学后，他加入了南开新剧团。通过演戏，曹禺对戏剧产生了浓厚的兴趣，虽然他父亲希望他学医，但他的兴趣在戏剧上。中学毕业后，曹禺进入清华大学学习西方语言和文学，他的兴趣进一步发展，开始涉足长篇小说和剧本创作。在大学的最后一年，他写出了第一个剧本《雷雨》，之后成为了我国著名的戏剧家。

兴趣是推动个体进行求知活动和学习的重要的心理因素，能使人集中精力，积极、愉快地从事某种活动。凡是符合自己兴趣的活动，都容易提高人的积极性。同时，兴趣也是开发潜能的钥匙，所有智力方面的工作都离不开兴趣的支撑。兴趣比智力更能促进学生的学习动力，提高学习成绩。强烈而稳定的兴趣是从事活动、发展才能的重要保证。

兴趣是职业选择的起点，给成才者带来智慧、毅力和勇气，如同指南针一般，引导人们从曲折的小路攀登至事业的顶峰。

三、兴趣的培养

1. 深化知识储备，奠定兴趣基石

知识是兴趣孕育的肥沃土壤。因此，若要培养某一兴趣，就必须有相应的知识积累作为前提。例如，若想培养对诗歌创作的兴趣，首先应当广泛涉猎诗歌作品，沉浸于诗歌美妙的意境之中，并初步掌握诗歌创作的基本技巧。这样，便有可能激发出对诗歌创作的浓厚兴趣。可以说，一个人的知识储备越丰富，其兴趣的范围也就越广泛；相反，若知识贫乏，则兴趣也会相对匮乏。

2. 开展趣味活动，激发直接兴趣

直接兴趣，即个体对事物或活动本身的外部特征所产生的兴趣，源于个体对新鲜事物或内容在感官上获得的新异刺激。这种刺激反应通常强烈但较为短暂。例如，在新课程的授课过程中，学生往往表现出浓厚的兴趣。然而，随着课程的深入和复习课的开始，学生的兴趣往往有所减弱，甚至随着教学难度的增加，部分学生可能逐渐失去兴趣。为了培养这种直接兴趣，教师应确保活动本身丰富且有趣，例如生动有趣的课外实践活动，可以培养学生实践操作、动手动脑及发明创造的兴趣。

3. 确立目标价值，培育间接兴趣

间接兴趣，指的是个体在明确认识到某项活动的结果及其深远意义后所产生的兴趣。这种兴趣源于对学习意义的深刻理解和价值的认同，进而引发持续的学习动力。间接兴趣带有理智色彩，与个体目标紧密相连，具有长远的指向性和持久的稳定性，即使遭遇挫折也不易动摇。

以篮球教学为例，当教授一个班的学生时，起初大家都展现出高昂的热情。然而，在经历相对枯燥的练习后，部分学生可能表现出不耐烦，注意力开始分散，觉得篮球不再那么有趣。然而，那些经历过篮球训练，参与过重要篮球比赛的学生，则不会因此感到无趣。相反，他们视这些为提高自己球技的机会，认为这样的学习更有意义。这正是间接兴趣与直接兴趣的显著区别，间接兴趣是个体对活动的结果或意义感兴趣。因此，要培养个体的间接兴趣，就应让个体明确活动的目标价值。

4. 根据个性特点，培养兴趣品质

鉴于每个人所处的环境、所受的教育及个体条件存在差异，导致每个人的兴趣都带有鲜明的个性特点。因此，在培养兴趣爱好时，应充分考虑自身的独特条件。例如，对于兴趣广泛却难以集中的个体，应着重加强中心兴趣的培养，以确保兴趣的深度和专注度；对于兴趣单一、缺乏多样性的个体，则应积极拓展兴趣领域，培养其更广泛的兴趣爱好；对于兴趣短

暂、容易变化的个体，应努力提升其兴趣的稳定性，培养持久不变的爱好；对于过度沉迷网络世界的个体，应加强引导和监管，使其将兴趣转向更有益于个人发展的领域。

第四节　发现自己的能力

一、职业发展需能力

1. 职业发展的能力基础

个体在职业发展过程中，能力是不可或缺的基础。这不仅关系到个体是否能顺利进入职场，也是评价其是否能胜任工作的主观条件。一个人在其一生中会参与各种社会生活和生产活动，因此必须拥有与之相适应的多种能力。这里的能力，主要指的是专业能力，即劳动者在社会生产活动中须具备的能力。能力是完成任务的前提，并直接影响工作成效。

2. 能力的分类与重要性

能力主要可分为两大类：一般能力和特殊能力。通常所说的智力属于一般能力，包括注意力、观察力、记忆力、思维能力和想象力等，这些都是个体成功完成各项任务的基本要素。而特殊能力，也称专业能力或特长，如计算能力、音乐能力、动作协调能力、语言表达能力和空间判断能力等，是从事特定活动所需的专门能力。能力类型因人而异，个体在能力类型和发展水平上展现出明显的差异。了解并承认这些差异，选择符合个人优势的职业路径，对于实现职业成功至关重要。

3. 发掘并利用个人优势

在职业发展的旅途中，我们应首先认识到自身的天赋与性格，并在必要的知识与技能的支持下，寻找那些能充分利用自身优势的岗位。通过持续地发挥这些优势，并坚持不懈，才更有可能取得成功。

个人的兴趣和爱好是职业选择的重要参考，但两者不能完全替代对个人优势能力的考量。只有将兴趣建立在特定的优势能力之上，与社会的需求相结合，个人的职业理想才能够找到实现的土壤，并在实践中生根发芽。

4. 职业选择与能力发展

在进行职业规划时，应着重考虑自身的优势能力。选择一个与个人能力相符合的岗位，可以最大化个人潜力的发挥，反之，则可能导致职业发展的阻碍。个人应避免盲目选择与自身能力不匹配的工作，并学会在既定的职业领域中持续积累和发展个人优势。

5. 个人优势与职业成功

强调自己的优势，而不是专注克服不足，个体能够更快地成长。利用和发挥自己的专长，是实现职业成功的基石。每个职业层次对能力的要求不同，在确定符合自身能力类型的职业后，还应依据自身的能力水平来确定与之相适应的职业层次，开拓更广阔的天地。

综上所述，在规划自己的职业道路之前，我们应深思熟虑，审视自我，找出自身的优势能力，并探求如何通过工作来最大化地发挥它们。选对了能展现优势的职业，会使我们的工作更加得心应手，事半功倍。

二、能力提升靠实践

在职业发展的过程中，很多能力需要通过后天的努力来习得。职业实践和教育培训在形成和提高这些能力中起到了关键作用。虽然先天条件，如个体的身高、体重和智力水平，对职业能力的形成有一定影响，但它们并不是决定因素。正如鲁迅先生曾说的："其实即使天才，在生下来的时候的第一声啼哭，也和平常的儿童的一样，决不会就是一首好诗。"

对于能力不足的担忧，我们应当相信勤奋可以弥补天赋的不足。而在自信心缺失时，我们应该勇敢地尝试并展示自己的能力，可能我们之前的不尽如人意仅仅是因为缺乏机会或勇气。职业能力的提升不仅在实践中学以致用，而且可以通过接受教育和培训实现。学校教育为我们打下了基础，针对性的专业培训对于熟练掌握岗位职能、迅速适应工作要求至关重要。

职业能力的完善是一个系统化的过程，不仅要求我们在实践中不断学习和成长，也要求我们积极参与教育和培训，以此来补充和增强我们的技能和知识，实现个人职业发展的目标。

| 常见的兴趣特征和对应职业选择 | 常见的性格特征和对应职业选择 | 能力定义和特征与适应职业对应表 |

第四章 启航职业规划

第一节　职业发展规划

一、职业是推动人全面发展的重要平台

每个人自出生伊始，便踏上了人生旅程，经历婴幼期、儿童期、学龄期、青春期、成年期至成熟期。在人生的每一个阶段，都面临着共同的挑战——自我发展。

人的自我发展既遵循普遍的成长规律，也体现独特的个性特征。就普遍性而言，每个人都需经历从依赖到独立、从学习到贡献的转变过程；就特殊性而言，每个人的发展水平和状态深受其主观能动性的影响。从现实生活中观察，我们可以发现，即便先天条件、成长环境或机遇相似的两个人，由于后天的个人努力程度不同，他们的人生轨迹也会大相径庭。有的人通过自信、勤奋、积极进取，逐步在职业上取得显著成就；有的人，尽管初时壮志凌云，但可能因为缺乏适应能力而满腹牢骚，频繁遭遇挫折，最终陷入困境。

为了实现充实、多彩且富有意义的人生，制定切实可行的职业发展规划显得尤为重要。在进入职场前，合理的职业规划不仅有助于个人职业的顺利发展，更是实现理想人生目标的关键环节。

众所周知，在人生的发展过程中，人们需要在职场、家庭和社会这三个主要舞台上扮演不同的角色。在职场舞台上，人们需要勤奋工作，努力追求事业的成功；在家庭舞台上，人们要承担家庭责任，致力于家庭的和谐与幸福；在社会舞台上，人们要履行社会责任，为社会贡献自己的力量。

在现代社会，职业对于个人生活的影响愈发显著，职业生涯成为了大多数人投入时间与精力最多的领域。完整的职业发展历程通常可划分为四大阶段，细分为九个具体时期：初期阶段（探索与准备期、入职与适应期），职业阶段（基础成长期、发展与巩固期），事业阶段（涵盖职业中期与转型、职业挑战与应对期、职业稳定与贡献），以及离职阶段（包括衰退与准备退休期、组织职业退出期，即退休）。

著名心理学家马斯洛的需求层次理论将人类需求分为五类，依次为生理需求（对食物、水、空气、性、睡眠的需求）、安全需求（对安全、舒适、安宁的需求）、归属与爱的需求（对爱、被爱、被接纳的需求）、尊重需求（对个人人格、工作成果受到尊重的需求），以及自我实现需求（对发挥潜能及实现有意义目标的需求），这些需求由低至高层层递进。

个人实现高层次需求与其职业发展程度紧密相连。在初期阶段，个人的职业价值观、兴趣、性格及能力素质与所从事职位的匹配性成为选择的关键，此时工作主要作为谋生手段，

满足基本的生理与安全需求。随着知识积累、能力提升，以及与职位匹配性和适应性的增强，个人职业生涯进入职业阶段，工作开始成为展现个人才能、满足归属与爱、尊重需求的途径。当职业生涯进入事业阶段，工作已不仅仅是生存的手段，更是实现人生价值的舞台。尽管此时工作负担加重、责任增大，但个人仍充满激情，通过工作追求有意义的人生。在离职阶段，个人对自身职业生涯乃至人生均会产生新的认识与体验。

综上所述，人生发展的质量和需求满足的程度，均与职业发展的高度紧密相连。

二、职业发展规划的定义和分类

（一）职业发展规划的定义

职业发展规划，是指个人根据自身特质和职场环境，对当前及未来职业生涯的主观、客观条件进行测定、分析、总结和调整，对其兴趣、爱好、能力、特长、经历及不足等进行多方面的综合分析与权衡，结合自己职业倾向，明确职业发展的目标和方向，制定切实可行的方案，并在一定时空背景下，为实现目标做出设计和安排。

1. 认识自我，了解社会，主动发展

职业发展中，个人的成功受到多方面条件和因素的制约，但选择适合个人职业发展是道路是取得职场成功的重要前提，衡量职业发展道路是否真正适合自己的根本标准是人职匹配。职业发展规划能够帮助个人正确认识自我，明确自我需要，掌握职业发展的核心知识和技能，从而在遵循自身个性特点、能力优势的基础上，结合社会需要，选择适合自身发展的职业道路。

2. 突破障碍，未雨绸缪，优化行动

在职业发展的道路上，人们总会面临两种障碍：一是内部障碍，如目标不明、缺乏技能、态度消极等。二是外部障碍，如市场波动、政策变化、组织变革等。有效的职业发展规划，能够帮助人们从容地突破内部和外部障碍，开发自身的潜能，实现自我价值的最大化。

面对快速发展的市场经济、知识经济和信息化社会，人们身处职场，可能认为个人的职业发展难以规划，即便制定了规划也难以实现。然而，这种观念是一种误区，凡事预则立，不预则废。正因为人们身处的外部环境和内部条件变化太快，更需要主动、提前谋划并应对。

影响人们职业发展的因素有很多，有无法预测和控制的，也有可以预测和控制的。只要我们正视和面对这些一时不能预测和控制的因素，积极和主动促进那些可以预测和控制的因素，朝着有利于自身发展转变，就能在一定程度上未雨绸缪，优化自己的行动。此外，职业发展规划的制定和执行随着主观情况而变化，也是一个不断调整的动态过程。

（二）职业发展规划的分类

按时间长短来划分，职业发展规划可分为人生规划、长期规划、中期规划和短期规划四种类型。

人生规划：着眼于个体整个职业生涯的宏观布局，主要制定整个人生的职业发展方向和目标，时间一般长达40年以上。

长期规划：主要制定较长远的职业发展方向，是一些比较宽泛、不太具体的职业发展目标，时间一般为5年以上。

中期规划：相对于长期规划更为具体，主要制定较中长期的职业发展方向和目标，时间一般为3～5年。

短期规划：是一些具体的、操作层面的，为实现中长期目标而采取的步骤，时间一般为3年以内。

三、职业类型和职业发展的取向

（一）职业类型划分

1. 按职业大小和粗细划分

我国运用科学的职业分类理论和方法，参照国际标准，借鉴国际先进经验，充分考虑我国社会转型期社会分工的特点，按照以"工作性质相似性为主、技能水平相似性为辅"的分类原则，编制颁布《中华人民共和国职业分类大典》。按2022版的《中华人民共和国职业分类大典》，我国的职业分类结构由大到小、由粗到细分为8大类、79个中类、449个小类和1636个细类（职业）。

2. 按人职匹配原则划分

技术型职业：持有这一职业定位的个体通常基于自身性格和兴趣爱好选择职业道路，他们倾向于在技术领域寻求成长和技能提升。这类个体着眼于在专业技术领域追求发展。

管理型职业：持有这一职业定位的个体渴望成为管理人员，他们渴望承担全面管理的责任，并且自信具备达到高级领导职位的能力。因此，他们将职业目标定位于担任具有重要职责的管理职位。

创造型职业：持有这一职业定位的个体具有强烈的创造需求和愿望，意志坚定且愿意承担风险。他们追求建立自己创造的产品或工艺、自己的公司，以及体现个人成就的财产。目前，国家与许多地方政府鼓励并支持创新创业。

自由型职业：持有这一职业定位的个体喜好独立自主，希望按照自己的意愿安排工作和生活方式。他们追求能够充分发挥个人才能的工作环境，并试图摆脱组织的限制和约束。许多具有这一职业定位的个体同时具备技术型职业倾向。

安全型职业：持有这一职业定位的个体最为关注职业的长期稳定性和安全性。他们为了稳定的工作、可观的收入、优越的福利和养老制度而努力。他们追求职业的稳定性和地理的安全性，并对组织表现出较强的依赖性。

3. 按从业人员特质划分

技能型职业：这类从业人员倾向于运用操作性工具执行具体任务。他们动手能力强，动作灵巧且具备良好的协调性。这类人通常工作态度良好，对社交活动不太擅长，并偏好独立地完成任务。

事务型职业：这类从业人员尊重权威和规章，他们倾向于按照既定的计划工作，展现出细心和有条理的特质。他们习惯于按照他人的指挥和领导来执行任务，并通常较为谨慎和保守，偏好关注实际执行情况。

研究型职业：这类从业人员具备强大的抽象思维能力，有着强烈的求知欲，并享受思考和分析的过程。他们更倾向于从事独立的、具有创造性的工作，拥有丰富的知识和学术才能。在执行任务时，他们追求精确和逻辑性，喜欢通过分析和推理来探索未知领域。

艺术型职业：这类从业人员乐于创造新奇独特的成果，展现出强烈的个性和创造性。他们追求完美和理想化的结果，不太注重现实因素。具有艺术才能的同时擅长多方面表达和怀旧。

　　管理型职业：这类从业人员追求权利、权威，具备领导才能。他们热衷于竞争，敢于承担风险，并有抱负。在工作和生活中，他们表现出务实的态度，习惯基于利益、权利、地位来衡量事情的价值，并具有强烈的目的性。

　　社交型职业：这类从业人员热衷于与人交往，并积极拓展其社交圈子。他们善于言辞，关心社会问题，并希望发挥自己的社会影响。作为友好、热情、善解人意且乐于助人的个体，他们寻求建立广泛的人际关系，并重视社会义务和道德。

4. 按职业发展前景划分

　　"恒星类"职业：此类职业有着其不可或缺的社会价值与稳定性。典型代表包括农民、工人、军人、教师、医生及厨师等，构成了社会运行的基础框架。

　　"曙光类"职业：此类职业如同东方初现的曙光，预示着新兴领域的崛起与希望。如心理咨询师、职业生涯辅导师、家庭护理与服务等职业，正处于快速发展期，为求职者提供了广阔的职业发展空间。

　　"朝阳类"职业：正如初升的太阳般充满生机与活力，此类职业代表着新兴领域与未来趋势。这些职业包括但不限于环境保护、生物化学与生物技术、法律、咨询与社会工作、公共关系、老年医学等，行业发展有着广阔前景。

　　"如日中天类"职业：此类职业已发展至成熟阶段，并在当前社会中占据重要地位。如人力资源经理、市场营销经理、计算机及软件开发工程师、注册会计师、旅游管理与服务人员、大数据运用与管理等领域的从业者，均属此类，他们享受着行业繁荣带来的丰厚回报。

　　"夕阳类"职业：随着时代变迁，此类职业正经历着从业人员数量逐渐减少的情形。例如，公交车和出租车司机等行业，其从业规模正逐渐缩小，反映出行业结构的调整与变化。

　　"黄昏类"职业：此类职业已步入衰退期，从业人数急剧减少，仿佛被暮色所笼罩。传统的单一服务职业，如送煤工、弹棉花工人、修钢笔师傅等，正逐渐淡出人们的视野，成为历史记忆中的一部分。

　　"流星类"职业：此类职业如同夜空中一闪而过的流星，短暂而璀璨。这些职业曾是许多人的职业选择，如牛奶送递员、电报投递员、打字员等，但随着科技的进步与社会的变迁，这些职业已逐渐消失在历史长河中。

　　对于大学生而言，在规划职业方向时，应优先考虑那些具有发展潜力的"曙光类"职业、"朝阳类"职业及稳定可靠的"恒星类"职业，以更好地适应未来社会的需求与挑战。

（二）职业发展取向

　　在职场环境中，个人的成功往往根植于特定的内、外条件之中，脱离这些条件，成功便难以实现。职业价值观的差异塑造了每个人独特的职业发展取向，进而引导着不同的职业行为模式，形成多样化的职业发展轨迹。因此，个体需依据自身实际情况，确立独特的职业发展价值取向，并致力于实现个人职业发展的预期目标。一般而言，职业发展取向及其特征可归纳为如下九种。

1. 价值导向型

　　取向特征：将提升个人价值视为职业发展的核心，持续积累职业资本，促进职业价值的不断增值。

行为表现：秉持正确的社会主义核心价值观，注重个人修养与能力提升，在职业生涯中主动担当核心角色，展现自我价值。

2. 需求驱动型

取向特征：明确个人职业需求，以此为动力积极追求，不断设定并实现职业发展目标。

行为表现：为实现既定目标不懈努力，达成后迅速设定新目标，推动个人需求层次不断提升。

3. 目标导向型

取向特征：明确设定职业发展目标，勇于开拓，充分利用资源，确保目标达成。

行为表现：能够迅速明确目标，制定详细计划，稳步推进，确保每一步骤的落实与目标的最终实现。

4. 理想引领型

取向特征：对未来充满憧憬，拥有明确的职业愿景，致力于实现职业理想。

行为表现：职业理想成为持续奋斗的动力源泉，随着努力的深入，职业理想愈发清晰，职业发展成果显著。

5. 名誉追求型

取向特征：将维护良好声誉视为职业活动的核心，以此推动个人职业能力的增强与职业发展。

行为表现：严于律己，追求他人认可与尊重，力求在各个方面都达到完美，以获得高度的社会评价。

6. 地位追求型

取向特征：高度重视社会地位，将获取社会地位视为职业追求，积极挖掘社会资源，寻求晋升机会。

行为表现：尊重并学习有社会地位的人士，构建有利于职业晋升的人际关系网，为提升社会地位做好充分准备。

7. 兴趣导向型

取向特征：将职业与兴趣紧密结合，不断拓展职业兴趣范围，推动职业与个人兴趣的同步发展。

行为表现：对工作岗位充满热情，积极培养并稳定职业兴趣，全身心投入工作，发挥创造性。

8. 物质激励型

取向特征：将物质回报视为职业发展的根本动力，关注职场中的经济利益。

行为表现：关注工作的物质报酬，根据物质利益的得失调整工作状态，确保付出与回报之间的平衡。

9. 以市场导向型

取向特征：强调对市场反馈的重视，个人从市场实际需求出发，定位自身职业发展领域，力求在市场竞争中实现职业价值并获得相应的职业回报。

行为表现：个人持续关注市场动态与需求变化，积极为适应市场要求而提升个人素质与能力，通过展现自身实力，积极参与竞争，争取并把握职业发展的有利机遇。

四、职业发展规划的原则和路径

（一）职业发展规划的原则

1. 可契合性

职业规划成功的关键在于个人所从事的工作能够与其专长、性格和兴趣相契合。确立职业发展目标时，应考虑个人特质，以此为基础制定计划。若工作既符合个人专长亦能满足兴趣，将更易于维持高效率工作，并促进职业上的卓越成就。

2. 可执行性

职场发展在短期内可能伴随显著的进展，但通常是一个长期的积累过程——包括资历、经验和知识的累积。因此，职业规划应切实可行，根据个人的实际情况，落实每一步，实现连续性的提升，以达成职业目标。

3. 可持续性

职业发展规划是一项长期愿景，且伴随整个职业生涯。因此，在设定目标时，必须考虑其长期可行性和可发展性。短期目标可能限制个人发展潜力并降低长期积极性，职业规划应专注于为长期成功奠定基础。

（二）职业发展路径的选择

职业发展路径是指个体在明确职业发展目标后，基于当前自身条件与所处环境，所选择的通往目标实现的路径。不同的职业发展路径意味着实现目标所需付出的努力与策略将有所差异。因此，在制定职业发展规划时，合理选择职业发展路径至关重要，以确保行动计划和措施能够沿着既定的职业发展方向稳步前进。

职业发展路径主要涵盖以下四种类型。

1. 单通道

单通道职业发展路径特征在于职业发展过程中专注于单一职业领域，发展通道单一且垂直。以专任教师为例，他们通过资格考试获得任教资格后，持续在教书育人岗位上深造，提升教学理论与专业技能，积累丰富经验，逐步晋升为更高级别的专业技术职称，如从初级职称逐步晋升至中级职称，最终至高级职称。

2. 双通道

双通道职业发展路径呈现"V"字形发展轨迹，为从业者提供两条并行的发展通道。以教师为例，他们不仅可以在教学领域深耕，追求专业技术职称的晋升（如初级至高级），同时也可涉足教育管理领域，担任管理职务，实现管理职级的逐步提升。

3. 螺旋型

螺旋型职业发展路径强调跨领域学习与经验积累，个体在职业发展过程中可能涉及多种职业，通过不断学习提升综合能力，为在不同职业间寻求发展机会奠定基础。螺旋型路径复杂多变，要求个人具备强大的职业规划能力和适应能力，呈现螺旋式上升态势。例如，某教师起初同时担任教学与行政职务，后凭借广泛的工作经验和信息分析能力，成功转型至教育主管部门担任领导职务。

4. 跳跃式

跳跃式职业发展路径非传统逐级晋升模式，而是允许个体在特定条件下跳过若干等级，迅速达到较高的职业地位。这种路径较为罕见，通常需要非凡的机遇或个人卓越的成就作为支撑。例如，高等院校中的某些专业技术人才，因在学术研究上取得重大突破，得以在职称评定时获得破格晋升的机会。

第二节 职业规划理论

一、职业选择理论

职业规划理论源于心理学领域，随着哲学、社会学、教育学、管理学及人力资源学等学科的知识与内容不断融入职业规划的理论和实践中，促进职业规划理论的发展，使职业规划理论演变为一门跨学科的综合性理论。

1. *帕森斯（Parsons）——特质因素理论*

帕森斯，作为美国波士顿大学的杰出教授，被誉为"职业辅导之父"。1909年，在其著作《选择一个职业》中，他深刻阐述了职业选择的核心理念：个体在选择职业时，首要任务是自我认知，明确自身的能力、态度、兴趣及局限性；随后，需深入了解各行业的成功要素、个人优势、薪酬待遇、发展机会及未来趋势；最后，以个人特质与职业需求的精准匹配（即人职匹配）作为职业选择的终极导向。特质因素理论的显著之处，在于其强调个人性格、成就动机、兴趣偏好、价值观及人格特质与职业条件的契合度，然而，该理论未能充分考量个体特质随职业生涯发展的动态变化，忽视了职业生涯发展的连续性与成长性，故而被后续的生涯发展理论逐步超越。

2. *霍兰德（Holland）——人格类型理论*

美国心理学家及职业指导专家霍兰德，作为生涯辅导理论的又一重要推动者，提出了独树一帜的人格类型理论。他认为，职业的选择与调整是个体对特定职业类型认同后，其人格特质在工作领域中的自然展现与拓展。霍兰德将人群划分为六种基本类型：实际型、研究型、艺术型、社会型、企业型及传统型，同时，工作环境也相应地被归类为这六种类型。他主张，个体倾向于寻找能够发挥其技能、展现其态度与价值、并承担相应角色与问题的环境；个人的行为模式深受其人格特质及所处环境特性的双重影响。此外，霍兰德还创造性地构建了一个六角形模型，将人格与环境类型按特定顺序排列，以揭示不同类型个体与不同职业环境间的适配性。据此理论，恰当的匹配能够有效预测个体的职业满意度、稳定性及未来成就。

二、职业发展理论

1. *施恩（Schein）——职业锚理论*

职业锚理论产生于美国著名的职业指导专家施恩领导的专门研究小组，这一理论是从该专家所在学院毕业生的职业生涯研究中演绎而成的。职业锚，实际就是人们选择和发展自己的职业时所围绕的中心，是指当一个人不得不做出选择时，他无论如何都不会放弃的职业中的核心职业素养或价值观，是自我意向的一个习得部分。职业锚强调个人能力、动机和价值观三方面的相互作用与整合，是个人同工作环境互动作用的产物，在实际工作中是不断调整的。职业锚理论将人们的职业锚分为五种类型：技术或功能型、管理型、创造型、自主与独立型、安全型。

职业生涯发展是一个持续探索的过程，在这一过程中，每个人都可以根据自己的天资、能力、动机、需要、态度和价值观等，逐步形成较为清晰的自我认知。随着人生的不断发展，个人对自己的了解愈加深刻，职业锚的定位也将愈加准确。

2. 舒伯（Super）——生涯发展理论

舒伯的职业发展理论堪称该领域的集大成者，他集差异心理学、发展心理学、职业社会学及人格发展理论之大成，进行了长期的研究，系统地提出了有关生涯发展的理论体系，为职业生涯指导与规划奠定了科学基础。他认为生涯发展是一个连续不断、循序渐进且不可逆转的过程，并将生涯发展阶段划分为成长、探索、建立、维持和衰退五个阶段。在这五个阶段中，每个阶段都有一些特定的发展任务与挑战，而前一阶段发展任务的达成与否关系到后一阶段的发展。同时，舒伯视自我概念为确立一个人终身依循的关键力量。他认为生涯成熟和青春期中的自我觉察程度、职业的知识，与发展出的规划能力存在相互影响。

此外，舒伯在20世纪90年代初期还创新性地提出了生涯彩虹图。舒伯认为，人生的整体发展是由时间、角色空间和投入程度所决定的，即个人生涯包括时间、角色空间和投入程度三个层面。人们在生涯发展过程中扮演不同的角色，所有的角色都彼此影响。

三、职业决策理论

1. 克朗伯兹（Krumboltz）——社会学习理论

美国著名心理学家克朗伯兹的社会学习理论以社会学习的观点来解释人类生涯选择的行为，特别强调社会因素和学习经验对生涯选择的影响。基于对环境影响作用的重视，社会学习理论认为生涯的选择是一种相互的历程，这种选择不仅反映个人自主选择的结果，也反映社会所提供的就业机会与要求。同时，社会学习理论也认为生涯决策是人生长期的历程，不只发生在人一生中的某一阶段，而是由人从出生到退休连续不断的各种事件与任务决策技巧所决定的。因此，在教育与生涯辅导中应重视生涯决策技巧的传授与培养。

2. 彼得森（Peterson）——信息加工理论

在20世纪90年代初期，桑普森（Sampson）、皮特森（Peterson）和里尔顿（Reardon）提出从信息加工取向看待生涯问题解决的信息加工理论。该理论假设包括：生涯选择以认知与情感的交互作用为基础；进行生涯选择是一种问题解决活动；生涯问题解决者的能力取决于知识和认知操作；解决生涯问题是一项记忆负担繁重的任务；生涯决策要求有动机；生涯发展包括知识结构的持续发展和变化；生涯认同取决于自我知识；生涯成熟取决于个体解决生涯中问题的能力；生涯咨询的最终目标是促进来访者信息加工技能的发展；生涯咨询的最终目的是增强来访者作为生涯问题解决者和决策制定者的能力。

信息加工理论把生涯发展与咨询的过程视为学习信息加工能力的过程。该理论的提出者按照信息加工的特性构建了一个信息加工金字塔模型。位于塔底的基石是知识领域，包括自我知识和职业知识。中间领域是决策领域，包括了沟通、分析、综合、评估、执行五个紧密相连的阶段。最上层的领域是执行领域，也称为元认知。

第三节 职业规划设计

一、职业规划决策的困境

职业规划决策是一项复杂过程。对于毕业生而言，在决策过程中常会遇到诸多困难。这些困难主要体现在以下方面。

决策前的准备不足：一方面，动机不足，学生们往往认为尚未到需要确定职业方向和人生目标的时刻，因而迟迟不愿作出决策；另一方面，他们在面临抉择时可能表现出犹豫不决和信念不坚定，错误地认为一旦做出选择便不可更改，否则即是失败。

信息搜集与处理的问题：在决策过程中，学生们由于信息量不足或信息不对称，导致决策困难。其中信息量不足包括缺乏职业决策流程的信息，不清楚如何确定职业发展方向或设定生涯目标；自我认知不足，对自己的兴趣、价值观、性格和能力等缺乏全面了解；对社会需求、职业培训等方面信息的不了解，获取职业信息方式的不明确。信息不对称则主要表现为信息的不可靠性，专业与兴趣的不匹配，以及职业规划与家长意愿之间产生冲突。

二、职业规划设计的准则

（一）择己所能

1. 一般能力与职业匹配

一般能力，即跨领域活动中展现的共通能力，涵盖对事物全面细致的分析能力、综合判断与抽象概括能力、创新思维与知识积累能力等。这些能力为职业生涯奠定坚实的基础。

2. 特殊能力与职业专长

特殊能力，特指从事特定职业或活动所必需的专业能力，如语言表达的流畅度、空间想象的精准度、形态感知的敏锐度、音乐鉴赏的品味等。在职业选择中，除了一般能力的支撑，特殊能力同样不可或缺。例如，教育工作者须具备出色的阅读与表达能力，科研工作者则须拥有严密的逻辑思维与计算判断能力。建筑设计人员则须拥有卓越的空间想象与判断能力，相比之下，语言表达能力虽非首要，但也不可忽视。因此，职场人士在选择职业时，应充分考量自身实际能力，精准定位，选择最适宜的职业路径。

（二）择己所爱

1. 兴趣导向与职业选择

兴趣是职业生涯发展的内在驱动力。从事自己热爱的工作，不仅能带来满足感，还能使职业生涯充满乐趣与激情。众多研究表明，兴趣与职业成功的概率呈正相关。因此，在制定职业发展规划时，应深入剖析自身兴趣所在，珍惜并发挥这一优势，选择真正热爱的职业领域。

2. 性格特征与职业适配

人的性格多种多样，各具特色。不同职业对性格的要求亦不尽相同。虽然完全契合某一职业性格要求的个体少之又少，但了解自身性格倾向，有助于更好地适应职业环境，并通过有意识的培养与发展，个人性格与职业要求就能逐渐契合。在团队中，不同性格特征的成员扮演着不同的角色，影响着团队的整体效能；对于个人而言，性格与职业的适配度则直接关系到职业生涯的成败。因此，在职业选择过程中，应充分考虑个人的性格特征，寻求最佳的职业契合点。

（三）择己所长

在职业发展规划的抉择中，由于个人技能与能力的有限性，择己所长成为至关重要的策略。通过运用比较优势原理，深入分析自身与他人的优势差异，选择那些能够最大化发挥个人优势且竞争冲突较少的行业，有助于在职业生涯中脱颖而出。

随着现代科技的迅猛进步，社会职业在不断分化、细化与融合，对人才的需求也从单一的专业型向复合型、创造型转变。尽管所学专业与未来职业之间并非严格的一一对应关系，但大致可归纳为以下三种关系。

1. 一对一

在一对一模式下，一个专业方向明确对应一个职业目标，常见于通过中等职业学校和高等职业技术院校培养的专业人才。此类职业技术性强，要求从业者提前规划，明确目标后选择最优学习路径，以实现成本效益最大化。这类职业尤其适合专业技术人员。

2. 一对多

一对多模式的专业多由普通高等院校培养，注重宽口径、厚基础的教育模式。学生需根据自身的职业人格特质，在多个潜在职业目标中做出选择，并针对性地学习和发展必要的知识与技能。这种先定专业后定职业目标的模式较为被动，因此，毕业后应积极把握首次就业机会，或继续深造，或寻找与专业紧密相关的职业，以化被动为主动。

3. 多对一

多对一模式多见于管理型职业，如项目经理等。个人在规划时先明确职业目标，再逆向选择专业方向，与"一对一"模式相似，但个人在学业规划上拥有更大的主动性，能够更有效地规划出一条成本最低的学习路径。

（四）择己所利

职业作为个人生存与发展的基石，其核心目的在于追求个人幸福的最大化。因此，在制定职业发展规划时，首要考虑的是如何实现个人的预期收益，即在由收入、社会地位、成就感与工作投入等变量构成的复杂函数中，寻求最优解，实现职业发展的收益最大化。这是职场人士在职业规划中应秉持的明智选择。

（五）择世所需

社会需求随着时代的进步持续演变，一些需求逐渐消失，同时新的需求不断涌现，促使新的职业形态不断出现。在进行职业发展规划时，必须深入分析并选择符合社会需求的职业发展方向。重要的是选择那些具有长期性需求的职业，以确保职业的持续性和稳定性。

同时，职业规划应着眼于未来，准确预测行业和职业的发展趋势。对于社会需求的不断变化，规划时应当全面理解宏观工作环境，并拓宽职业选择的视野。

1. 宏观工作环境的现状

宏观工作环境是个体实现职业理想的外部条件，涵盖劳动力市场的供求关系、不同地区和行业的人才需求分析，以及职业发展观念等，具备明显的时效性特征。

结构性失业的现象： 当前，我国经济结构正在进行重大调整，劳动力市场出现劳动力过剩和短缺并存的现象，造成结构性失业。这种失业并非因为缺少就业机会，劳动力供给与需求不匹配。

国际化人才的竞争： 信息技术的高速发展促进了经济资源的全球重组和配置。中国企业正迅速融入国际市场，从"世界工厂"向"中国制造"再到"中国智造"转变，企业的国际化趋势日益显著。具有国际化视野的职场人士将拥有更广阔的职业发展空间。

2. 多样的工作形式选择

全职工作： 从业者每周在固定时间内为同一单位或雇主服务，享受相对稳定的工作环境和职业保障。虽然全职工作提供了组织依托，但也存在将职业生涯过度依赖单一雇主的风险。

兼职工作： 从业者不完全在固定时间为同一单位或雇主服务，通常不以工作报酬为主要生活来源。兼职工作虽然收入不稳定，但为希望积累社会经验并获取生活补贴的学生提供了机会。

多重职业： 从业者同时为两个或多个单位或雇主服务，除了全职工作外，还兼有其他工作。这种工作环境的多样性和灵活性有助于技能更新，为生活提供"双重保障"。

自由职业： 作为社会上日益流行的自雇工作方式，自由职业提供了工作自由度和开放性，但同时也伴随着较高的风险，要求从业者具备良好的自我管理能力。

自我创业： 这是一种具有挑战性和高风险的工作形式，要求从业者能够应对不确定的状态和风险，并具备创业精神和企业家潜质。

三、职业发展方向的确定

（一）职业发展方向确立的考虑因素

1. 个人特质

个体差异是普遍存在的，每个人都有自己独特的个人特质。不同职业由于其工作性质、环境、条件、方式的不同，对工作者的价值观、兴趣、性格、能力、心理素质等有着不同的要求。人们的适应能力，可以根据环境要求在一定范围内做出改变和调整。因此，在确定职业发展方向时，需要个体根据自身特质，寻找与职业之间的最佳匹配点。匹配得好，个人特质与职业将协调一致，职业成功的可能性就大大提高；相反，职业成功的可能性就会降低。要实现个人特质与职业之间的良好匹配，需要个体正确分析自身的职业价值观、职业兴趣、职业性格和能力优势等核心特质。

2. 社会需求

社会需求是职业选择中不可忽视的因素，深刻影响着职业本身的产生与发展，职业的本质在于满足社会需求。例如，随着企业规模的扩大，对专业管理人才的需求催生了"职业经理人"这一职业；职业咨询需求的增长则促使了"职业生涯规划师"的兴起。因此，职业的存在与发展根植于社会需求之中。个体在规划职业生涯时，应站在服务对象的立场，精准把握其实际需求，以确保工作的有效性与职业发展的顺利推进。

3. 所学专业

专业知识与能力是胜任工作岗位的基石。学校的专业教育为学生提供了学习机会，有助于学生快速掌握未来职业所需的专业知识与能力。因此，在确定职业发展方向时，应充分考虑个人所学专业背景，以充分发挥专业优势，实现个人价值与社会需求的有机结合。

4. 社会资本

社会资本在职业发展规划中的作用同样重要，其超越了个人知识与技能的人力资本范畴，涵盖通过社交活动建立的健康、长期且稳定的人际关系网络。社会资本对职业发展的影响主要体现在以下几个方面：一是信息获取，如工作机会、组织政策等信息的及时传递；二是资源获取，包括正式或非正式的组织资源使用权、影响力与控制力；三是职场庇护，如提供曝光机会、挑战性工作任务及职业指导等。这些社会资本主要来源于亲友、同学、师生、同事及熟人等多元关系网络。

（二）职业抉择的考量因素

1. 自我认知（Who）

在职业抉择的过程中，首要任务是进行深入的自我探索。这包括但不限于"我具备哪些独特才能与专长？""我的兴趣是什么？""我的职业兴趣倾向是怎样的？""我在竞争中的优势是什么？""我的家庭背景与现状如何影响我的职业选择？"等问题。

2. 职业定位（What）

明确职业方向是至关重要的一步。需要细致考量"我有哪些职业选择？""这些选择分别面临哪些挑战与机遇？""影响我做出职业选择的因素有哪些？"等，以全面评估并确定最适合自己的职业道路。

3. 时间规划（When）

合理的时间规划是实现职业目标的关键。应深思"达到我的职业目标需要怎样规划？""我制定的职业发展规划是否具有可行性与时效性？"等，以确保职业路径的稳步推进。

4. 工作环境考量（Where）

工作环境与生活质量同样重要。需仔细考虑"我期望在怎样的工作环境中发展？""工作与居住地的距离及通勤情况如何？"等，以平衡职业发展与个人的生活需求。

5. 动机分析（Why）

在职业抉择时，深入剖析动机至关重要。应反问自己"为何我选择这个职业而非其他？""我面临的主要职业抉择难题是什么？其根源何在？"等，以明确职业选择的深层原因与驱动力。

6. 策略与执行（How）

一旦确定职业目标，须制定切实可行的实施策略。主要应关注"如何有效寻找并锁定理想的工作岗位？""为实现职业目标，我将如何制定并执行具体计划？""如何合理安排时间以确保目标的顺利达成？"等，以确保职业目标的最终实现。

四、职业规划设计的流程

职业规划设计的流程如图 4-1 所示。

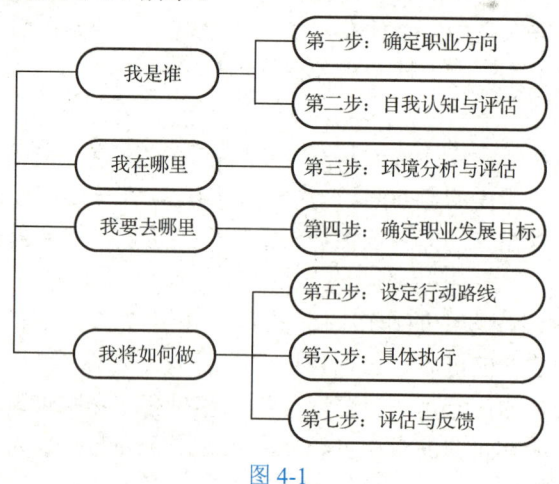

我是谁	第一步：确定职业方向
	第二步：自我认知与评估
我在哪里	第三步：环境分析与评估
我要去哪里	第四步：确定职业发展目标
我将如何做	第五步：设定行动路线
	第六步：具体执行
	第七步：评估与反馈

图 4-1

五、职业规划方法的选择

（一）SWOT 分析法

SWOT 分析法，起源于 20 世纪 80 年代初，由美国旧金山大学管理学教授提出，是一种广受认可的自我分析工具。SWOT 分析涉及四个方面：Strength（优势）、Weakness（弱点）、Opportunity（机会）、Threat（威胁），其中 S 与 W 指个人或组织的内在条件，而 O 与 T 指的是外部环境因素。

SWOT 分析是评价个人的技能、能力和职业倾向的有效方式。通过这一分析过程，可以明确自身优势与不足，并深入考察不同职业路径中的机会与潜在风险。

进行 SWOT 分析时，建议遵循以下步骤。

1. 个人优势与劣势评估

深入剖析自我，明确个人喜好、专业技能、天赋才能及能力范畴。在此基础上，列举个人擅长且乐于从事的活动作为优势，同时识别并正视自身不擅长或抵触的活动作为劣势。

2. 机会与威胁识别

关注外部环境，特别是目标职业或行业所处的市场动态。识别并列出当前及未来可能出现的职业机会，如新兴行业趋势、市场需求增长等；同时，警惕并评估潜在的威胁因素，如行业竞争加剧、技术变革带来的挑战等。

3. 职业目标设定

在 SWOT 分析的基础上，综合个人优势与行业机会，确定具体职业目标。例如，设定毕业后一段时间内的职业方向，期望管理的团队规模或薪资水平等。

4. 制订职业行动计划

确立未来 5 年内的具体行动策略，包括实现上述目标所需的具体步骤、时间及资源。同时，明确在实现计划过程中可能需要的外部支持及获取途径。

（二）"6W"分析法

"6W"分析法，即通过六个以"What"为核心的问题来系统思考职业发展规划，旨在解决职业发展过程中面临的六大关键问题。

1. Who Are You? 审视自我本质

此环节要求深入剖析个人的兴趣爱好、性格特征、健康状况、教育背景、专业技能、过往经历及思维能力，以形成全面、客观且清晰的自我认知。

2. What Do You Want? 明确职业愿景

明确个人对于职业及生活的期望，包括具体的职业目标、收入预期、学习计划及成就追求，确保方向明确，动力充足。

3. What Can You Do? 评估自身能力

识别并强化个人专业技能，确保能够学以致用，同时重视工作经验的积累，这些都将构成个人职业发展的坚实基础。

4. What Can Support You? 分析职业支撑

审视个人的职业竞争力、资源储备及社会关系网络，包括个人、家庭、学校及社会各界的支持因素，这些将共同作用于个人的职业选择与发展。

5. **What Fits You Best? 匹配最佳职业**

在众多行业与职位中，综合考虑待遇、声誉、成就感、工作压力等因素，寻找与个人特质最为契合的职业方向，理解"合适优于最优"的原则。

6. **What Can You Choose in the End? 制定职业决策**

基于前述分析，制定个性化的职业生涯规划，为未来的职业发展奠定坚实基础。机会总是青睐有准备之人，提前规划将显著提升个人把握机遇的能力。

第四节 职业规划调整

一、调整职业规划的成因

1. 社会环境的变迁决定了职业规划的动态性

社会发展日新月异，始终处于不断变化之中。职业作为社会环境的产物，同样经历着持续的变化。因此，个人探索的职业生涯路径是一个动态调整的过程，必须紧密关注并适应各种影响因素的变化，以确保职业规划的时效性和有效性。

2. 职业生涯各阶段面临的多变性要求灵活应对

在职业生涯的不同阶段，个人将遭遇多样化的机遇与挑战。有效地把握这些机遇，对于实现职业目标至关重要。实施职业规划的过程中，难免会遇到意料之外的挑战和突如其来的机遇，此时，这些变化将促使个人对既定的职业规划进行必要的调整和优化。

3. 职业规划的调整是实现职业目标的重要途径

职业规划是一个逐步推进、逐步完善的过程，其核心在于助力个人实现职业理想，达成既定的职业目标。对于初入职场的大学生而言，由于各项条件尚不成熟，其职业规划往往需要随着时间和经验的积累而不断调整。通过持续的调整与优化，毕业生能够在 10 年、20 年乃至更长的职业生涯中，逐步适应环境变化，直至实现职业目标。

二、调整职业规划的时机

众多学生在面对职业规划时往往感到困惑与迷茫。其实，对于学生而言，重要的是认识到职业规划并非是固定不变的，而是一个动态调整的过程。把握两个关键时机进行职业规划的调整尤为重要。

第一，毕业前夕，这是调整职业规划的首个黄金时期。此时，学生已初步涉足求职市场，通过实习或初步的求职经历，能够基于个人体验洞察社会需求，对职业规划进行初步且必要的调整。这一阶段的调整有助于毕业生更加精准地定位职业方向，为踏入社会奠定坚实基础。

第二，工作 3 年至 5 年后，是另一个重要的调整节点。随着社会工作经验的积累，个人特质与思维方式逐渐成熟，毕业生能够更加深刻地理解社会与企业对人才的实际需求。此时，从社会实际需求的角度出发，结合个人特色与职业愿景，对职业规划进行全面而深入的调整，不仅具有高度的现实意义，更是实现个人职业发展与自我价值提升的关键步骤。通过这一时期的调整，毕业生能够更加清晰地描绘出未来职业发展的蓝图，为长远的发展奠定基础。

三、调整职业规划的方法

1. 对自我进行重新评估

基于个人条件的变化和实际工作的积累，应当清晰地了解自己的期望与能力，并在适宜的基础上对职业规划加以调整，使规划更贴近现实且具有长远视野。

2. 全面审视现行职业规划

在分析当前经济动态、行业趋势、个人职业发展空间、工作状况、人际关系和工作环境的基础上，确立自身适合的、能够胜任的职业方向，审视现行职业规划。

3. 调整职业发展目标

面对外部环境的变迁及个人条件的演变，适时且适度地调整既定的职业发展长期与中期目标。确保这些目标既具有挑战性又切实可行，以引领个人职业生涯的持续进步。

4. 更新行动计划

针对职业生涯每个阶段的不同特点，结合外部与内部环境的变化，动态调整职业发展规划的具体行动方案。确保行动计划既具前瞻性又具可操作性，通过有效执行，推动个人职业目标的逐步实现。

建立符合个人特点的职业发展规划须通过不断地调整和优化来实现。这种调整不应是面对现实与理想差距时的消极放弃，而是基于当前社会发展和个人能力的实际状况，修订为更切实可行的目标与计划。

大学生职业发展规划	如何选择职业道路	未来职业发展的特点及其发展趋势
生涯彩虹图（视频）	生涯彩虹图	大学生职业规划至关重要

第五章 正视职业能力

第一节 自我管理

自我管理,是个体对自己目标、思想、心理和行为等方面进行规范与引导的能力,涉及自我组织、自我约束与自我激励,以实现自我奋斗的目标。自我管理是每个人对自己生命运动和实践的自我调节,目的是通过一系列自我行为表现,逐步实现自我完善、自我成就和自我超越,更有效地发掘和实现自身的社会价值,履行与担当社会责任。

一、计划管理

古人云:"凡事预则立,不预则废",强调了事先规划的重要性。在任何行动实施之前,计划都是必不可少的一步。计划作为目标与行动之间的纽带,不仅仅是一系列连续的里程碑,更是确保各项目标得以实现的必要步骤。

(一)计划的含义、作用与类型

1. 计划的含义

计划,作为一种前瞻性的筹划与安排活动,在职场自我管理中占据核心地位。计划要求职场从业者明确个人发展的总体目标及各阶段的细分目标,并据此对未来行为进行精心规划、审慎选择与科学评估,从而成为个人行动的指南针与行为控制的基准线。

(1)计划的双重词性解析

作为名词,计划代表着为实现个人发展目标而精心设计的行动蓝图与步骤安排。

作为动词,计划则涵盖了一个从识别机遇、设定目标、预测环境、设计方案、评估选择到执行监控的完整动态过程。

(2)计划的广义与狭义视角

广义上,计划涵盖个人发展规划的制定、执行与评估的全过程,是一个持续迭代、不断优化的系统工程。

狭义上,计划特指个人针对特定阶段所制定的具体化、制度化的行动方案,通过科学方法为总目标的实现提供详尽的执行路径。

在制定任何计划时,均需清晰界定并详尽阐述以下关键要素,即"5W1H"框架:

What to do(明确任务):确立符合个人或组织需求与价值导向的具体工作目标与任务要求。

Why to do it(阐述目的):阐述实施计划的具体缘由,明确其背后的宗旨、目标及战略意义，并论证其可行性与必要性。

When to do it（设定时间）：规划各项工作的启动与完成时间节点，确保时间安排的合理性与适应性，便于有效控制进度。

Where to do it（指定地点）：明确计划实施的具体地点或环境，考虑环境条件的限制，以优化空间布局与资源配置。

Who to do it（分配责任）：界定各阶段计划目标的执行主体，包括个人、部门或组织，并明确各自的责任与义务。

How to do it（选择方法）：制定实现计划的具体措施、策略与政策，确保计划的有效执行与目标的顺利达成。

2. 计划的作用

（1）明确目标，提升效率

加强计划管理能够赋予人们清晰的行动指南，在复杂多变的环境中为人们明确并聚焦核心目标。此外，计划还能促进各方之间的协调合作，实现资源的优化配置与任务的合理分配，从而确保工作有序推进，显著提升执行效率。

（2）增强预见性，规避风险

计划是预测未来趋势、应对不确定性并降低风险的有效工具。通过实施计划管理，人们能够提前预见并识别未来可能遇到的问题与挑战，进而采取科学合理的措施提前布局，积极把握机遇，主动应对挑战，有效规避潜在风险，将不利因素转化为有利条件。

（3）减少浪费，优化配置

计划管理在减少浪费、优化资源配置方面发挥着重要作用。一是能避免不必要的、无目的的活动，从而减少资源浪费；二是合理安排工作计划，有助于缩短工作周期，降低因延误或加班等非正常工作时间带来的成本；三是能确保各项工作的均衡、稳定发展，使有限资源得到充分利用，最终实现效益最大化。

（4）强化控制，纠正偏差

计划是组织行动的蓝图，与控制职能紧密相连。通过计划管理，可以明确工作目标、具体措施、实施步骤及时间要求，为控制工作提供明确的参照标准。在此基础上，人们可以依据计划对实际的执行情况进行监控，及时发现并纠正实际执行与计划之间的偏差，确保各项工作沿着预定轨道顺利推进，实现既定目标。

3. 计划的类型

计划的类型有很多，可以按不同的标准进行分类。

（1）按计划的形式分类

按照不同的表现形式，计划分为宗旨、目标、战略、政策、程序、规则、规划和预算，如表 5-1 所示。

表 5-1　计划的表现形式分类

类　型	含　义
宗旨	宗旨表明组织是干什么的，应该干什么
目标	目标具体确定组织及其各个部门在一定时期要达到的具体效果
战略	战略是为实现组织的长远目标而采取的总计划，是组织选择发展方向、确定行动方针，以及资源分配的纲领性文件

续表

类　型	含　义
政策	政策是组织对成员做出决策或处理问题所应遵循的行动方针的一般规定
程序	程序规定了具体问题应该按照怎样的顺序进行处理
规则	规则是在每个步骤进行工作时所应遵循的原则和规章制度
规划	规划是为了实施既定方针而制定的综合性计划
预算	预算是以数字表示预期结果的一种计划报告书

（2）按计划的期限分类

按照计划的期限，计划分为长期、中期和短期计划。

长期计划：是组织在较长时间内的发展目标和发展方向，属于纲领性和轮廓性的计划，也称为长远规划或愿景规划。长期计划一般时限在10年以上，决定中期计划的方向、任务和基本框架，是制定中期计划的依据。同时，长期计划需要中期和短期计划的细化，确保目标的具体化和可操作性。

中期计划：是按照长期计划的执行情况和未来环境变化的预测而制定的，一般时限为5年左右，是长期计划的具体化，为长期计划的各项任务给予具体的数据指标，为短期计划的编制提供基本框架，具有衔接长期和短期计划的作用。

短期计划：是长期计划和中期计划的具体实施和执行方案，是在中期计划的指导下，具体规划年度工作任务和措施的计划。短期计划的一般时限为1年以内，如年度计划、月度计划、周计划等。

（3）按计划的性质分类

按照计划的性质内容，计划分为战略和战术计划。

战略计划：覆盖整个组织范畴。旨在为组织设立长期发展目标，寻求组织在环境中的定位与竞争优势。战略计划的计划周期较长，涉及面较广，计划目标相对灵活。

战术计划：是为服从、实行战略计划而制订的具体行动计划，旨在解决实际操作过程中存在的问题，提供一种可操作的、按程序执行实现目标的方案。相对战略计划，一般计划周期较短，计划目标具有适度的灵活性。

在某种层面上，战略计划是战术计划的依据，战术计划是战略计划的具体执行和落实。

按计划的目的不同，计划还可以分为很多类型，比如学习计划、旅游计划、产品设计计划、宣传计划、生产计划、市场拓展计划、营销计划、质量跟踪计划等。

（二）计划的管理原则和方法

1. 计划的管理原则

（1）实际原则

制订计划一定要实事求是、符合客观实际。任何脱离现实、不切实际的计划都如同空中楼阁，难以付诸实践并取得成效。为此，制订计划既要具备前瞻性的视野，更要脚踏实地，通过深入调查研究、集思广益和系统思考，制订切合实际的计划。

（2）弹性原则

由于环境与条件的动态变化特性，计划也应具备一定的灵活性。在制订计划时，应充分考虑未来可能的变化因素，使计划具有一定的适应性和调整空间，即"量力而行，留有余地"。

而在计划执行阶段,则需保持严谨性,确保"尽力而为,不留余地",以维持计划管理的有效性和稳定性。

(3) 全面原则

计划管理是一项复杂的系统工程,贯穿于计划制订、执行到反馈修正的全过程,涉及众多人员与部门的协同合作。任何计划都不可避免地受到多种因素的直接或间接影响。因此,计划管理需秉持全局观念,统筹协调各方资源,实现点面结合,妥善处理好局部与整体、个别与一般之间的辩证关系。

(4) 重点原则

在计划管理中,须抓住重点、解决主要矛盾。在全面把握整体情况的基础上,应对计划中的各项因素进行主次分析,避免平均用力或顾此失彼。通过聚焦关键领域和核心环节,集中力量解决影响全局的关键问题,确保计划实施的针对性和有效性。

(5) 创新原则

计划管理本质上是一项充满创意与挑战的工作。在制订计划方案时,既要借鉴历史经验,又要勇于突破传统框架,鼓励创新思维和求异思维。应以开拓进取的精神,充分调动参与者的积极性、主动性和创造性,力求提出更多具有新颖性、前瞻性和可行性的计划方案,推动计划管理工作不断向前发展。

2. 计划的管理方法

针对多样化的计划工作,存在多种计划管理方法,其中普遍且常用的包括以下几种。

(1) PDCAR 法

PDCAR 法是一种计划流程与管理行为的修炼工具,对提升组织及个人的执行力具有重要的指导意义。适用于公司、团队、项目及个人生活与工作的规划,并着重培养"今日事,今日毕"及"不犯第二次错误"的习惯。具体包括如下内容。

① 计划(Plan)

全面性考量:制定计划时,需全面预见潜在问题,并预设应对策略,将风险因素纳入考量范畴。

复盘反思:计划执行后,进行系统回顾,分析成功与失败之处,记录失败教训,以资后鉴。

实事求是:冷静、客观地评估各方面因素,通过换位思考保证计划的周全性。

压力测试:适度缩短预期执行时间,为计划增添紧迫感,促进高效执行。

② 执行(Do it)

果断行动:抓住机遇,立即行动,避免犹豫与拖延导致错失良机。

坚持不懈:面对挑战,保持决心,不因困难而放弃,确保计划顺利推进。

③ 检验与调整(Check and Adjust)

动态监控:计划执行过程中持续检验成效,一旦发现偏差,立即采取措施纠正。

优化策略:验证计划有效性后,可加大资源投入,确保计划目标的顺利实现。

④ 重新开始(Action Again)

勇于面对失败:正视执行中的挫折与失败,从中汲取宝贵经验,不被其击垮。

持续改进:以坚韧不拔的勇气和决心,调整策略,重新启动计划,直至成功。

⑤ 记录与备案(Record)

总结归档:计划完成后,详尽记录执行过程中的经验与教训,形成宝贵的知识库。

信息共享:将计划执行信息整理备案,为团队及个人后续工作提供有力参考。

PDCAR法以其全面性、灵活性及高效性，成为提升计划管理与执行能力的有效工具。无论何种情境，PDCAR法都能提供一套科学的指导框架，助力个人与组织在计划执行中不断优化、持续进步。

（2）滚动计划法

滚动计划法是一种定期更新未来计划的方法，遵循"分段编制、近详远概"的原则。该方法首先制订一定时期内详尽的计划，随后基于执行情况和环境变化，对计划进行调整和修订，并按周期向前延伸，实现短期计划与中期计划的有机整合。

与静态的计划方法相比，滚动计划法在每次更新或编制计划时，会将计划向前推进一个时间周期，增强计划的适应性和连续性。这种动态的计划编制方式适用长期规划及年度、季度和月度的生产计划，不同计划周期有不同的滚动频率，如长期计划每年滚动，年度计划每季度滚动等。

尽管滚动计划法在编制计划时的工作量较大，并且因频繁调整效率相对较低，但其优点也十分明显，包括：

有效衔接各阶段计划并定期补充调整，确保计划的连续性和现实符合性；

解决了计划的稳定性与实际情况多变性之间的矛盾，使计划更有效地指导生产实践；

促进计划制定与执行的协同，提升计划管理和预测分析的水平，为提高组织或个人的效率奠定基础。

（3）甘特图法

甘特图，又称横道图或条形图，是一种项目管理工具，通过图示化的方式，以时间轴和活动列表相结合，形象地展示特定项目中各项活动的顺序和历时。在甘特图中，横轴通常表示时间，纵轴列出活动或任务，条形表示计划的持续时间和开始或结束的时间段。甘特图不仅可以展现计划与实际进度的对比，还能够通过不同颜色或线条样式来区分工作状态，提供了一种直观的视角，用以跟踪项目进度，并辅助项目管理者进行资源调配和时间安排。

二、时间管理

无论是何种职业，人们在从事活动时，虽然可能不需要耗费财物或精力，却不可避免地要投入时间。因此，高效的时间管理能力对于个人的事业发展和生活质量具有重要影响。

时间管理不仅仅是一项技能，能够显著提升个人的工作效率，同时也是衡量个人职业成就和生活质量的标准之一。掌握良好的时间管理技巧，可以帮助我们更有序地规划和执行日常任务，从而在有限的时间内实现更多的目标和成就。

（一）认识时间管理

1. 时间的特性

时间是物质运动，以及变化的持续性和顺序性的抽象表现，作为一种特殊资源，其重要性不言而喻，具有以下基本特征。

不可增减性。时间的资源是恒定不变的，不随外界或内在因素的变化而增减。对每个人来说，每天都只有固定的24小时，这一资源不存在弹性，也无从增加。

不可复得性。时间具有一维性，始终单向向前推进。一旦时间流逝，无法再次获得，无法实现时间的逆转。

不可蓄积性。"机不可失，时不再来"，时间与人力、物力和财力等可以积累储存的资源不同，时间不能被积累或节约。无论愿意与否，时间仍须被利用，无法进行存储。

不可替代性。时间是一切职业活动中不可或缺的基本资源。无论从事何种职业，没有时间就无法行动，时间是不可替代的资源。

2. 时间管理的含义

时间管理是指通过事先的计划，有效运用相应的技巧、方法和工具，实现对时间的灵活及高效利用，进而达成个人或组织设定的目标。时间管理并不是追求完成所有事项，而是更高效地分配时间资源。时间管理的目的不仅在于选择必须执行的任务，而且在于识别并舍弃那些不必要的或低优先级的事务，其不是追求对时间的绝对控制，而是旨在减少时间的浪费，提高稳定性。

时间管理是一种自我管理的形式，要求个人改变日常生活中的不良习惯，将时间投入到与既定目标紧密相关的事务上，以实现效果、效率和效能的"三效"统一。效果指的是实现目标的预期成果；效率关注的是以最小成本或投入获得成果；效能则是以高效的方式完成事务，从而获得最佳的结果。

时间管理的精髓在于对时间进行有效掌控，这包括清晰地认识并处理事务的主次，合理利用每一分可利用的时间，制定优先顺序，并有序地完成各项任务。

3. 时间管理的意义

（1）时间管理是成功者的重要素质

时间管理是成功的关键要素。在市场经济日益成熟的环境中，时间与商业机会、物质资本、知识资本并列，成为创造财富的关键资源。要在职场获得成功，就必须具备高效运用时间的能力和技能。

（2）市场经济要求高水平的时间管理

随着社会的发展和经济的增长，人们对时间的认识越来越深入，时间的商品化特点也日益显著。相较于农业时期，工业化时期由于其高度的社会化生产模式，对时间管理提出了明确要求，且这种管理的节奏也在不断加快，以适应市场竞争的需要。

（3）全球化竞争需要现代化的时间运筹

在全球化竞争的背景下，时间在国家竞争和个人事业拓展中扮演着愈发重要的作用。事业规划若忽视时间因素，或违背时间管理的原则，或未能全面考虑时间与其他资源的结合方式，则可能造成经济上的损失，甚至导致事业的失败。因此，在当前经济全球化的背景下，与时俱进地运用现代化的策略来运筹时间，显得尤为关键。

4. 时间管理面临的挑战与障碍

（1）规划缺失

若个体缺乏详尽的规划，不仅是对时间的巨大浪费，更导致工作进程的无序性、不协调性与低效率。无序性体现在没有明确的目标指引，以及明确的执行步骤、任务重点与责任分工，导致工作执行中轻重缓急不分，重点模糊，整体显得杂乱无章。不协调性源于前期缺乏规划协调，使得总目标与子目标、各具体目标，预期目标与时限，预期目标与手段之间产生冲突，阻碍了目标的顺利达成。低效率是无序与不协调的直接后果，削弱了行为主体的积极性，增加了操作的盲目性与重复性，从而降低了整体效率。

（2）组织失当

组织失当主要表现为管理职责权限界定不清、日常工作内容冗余、管理者事必躬亲而缺乏合理授权，以及工作主次不分缺乏重点。这些现象不仅造成了时间的巨大浪费，还直接阻碍了组织目标的实现。

（3）难以拒绝

在日常生活与职场中，面对纷繁复杂的请托，人们常感困扰。特别是那些非职责所系或不合时宜的请托，若不懂得适时拒绝，将严重干扰个人的工作节奏与效率。正如一句名言，"浪费自己的时间，等于是在慢性自杀；浪费别人的时间，等于是谋财害命。"在职场中，不懂拒绝，勉强接纳不必要的请托，无异于自乱阵脚。

（4）拖延症

拖延症是许多人难以摆脱的习惯，尤其在面对困难任务或须作出重要抉择时尤为明显。拖延不仅夺走了宝贵的时间与机会，还可能成为个人职业发展的绊脚石。拖延症的根源多在于信息不足、责任感缺失、对失败的恐惧及对挑战性任务的回避心理。此外，职场中的某些潜规则也可能助长拖延行为的产生。

（5）缺乏条理

有些人看似忙碌，实则效率低下，原因在于他们缺乏条理性。他们往往同时处理多项任务，却难以集中精力完成任何一项，导致工作重复进行，时间、精力与心情均被无谓消耗。在职场中，若员工处于这样的情况则难以承担复杂工作，其个人能力与价值也难以得到提升。

（6）进取不足

部分职场人士对时间缺乏珍惜，工作态度消极，满足现状，缺乏责任感与进取心。他们对待工作敷衍了事，不求有功但求无过，沉溺于不切实际的幻想之中，最终只能虚度光阴，一事无成。这种缺乏"只有努力才能改变"精神的态度，是他们职业生涯中的障碍之一。

（二）时间管理法则

1. 明确管理目标

个人时间管理的核心在于高效利用时间以实现个人设定的多重目标。人生的旅程离不开明确的目标与方向。缺乏明确目标的人生，就如同失去舵手的航船，即便拥有强大的动力，也终将迷失方向，无法发挥其应有的价值。因此，在制定时间管理计划之前，首要任务是清晰界定个人希望达成的目标，包括短期与长期目标，以此构建成功人生的蓝图。

有效实施目标管理并非易事，需遵循 SMART 原则，这一原则由管理学家彼得·德鲁克（Peter Drucker）于 1954 年在其著作《管理实践》中首次提出，并逐渐成为组织及个人目标管理的重要工具。SMART 原则强调目标应具有五个特性：明确性（Specific）、可衡量性（Measurable）、可达成性（Achievable）、相关性（Relevant）和时限性（Time-bound）。

（1）明确性（Specific）

明确性要求个人用具体、清晰的语言阐述目标，避免含糊不清或模棱两可的表述。成功的项目往往始于明确的目标定义，而模糊的目标则是项目失败的常见原因之一。在实施时，应确保目标包含项目名称、衡量标准、实施步骤、完成期限及所需资源等要素，以便在评估时能够清晰地了解每个阶段的具体任务与预期成果。

（2）可衡量性（Measurable）

可衡量性强调目标必须是可量化的，即通过一组明确的数据来评估目标是否达成。这种量化标准有助于减少目标执行过程中的模糊性和分歧，确保团队成员对目标的理解与期望保持一致。当然，并非所有目标都能完全量化，对于某些定性目标，应尽可能设定可观察、可验证的衡量标准。实施时，应坚持"能量化的量化，不能量化的质化"原则，为制定者与考核者提供一个统一、清晰、可度量的标尺。

（3）可实现性（Attainable）

目标应当是可被执行者所接受的，其难度应基于实际情况与能力范围之内。若上级仅凭行政手段或权力影响力，强行将不切实际的目标加给下属，往往会引发下属心理与行为上的抗拒。当目标无法实现时，下属可能会以"我早就预见其不可行"为由推卸责任。为避免此类情况，领导者应采取更为民主与协作的方式，鼓励下属参与目标制定的过程，确保团队整体目标既具挑战性又可实现。实施时，应坚持员工参与、上下沟通的原则，使目标在组织及个人之间达成共识，既充实工作内容，又保持其可达性，即目标应设定在"踮起脚尖可触及"的范围内，而非遥不可及。

（4）相关性（Relevant）

目标的相关性强调目标之间及其与整体战略、岗位职责的紧密联系。一个目标若与其他目标无直接关联或关联度极低，即便达成，其意义也将大打折扣。在设定工作目标时，必须充分考虑角色与职责的匹配度。例如，对于一名开发程序员而言，参与代码 Review 会议、研究代码重构及学习相关知识均属其职责范围；而直接与客户沟通、澄清业务问题或优化业务流程则可能超出其职责范畴，应由产品负责人等更合适的角色承担，必要时可邀请相关开发人员与测试人员参与讨论。实施时，需仔细审视目标间的关联性，明确各岗位职责，避免交叉职责导致的目标混乱，必要时对目标进行拆分或提供清晰说明。

（5）时限性（Time-based）

时限性是进行目标设定的关键要素之一，要求每个目标都应有明确的时间框架。在设定目标时，应充分考虑工作任务的优先级、过程管理的需要及事项的紧急程度，为各项目标设定合理的完成期限。通过定期检查项目进度，及时掌握变化情况，可以灵活调整工作内容或事项，确保项目按计划推进。同时，对于工作计划中出现的异常情况，应及时进行变更控制，确保目标实现的时效性与有效性。

2. 注重轻重缓急

确立清晰的时间管理目标后，制定详尽的计划至关重要。这对于控制进度和避免时间浪费至关重要。若无计划支持，可能导致事务处理的无序，难以实现既定目标。

在制定计划时，明确任务优先级是核心要务。缺少有效判断力的个体将难以高效规划并管理时间。若对待所有事务一视同仁，不加区分其重要性，将难以合理分配时间，降低效率。因此，必须明确任务的类别和重要性，并进行适当排序，确保时间的合理分配和协调。这样，事务处理方能条理清晰，达到高效率。

时间管理的基本技能包括识别不同任务的紧急程度和重要性，不仅要对工作内容有清晰的认识，也要明确事务的优先级，了解哪些任务应当优先执行。

在实际生活和工作中，某些紧急事务需立即处理，而某些事务则允许暂时搁置；有些任务的重要性要求投入更多时间和精力，而其他一些则可简略处理。著名的管理学家科维（Stephen Covey）提出一套时间管理理论，该理论将任务按照重要性和紧急性两个标准划分为四个象限，从而形成"时间管理矩阵"，如图 5-1 所示，明确了任务的不同优先级。

在时间管理矩阵中，"重要的事"指的是个体主观上认为具有价值，且与其使命、核心价值观及首要目标紧密相连的活动。这些活动源于内在需求，即便不总是紧迫，却因其深远影响而需投入更多时间与精力持续进行。相比之下，"紧急的事"则通常被外界视为需要立即响应的突发状况或活动，可能干扰个人的生活与工作秩序。

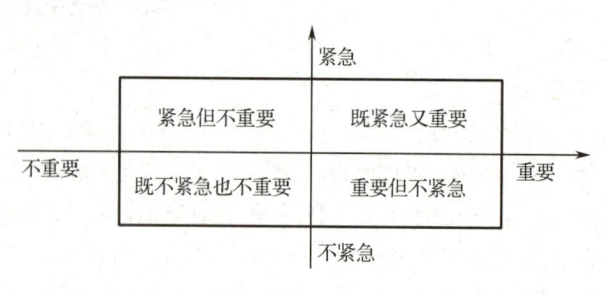

图 5-1

（1）四个象限的内涵

第一象限：既紧急又重要。此象限涵盖了那些无法回避且必须及时处理的工作任务。这类任务若被延误或忽视，将带来严重后果。例如，处理即将到期的关键订单、参与重大项目的谈判、主持重要会议等，均属于此范畴，需优先安排时间解决。

第二象限：紧急但不重要。此象限的任务往往具有误导性，因其紧迫性而让人误以为重要。实际上，这些只是紧急但不具备核心价值的任务。人们常因认知误区，将"紧急"等同于"重要"，从而浪费了大量宝贵时间。如突如其来的办公室访客、不必要的会议参与、娱乐活动的临时邀约等，均属此类，应学会合理拒绝或委托他人处理。

第三象限：既不紧急也不重要。此象限包含的是那些琐碎且无意义的杂事，它们既无时间上的紧迫性，也无任何实质性价值。沉迷于此类活动，无异于对时间的挥霍与消耗。如长时间发呆、无目的地上网浏览、漫无边际的闲聊及闲逛等。

第四象限：重要但不紧急。与第一象限不同，此象限的任务虽不具备时间上的紧迫性，但对个人或组织的长远发展具有重大意义。它们关乎个人成长、战略规划、关系网络构建等核心领域。如制定个人财务规划、构建并维护人际关系网络等，均属此类，需给予足够重视并合理规划时间。

（2）四个象限之间的关系

第一象限与第三象限在性质上呈现鲜明的对立性，界限清晰，易于辨识。第一象限汇聚了既紧急又重要的任务，这些任务无一例外地受到个人及组织的高度重视，并会被优先处理，以确保其及时完成。第三象限是既不紧急也不重要的琐事，对于有志向且勤勉的个体，这些事务通常会被排除在行动列表之外。

第二象限与第四象限之间的界限则较为模糊，难以仅凭紧急程度来明确划分。第二象限的欺骗性在于，其紧迫性往往掩盖了其非重要性的本质，从而误导个体投入大量时间。为了准确区分这两个象限，必须引入另一关键标准——即任务的重要性。这一标准需基于个人的长远目标与生活规划来评估，若某项任务对于实现个人目标具有重要意义，则属于第四象限；反之，若其重要性不足，则应属于第二象限。

综上所述，在进行时间管理与任务分配时，除了考虑任务的紧急性外，更需深入剖析其内在的重要性，以确保资源得到合理的配置。

（3）启示与策略

走出第二象限。第二象限事项常因其紧急性，让个体陷入困境而难以脱身。其诱使人们投入过多时间，需要通过策略性的思考来避免。第一象限的任务应得到优先处理，而对于第三象限的任务，人们应当保持忽视。第二象限的任务虽然牵绊人心，实则缺乏价值，因此必须设法摆脱其束缚。

投资第四象限。尽管第一象限的事务同时具有重要性和紧迫性，受限于时间，人们往往难以达到最佳效果。相比之下，第四象限的事务不仅重要，且有着充分的时间准备和执行，意味着投资于此象限的任务，收获的回报最为丰厚。

分区分治。主要包括以下内容：立即行动，若个人经常面临既紧急又重要的任务，这反映出时间管理上可能存在疏漏，需要采取措施以减少此类状况；计划执行，应尽可能将时间和精力集中在第四象限，减少重要而不紧急的任务，这有助于减轻第一象限工作的压力；授权办理，对紧急但非关键的事务，最有效的处理方法是授权他人，释放自己的工作负担。对于那些既不重要也不紧急的事务，应尽可能减少参与，以保持时间和资源的高效分配。

3. 善用时间法则

（1）黄金法则

维尔弗雷多·帕累托提出 80/20 的原则，在时间管理上的应用即黄金法则，鼓励我们使用 20%的时间投入以产出 80%的实际效益。个人的时间和精力是有限的，因此，广泛分配资源并不实际，应专注于能够产生关键效益的少数领域。20%的重点投入不仅能带动剩余 80%的发展，还能使个体在思考和准备上更集中注意力。

（2）ABC 时间管理法则

成功者与时间管理不善者的显著差异之一，在于前者擅长高效管理时间。ABC 时间管理法则正是实现这一目标的有效工具。该法则要求将待办事项按重要性划分为 A、B、C 三类。

A 类事项（约占总事项的 20%）：直接且显著地促进目标达成。在处理此类事务时，应摒弃"应该做""想做"或"喜欢做"的考量，专注于"必须做"和"需要做"的任务。

B 类事项（约占总事项的 80%）：对目标达成有一定帮助，但非核心。处理此类事务时，可考虑合并、简化或适度授权，以优化时间利用。

C 类事项：对目标达成无实质性帮助。建议尽可能避免此类事务，或采用拖延策略，直至找到合适时机委托他人处理。

依据 ABC 法则，个人应每日量化目标，明确时间规划，并优先处理 A 类事项。确保将最佳精力集中于 A 类事项，随后依次处理 B 类和 C 类事项。这一流程有助于清晰界定工作重点，合理分配时间资源，从而提升整体工作效率与生活质量。

（三）有效管理时间

1. 养成时间管理意识

做到有效管理时间，前提是养成时间管理意识。一般应树立以下几方面的意识：

- 定制恰当的生活目标，按照重要程度排序。
- 集中主要精力，专注完成最重要的工作任务。
- 时刻铭记自己要实现的最重要的工作目标。
- 树立"时间就是金钱"的观念。
- 只要全身心努力了，不过分追求完美的结果。
- 为所做的每一个任务设置一个时间限度。
- 为每天的工作制定时间表。
- 将最终实现目标转换成若干个任务分别去完成。
- 根据具体事件情况，将某项工作任务交给别人去做。
- 给每个工作步骤制定必要的时限。

2. 改进时间管理方法

计划工作。要实现有计划的工作，首要任务是构建一套全面的计划体系，涵盖任务目标、工作标准、完成期限及优先顺序。应将所有待办事项依据时间紧迫性和工作重要性进行科学划分，并据此制定合理的工作优先级。同时，预留充足的缓冲时间以应对突发情况或变动事件。此外，记录时间日志，将关键任务安排在个人效率高峰且干扰较少的时段，并依据效率与干扰程度为不同时间段赋予相应价值，从而优化任务分配。

调控时间。面对大型或复杂任务时，应采用分而治之的策略，将其拆解为若干易于管理的子任务，并分配大块时间逐一攻克，以化整为零的方式确保总任务的顺利完成。同时，高效利用零碎时间，通过"见缝插针"的方式逐步推进任务，最终实现化零为整的效果。

明智拒绝。时间管理的精髓在于懂得拒绝。对于超出能力范围或影响其他重要工作的委托，应勇于说"不"，这不仅是对自己的负责，也是对委托人的尊重。在日常生活中，面对不必要的干扰，如冗长电话、闲聊等，也应礼貌而坚定地拒绝，以保持对核心任务的专注。

有效授权。要认识到个人时间与精力的有限性，适时寻求帮助或授权他人处理非核心事务，可以显著提升工作效率。通过合理分配任务，使自己能够更专注于关键事务，实现事半功倍的效果。

善用工具。现代科技为时间管理提供了强大的支持。应充分利用电子邮件、即时通信软件、视频会议、在线学习平台等工具，减少沟通成本，加速信息流通，从而节约宝贵时间。

抵御诱惑。明确时间的价值，避免将有限的时间浪费在低效或无关紧要的活动中，如过度沉迷电视、网络小说、网络游戏或不必要的社交聚会等。通过自我约束，确保时间的高效利用。

注重劳逸结合。倡导健康的工作与生活方式，通过参与有益身心的休闲活动，如旅游、健身等，实现身心的平衡，以充沛的精力投入工作和学习中。

保持工作环境整洁。定期整理工作文件和资料，包括纸质和电子文档，确保信息的有序存储与快速检索。同时，保持办公环境的整洁与有序，减少寻找物品的时间消耗，树立专业、高效的职业形象。

随着时间管理实践的深入，个人应继续不断探索和采用更多有效的方法来优化时间管理。只要持之以恒地培养时间管理的意识与能力，定能成为时间的主人，实现工作与生活的和谐与高效。

三、健康管理

健康是维系生命的基石，不仅是人类的基本权利，也构筑了优质生活的基础，其所蕴含的深奥内涵远超无疾病这一简单定义。唯有在健全的体魄下，人类才能放飞梦想、树立先进理念、培育崇高心灵。

（一）身体健康

1. 科学认知身体健康标准

（1）健康

健康长久以来被视作一个医学问题，但在 21 世纪的今天，世界卫生组织为其赋予了全新的定义：健康不仅是躯体没有疾病，更包含了心理、道德健康和社会适应能力。世界各国对于身体健康的标准存在差异，这主要是因为生活水平和文化背景的差异。目前，多以世界卫生组织提出的身体健康标准为准，包括但不限于：
- 拥有充沛精力，能从容应对日常生活和工作中的压力。
- 乐观积极，愿意承担责任，不挑剔。
- 良好的休息和睡眠。
- 强大的身体适应能力，能适应环境变化。
- 能够抵抗常见疾病。
- 适当的体重和体态协调。
- 眼睛明亮，反应敏捷，眼睑不易发炎。
- 清洁无龋的牙齿，健康的牙龈。
- 有光泽无头屑的头发。
- 丰满的肌肉和富有弹性的皮肤。

身体健康被视为心理健康的基础。医学角度对身体健康状况的评判通常会考虑心肺功能、生长发育、身体综合素质、神经系统功能及环境适应能力等多个方面。这些标准共同勾勒出身体健康的全貌，帮助人们更科学地理解和维护自身的健康状态。

（2）亚健康

亚健康状态，是指人体处于健康和疾病之间的临界身体状态。把健康视作第一状态，疾病视为第二状态，那么介于健康和疾病过渡区域的就是亚健康状态。

亚健康状态是动态的，其并非一直处于原有状态停留不变，而是会转化的。人们如果对亚健康状态漠然轻视，任其自然，亚健康状态可能自发地向疾病状态转化发展；如果人们加以重视，努力应对，亚健康状态就会自发地向健康状态转化，如图5-2所示。

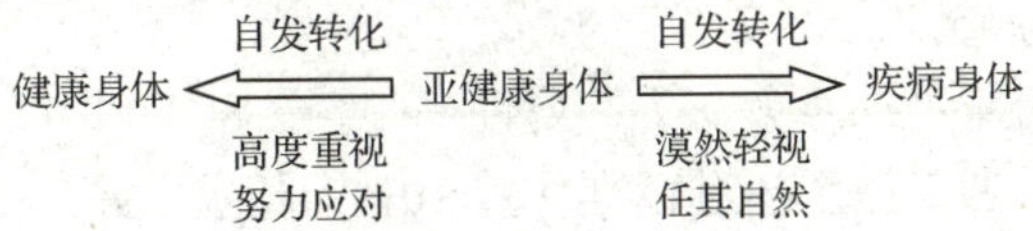

健康身体 ⟵ 自发转化 亚健康身体 自发转化 ⟶ 疾病身体
高度重视　　　　　　　　　　　漠然轻视
努力应对　　　　　　　　　　　任其自然

图 5-2

人们处于亚健康状态时，常常表现为浑身乏力、食欲下降、烦躁不安、头晕耳鸣、失眠多梦、工作效率下降等症状，但做各项医疗检查却难以直接归因于某种特定疾病。对亚健康的鉴定范围也很广泛，凡涉及躯体、心理和社会适应不良的感觉，且在相当长时间内又无法确定为某种疾病的，一般都归为亚健康状态。

亚健康状态通常发生在生活节奏快、工作压力大的人群中，如创业者、演艺人员、公安干警、医护人员和教师等。随着社会的发展，处于亚健康状态的主体人群正呈低龄化的发展趋势，尤其是在校大学生，也成为亚健康状态的主体人群。

从紧张的高中生活过渡到相对自由宽松的大学环境，部分大学生因缺乏自我管理能力，逐渐形成了不规律的生活习惯。中学时期的严格监管一去不复返，取而代之的是自我掌控的时间安排。这导致部分大学生出现夜间熬夜、早晨逃课补眠、沉迷网络游戏而忽略饮食与休息等不良行为。长期的无规律作息、不健康的饮食习惯及睡眠剥夺，正悄无声息地侵蚀着他们的健康，使之陷入亚健康状态，为身体状况埋下隐患。

（3）疾病

疾病是指在特定致病因素的作用下，机体原有的内外平衡被打破，致使生理功能紊乱。疾病的成因包括遗传或先天性因素、个人体质差异、外来病原体侵袭、心理状态及不健康的生活习惯等。

疾病对患者的工作、学习和生活质量造成重大影响，带来剧烈的肉体痛苦，削弱工作能力，影响个人实现目标。此外，疾病还可能加剧心理负担，影响情绪，导致自卑、斗志丧失，使个体精神不振，身心俱疲。这反映出一个生活哲学：体能强健者更有力量抵御疾病，而体弱者则较易受到疾病的侵扰。

2. 养成良好生活习惯

随着人们生活条件的改善，不良生活方式对健康的负面影响也日趋突出，矫正生活方式，养成良好生活习惯显得尤为重要。

（1）控制吸烟，积极戒烟

流行病学研究明确表明，吸烟是引起众多慢性非传染性疾病的重要风险来源之一。长期且大量吸烟可诱发多种心肺及心血管疾病，且吸烟量、起始年龄及吸烟年限均与健康损害程度呈正相关。此外，吸烟不仅危害吸烟者自身健康，还通过二手烟的暴露对周围人群及社会环境构成威胁。

（2）节制饮酒，避免酗酒

适量饮酒在一定程度上或可改善血液循环，促进新陈代谢，但过量无节制的饮酒（即酗酒）则对健康构成严重威胁。据世界卫生组织数据，酗酒者的死亡率显著高于普通人群。

（3）谨慎用药，严禁吸毒

生活中应严格遵循医嘱使用药物，避免滥用镇静剂、镇痛剂及兴奋剂等。尤其应警惕鸦片、吗啡、海洛因等成瘾性麻醉药物的接触与吸食，这些行为不仅导致精神恍惚、人格扭曲，还严重损害身体健康，甚至危及生命。

（4）控制体重，预防肥胖

世界卫生组织推荐的体重计算方法为：男性=（身高-80）×0.7，女性=（身高-70）×0.6，公式中身高的单位均为厘米。体重超过标准体重10%为超重，超过20%则为肥胖。肥胖多由遗传及能量摄入超过消耗所致，肥胖人群易罹患心血管疾病、脂肪肝、糖尿病等，且与某些肿瘤的发生密切相关。

（5）合理饮食，均衡营养

合理的饮食结构是维护健康的基础，能够确保身体获取必需的营养素，预防疾病。反之，饮食过度或营养不足均会对健康造成不良影响，前者易导致肥胖及相关疾病，后者则引发营养不良，影响生长发育和免疫力。

（6）加强锻炼，适量运动

定期参与体育锻炼有助于增强体质，消耗多余脂肪，改善心理状态，缓解压力。体育锻炼是促进身心健康、提高生活质量的有效途径。

（7）放松心情，保证充足睡眠

长期的高压生活、学习、工作状态对身心健康有害而无益。保证充足的睡眠和学会放松是恢复体力、舒缓神经、增强免疫力的关键。

（二）心理健康

心理健康指的是个体具备良好的自我控制能力，能够维持心理状态的平衡与稳定，体现为自尊、自爱与自信的高度统一。心理健康不仅是生活方式的核心组成部分，也是个体维护身心健康不可或缺的关键环节。

1. 心理健康的标准

（1）普遍性的心理健康标准
- 有适度且充足的安全感，具备自尊心，对个人成就持有正面价值感。
- 深刻了解自我，具备自知之明，对自身能力有客观且准确的评估，既不妄自尊大，也不妄自菲薄。
- 在日常生活中展现出适度的主动性，既不完全脱离环境，亦不为环境所过度束缚。
- 表现出理智与客观的态度，与现实世界保持良好接触，能够坦然面对生活中的挫折与打击，避免不切实际的幻想。
- 能够适度表达并控制个人情绪，保持情绪的稳定与和谐。
- 维护个性的完整与和谐，个人的价值观与社会标准相契合，工作时能够高度集中注意力。
- 建立并维持良好的人际关系，具备爱人与被爱的能力。
- 设定并追求切合实际的生活目标，保持积极向上的生活态度。
- 具备强大的学习能力，善于学习新知，能够根据环境变化自我调整，以适应社会需求。
- 在不违反社会规范的前提下，个人的基本需求得到合理满足。

（2）职场从业者具备的心理特征
- 自我感知与知觉敏锐，判断事物准确无误。
- 记忆力佳，逻辑思维缜密，思考与回答问题条理清晰。
- 想象力丰富，擅长联想与类比。
- 情感反应适度，面对突发事件能够冷静处理，情绪稳定。
- 意志坚定，不骄不躁，做事有始有终。
- 注重个人修养，待人谦和，态度友善，情绪乐观向上。
- 人际关系和谐，乐于助人，深受他人喜爱。
- 学习能力强，善于学习新知识，掌握学习方法。
- 保持个人兴趣爱好，追求有目标、有憧憬的生活方式。
- 遵守社会公德与伦理规范，心理健康状态良好。
- 行为举止正常，生活自理能力强，能够灵活适应社会环境的变化。

（3）职场从业者健康心理的把握

在职场中，职场从业者的健康心理至关重要，应从以下几个方面把握。

智力正常。智力是职场从业者学习、生活与工作的基石，也是适应环境变化的必要条件。智力能否正常且充分地发挥效能，体现为强烈的求知欲、积极的学习态度及高效参与各类学习活动的能力。

情绪健康。情绪健康的标志在于情绪稳定且心情愉悦，表现为正面情绪占据主导，乐观向上，充满活力，对生活持积极态度。同时具备良好的情绪调节能力，既能合理控制又能适时宣泄情绪，确保情绪反应与所处环境相协调。

意志健全。意志健全体现在完成目标活动时的自觉性、果断性、顽强性和自制力上。职场中的健全意志表现为明确的工作目标、果断的决策能力、坚韧不拔的毅力及在面对困难与挫折时的合理应对，而非盲目行动或畏缩不前。

人格完整。人格完整是指个体心理特征的和谐统一，表现为所想、所说、所做三者的高度一致。这要求拥有健全的自我意识，不产生自我认同混乱，以积极进取的人生观为核心，将个人需求、目标与行动紧密结合。

自我评价准确。准确的自我评价是心理健康的重要标志。职场从业者应能够自我观察、自我认定、自我判断和自我评价，形成恰当的自我认知，既不妄自尊大，也不妄自菲薄，能够自我接纳，保持自尊、自强、自制、自爱的适度平衡，积极面对现实，不懈追求进步。

人际关系和谐。良好的人际关系是职场成功与生活幸福的重要保障。这要求职场从业者乐于交往，拥有广泛而深厚的人际关系网络，保持独立完整的人格，客观评价他人与自我，善于取长补短，以宽容和助人的态度积极参与社交活动。

社会适应能力正常。职场从业者需与客观现实环境保持和谐关系，通过客观观察获得正确认识，以有效策略应对环境中的挑战，既不退缩，又能根据环境特点与自我意识进行灵活调整，或改造环境以适应个体需求，或调整自我以更好地适应环境。

2. 不健康的心理状态

（1）心理缺陷

心理缺陷是指无法保持正常人所具有的心理调节和适应等能力，心理特点明显偏离心理健康标准，但尚未达到心理疾病的程度。心理缺陷的后果是社会适应不良。最常见的心理缺陷是性格缺陷和情感缺陷。

性格缺陷主要包括：

- 无力性格，即精力和体力不足，容易疲乏，情绪常处于不愉快状态，缺乏克服困难的勇气，有疑病倾向。
- 不适应性格，即人际关系和社会适应能力较差，判断和辨别能力不足。
- 偏执性格，表现为性格固执，敏感多疑，容易产生嫉妒心理，考虑问题常以自我为中心。
- 分裂性格，表现为性格内向，孤独怕羞，情感冷漠，喜欢独自活动，沉迷内心的幻想而缺乏行动。
- 爆发性格，表现为平时性格黏滞，不灵活，遇到微小刺激就会引起爆发性愤怒或激情。
- 强迫性格，表现为有不同程度的强迫观念或强迫行为。
- 癔症性格，表现为心理发展不够成熟，热情有余，稳重不足，容易接受暗示，好表现自己。

情感缺陷主要包括：

- 焦虑状态，表现为对客观事务和人际关系，表现出焦虑、紧张、忧心忡忡和疑虑不决。
- 抑郁状态，表现为情绪经常处于忧郁、沮丧、悲哀、苦闷状态。
- 疑病状态，表现为常有疑病情绪反应。
- 狂躁状态，表现为情绪高涨、兴奋，过度活跃好动、交际频繁、声音高亢等。
- 冷漠状态，表现为对外界客观事物和自身状况漠不关心，无动于衷。

（2）变态心理

变态心理又称病态心理，是指人们的心理活动，包括思想、情感、行为、态度、个性心理特征等方面偏离常态，从而出现各种各样的心理或精神活动异常。

变态心理的主要标志之一是心理障碍。心理障碍是各种不同的心理和行为失常的总称。变态心理不只限于精神病人的变态心理，也指个体心理现象的异常。

（3）心理疾病

心理疾病是指个体由于精神上的紧张，受到干扰，从而使自己思维、情感和行为上发生偏离社会生活规范的现象。心理疾病种类很多，表现也各异，一般包括感觉障碍、知觉障碍、注意障碍、记忆障碍、思维障碍、情感障碍、意志障碍、行为障碍、意识障碍、智力障碍、人格障碍等。

3. 保持心理健康

（1）满怀爱心

做自己感兴趣的事情，充满爱心地关爱他人，奉献自己的才能与智慧，就会找到快乐的源泉。快乐的心态是我们保持心理健康的重要基础，兴趣可以化解我们郁闷的心情，童心可以让我们对待事物充满好奇，爱心和奉献是一种美德，所有这些共同为我们心理健康的培育创造了良好的条件。

（2）亲近自然

当心情焦灼、烦闷和痛苦时，亲近自然，或置身于生机盎然的山林，或呼吸清新的空气，或聆听自然的和谐之音，能有效缓解压力。心情得到放松，神清气爽，这就是人们常说的心理绿色治疗法。

（3）活在当下

"当下"就是现在正在做的事、所处的环境、周围的人。"活在当下"就是要把关注的焦点集中在当下的这些人、事、物上，全心全意地品味、投入和体验这一切。每天的心情源于当下的心态，良好的心态是心理健康的关键。

（4）发现美好

以乐观的态度审视周围的一切，用正面的思维去解读人与事，能够使我们更多地看到事物的积极面，从而保持激情与快乐，避免消极情绪的侵扰。

（5）调整心态

对于无法控制的事情，应学会放手，顺其自然；对于可控之事，则应全力以赴。即使未能达成目标，也应调整心态，不让负面情绪影响身心健康。学会从挫折中汲取力量，视其为成长的契机。

（6）合理宣泄

面对压力与挫折，合理宣泄消极情绪至关重要。通过适当的途径释放内心的压抑，可以减轻精神负担，预防心理疾病，促进心理健康。

（7）淡泊名利

名利乃身外之物，过分追求只会带来无尽的压力与焦虑。保持一颗淡泊之心，不为名利所累，方能享受内心的宁静与长远的幸福人生。

（8）寻求专业帮助

当遇到难以自行解决的心理问题时，应及时向专业的心理咨询机构求助。心理医生的指导与帮助对于缓解痛苦、恢复心理健康具有重要作用。对于严重的心理疾病，还需配合专业医生的心理治疗。

此外，提高人际交往能力、改善性格缺陷、参与适量运动等也是维护心理健康的有效途径。个体应根据自身情况，选择适合的方法进行综合调适，以实现心理健康的全面提升。

（三）情绪管理

1. 情绪管理的要义

（1）情绪行为的阶段与管理

情绪管理，即个体或群体运用恰当的策略与手段，实现对自我情绪的体验、调节与控制。

其要求在面对生活中的冲突与事件时，能够采取积极措施排解由此引发的情绪反应，以乐观向上的态度和平和幽默的心境，迅速缓解心理压力。简而言之，情绪管理是一个综合性的过程，涉及对情绪的感知、控制与调节，其核心在于将人本原理置于管理实践的中心，旨在促进人性的全面发展、情绪的健康成长及个体价值的充分实现。这一过程强调尊重、依靠、发展与完善人的理念，鼓励个体提升对自我情绪的意识，有效管理情绪波动，保持乐观心态，并持续进行自我激励与完善。

对于职场人士而言，深入理解并准确把握自身情绪状态，进行及时调整，是主动适应职业角色、提升工作效率的先决条件。

情绪行为的发展通常可划分为以下五个阶段，每个阶段均提供了个体发挥主观能动性、理智管理情绪的契机。

选择情境：此阶段强调通过主动选择有利于情绪管理的情境（如休闲交流、娱乐活动、旅游探险、体育锻炼等），以营造放松、乐观和积极的心理状态。

调整情境：当所选情境未能如愿带来积极的情绪时，个体需进行自我调整，寻找更为适宜的情境，以确保情绪状态的正向发展。

转移注意：通过巧妙地将注意力从负面情绪（如恐惧、不安、担忧、悲伤等）中抽离，转向更为积极或中性的事物，以减轻心理负担。

改变认知：在情境相对稳定、难以直接改变的情况下，采取换位思考的方式，赋予情境以积极的意义，如将压力视为动力，将悲伤视为成长的契机，将恐惧视为挑战，从而实现对情绪的有效控制。

调整行为：在冲动情绪产生后，采取积极的行为措施（如向亲朋好友倾诉、寻求专业帮助等），以缓解紧张情绪，化解冲突，恢复情绪平衡。

（2）情绪管理的基本形态

情绪管理可以通过不同的方式来实现，其中包括四种基本的情绪应对形态。

拒绝。拒绝是一种心理防御机制，个体可能会否认某些明显的事实，即使证据确凿。拒绝不是简单的遗忘，而是一种对现实的持续否认。这种防御形式较为极端，往往难以接受外界的纠正。

压抑。压抑是指个体努力将内心的负面情绪排除意识之外。与拒绝相比，压抑是更为积极的防御策略，但可能伴随着潜在的副作用，且可能违背人的本性。过度的压抑对心理健康有害。

替代。替代是将原本的情绪冲动转移到无害的目标上的行为。有效的替代能够帮助情绪得到积极的转化，但如果采取的方式是对他人或自身有害的替代，则可能导致负面后果。

升华。升华是将不利于社会的情感冲动转化为社会可接受的形式，是一种积极的转化机制。例如，将攻击性冲动转化为体育竞赛中的表现，这种转化是社会认可且有助于情绪管理的。

（3）情绪管理的态度

情绪管理的态度构成了其实践的核心，以下是情绪管理的有效态度。

观察自己的情绪。投入时间和精力观察自己的情绪，了解与觉察自己的情绪变化，是掌握情绪管理能力的基础。

面对自己的情绪。人皆有情，稳定地面对自己的情感变化，诚实审视内心的感受，是处理各种情境的关键。

提供情绪的时空。在情绪波动时，为自己和他人创造反省和观察的条件，避免在冲动之下做出不恰当的决策。

寻找静心的方式。通过寻找适合自己的静心措施，在平静的心态中识别和反思情绪变化，促使个人能进行更明智的进行情绪管理。

2. 加强情绪管理

如前所述，情商涵盖了识别自我情绪、情绪管理、自我激励、识别他人情绪，以及人际关系管理。加强情绪管理，实质上是致力提升这五项能力，尤其以识别自我情绪、控制自我情绪及人际关系管理能力为基石与落脚点。

（1）识别自我情绪

识别自我情绪是情绪管理的第一环节，其要求个体能够敏锐地察觉自身情绪的变化，分析影响情绪的因素，并据此调整心理状态，以做出恰当的行为反应，有效缓解负面情绪。识别自我情绪的有效方法如下。

情绪记录法：定期记录情绪变化过程，事后深入分析，制定改进策略。

情绪反思法：每次情绪波动后，进行自我反思，分析原因、影响及改进措施，逐步提升情绪识别能力。

情绪恳谈法：向亲近的家人、朋友、同事等寻求反馈，通过他们的视角客观了解自己的情绪变化。

情绪测试法：利用专业情绪测试工具或咨询机构，获取科学的情绪认知与管理建议。

（2）控制自我情绪

控制自我情绪是职场人员情绪管理的重要内容。不懂得自我控制情绪的人，往往被情绪主导，遇事无定心、行事无规矩、处事无章法、缺乏忍耐力，既不能约束自己的行为，又不能驾驭别人，甚至在不能控制的情绪中付出昂贵的代价。控制情绪的出发点和立足点是实现稳定情绪，做到遇事不惊、处事不乱、平淡是真。

提升自我情绪控制能力，可通过以下几种方法和技巧进行培养：

换位思考法。面对生活中的不如意，学会从多角度审视问题，发现其中的积极面，淡化是非、荣辱与利益的计较，从而缓和不良情绪，实现情绪的自我控制。

注意力转移法。当遇到引发强烈情绪反应的事情时，通过主动参与有益活动（如助人、社交、文体活动、阅读等）来转移注意力，消散不良情绪。

适度退让法。面对冲突与摩擦，保持宽广的胸怀，不纠结于琐碎的细节，以宽容的心态看待世事，实现"退一步海阔天空"的境界。

灵活应对法。高情商者善于在困境中屈伸自如，面对挑战时懂得避其锋芒，化阻力为动力，化悲痛为力量，保持情绪的积极与稳定。

情绪释放法。适时采取合理的方式释放积累的不良情绪，如通过哭泣、深呼吸等途径，减轻心理负担，恢复情绪平衡。

环境调节法。认识到环境对情绪的影响，通过选择或改变环境来调节情绪状态。整洁、明亮、宽阔的环境有助于促进积极情绪，而杂乱、阴暗、狭窄的环境则可能加剧负面情绪。此外，利用语言环境的积极作用，如悬挂激励性标语，也能在一定程度上促进情绪的自我控制。

（3）感知他人情绪

① 懂得他人情感

"出门观天色，进门看脸色。"人的许多情绪都是通过非语言方式表达的。善于察言观色，可以尽快感知他人情绪。感知他人情绪的出发点是懂得他人的情感需求，一般人的情感需求主要表现为以下七个方面。

尊重需求。被人尊重是一种权利，尊重他人是一种美德。敬人者，人恒敬之。现实生活中每个人都渴望被人尊重，一旦人的自尊心得到满足，其情绪就会愉悦，心情就会开朗，处事就会顺心。

关怀需求。关怀他人是生命的重要组成部分。生活中，当别人处于孤寂、无助或痛苦时，给予一点关心、问候或支持，会让人感到你的善意，也使他人的情绪得以缓解和释放。

理解需求。理解是人与人交往和交流的基石。理解是相互的，人们需要他人理解，他人同样需要得到人们的理解。因此，若人与人之间都善于理解，就会营造一个相互信任，让人倍感愉快和轻松的处事环境。

帮助需求。"帮助别人就是帮助自己"。任何人都会遇到或多或少的困难，一些困难通过自己的努力，可以解决，但有一部分困难，仅凭自己的力量，还是不能解决，这时就需要借助别人的支持和帮助。人们在陷入困境时，得到及时的帮助，既会让人们体会到互助友爱的力量，学会感恩和奉献，自己也从中能感受到快乐。

同情需求。同情是人们普遍的需求之一。学会同情，对他人遇到的意外等事件给予真诚的关怀关心，会让他人感受到爱的温暖，从而使人们保持积极和乐观。

激励需求。如果一个人在痛苦、打击和逆境面前，能够有效地自我激励或得到他人的激励，就会振作精神，迎接挑战，继续发展自我。因此，在他人需要激励时，可以给予别人及时的、相应的激励，让其再次充满激情，奋发前进。

赞美需求。学会赏识和赞美他人，努力挖掘他人的优点和长处，并给予大力称赞，不仅自己收获友谊，也是对他人的尊重。

② 认知他人的方法

通常认知他人的方法包括：远使之而观其忠，近用之而观其敬，烦使之而观其能，猝问之而观其智，急期之而观其信。

远使之而观其忠——是指让人远离当下的工作环境，在自以为脱离了他人监督范围的环境工作，然后观察其行为方式，判断其价值取向和忠诚度。

近用之而观其敬——是指和一个人一起工作，观察其工作态度和日常表现，以及对人是否礼貌和恭敬程度。

烦使之而观其能——是指增加一个人的工作量，看其是否有足够的能力应对。

猝问之而观其智——是指突然向其发问，考察一个人的应变能力，尤其是对突发情况的应变能力。

急期之而观其信——是指给一个人在任务完成的时间上设置障碍，观察其遵守信用的程度，看其是否能够遵守原来做出的承诺。

在认知他人过程中，认知他人的表情也显得尤为重要。

面部表情。面部表情是最容易辨认的，人们常见的表情有快乐、惊讶、生气、厌恶、害怕、悲伤和蔑视等。

身段表情。身段表情就是指肢体语言，这是一种较难辨认的表情。比如双手抱在胸前代表自我保护，双手抱膝代表想尽快结束谈话等。

语调表情。语调也容易体现一个人的真实情感。当一个人很轻松的时候，语调会比较轻快，而心情压抑的时候，语调就比较低沉。

③ 理解他人的步骤

接纳。接纳是理解他人的首要环节，体现为一种积极的合作态度与开放的心胸。其核心在于使对方感受到被接纳而非排斥，因为排斥感往往是人际交往中令人畏惧的障碍。接纳的关键在于构建信任桥梁，这要求满足三个基本条件：一是展现自身的可靠性，让对方感到安心；二是深入理解对方的立场与感受；三是提供实质性的帮助与支持，以增强信任基础。

分享。分享的过程始于共情，即与对方在情感层面产生共鸣。随后，接纳对方的情绪表达，并主动分享自己内心的真实感受，通过对话进行情感的共同探索与分析，避免个人主观臆断导致的误解或打断。在分享时，尤其要注意当对方开始倾诉时，应保持倾听的专注，避免过早下结论，以确保情感交流的顺畅进行。然后，通过重复对方的感受（如使用"我能理解你感到……"等表述）来确认其情感的真实性，并在其倾诉复杂的内容时，提炼出核心情感进行总结。这一重复与总结的过程，不仅加深了双方的沟通深度，还能促进对方更全面地表达自我。若总结有遗漏，对方自然会补充，此时应继续耐心倾听，展现出充分的同理心。

区分。区分是帮助对方明确责任界限的重要环节，旨在引导其将精力集中于关键事务，避免情绪与精力的无谓消耗。有效的区分能力对心理疏导的成效至关重要，这不仅考验个人的判断力与智慧，还要求个人在疏导过程中保持情绪的稳定，避免自身陷入负面情绪之中，影响判断与决策。

回应。回应作为心理疏导的最终阶段，旨在引导对方基于现实情况制定切实可行的行动计划，以达成既定目标。在此阶段，由于前期的接纳、分享与区分工作已打下了坚实的基础，回应往往能自然流畅地进行。管理者需利用这一契机，鼓励对方积极面对问题，制定并执行有效策略，以实现个人成长与目标的达成。

（4）提升人际关系能力

① 现代人际关系的基本模式

现实生活中，不同的人际关系处理方式，会产生截然不同的效果。依赖别人、受别人控制和影响的人可能无法有较大的成就；只知自我，不知他人，喜欢孤军作战，不善于寻求合作的人，只能取得有限的成功；懂得合作，善于合作，利人利己的人才能取得真正的成功。

根据人际关系的表现和价值取向，可将现代人际关系概括为六种模式，如表 5-2 所示。

表 5-2　现代人际关系模式

模　式	主要表现	价值取向	输赢结果
不输不赢	没有成果，情谊犹成	好聚好散	无输赢
顾芳自赏	不管他人瓦上霜，只扫自家门前雪	独善其身	单方赢
人赢我输	迫于压力，委曲求全	损己利人	单方赢
人输我赢	巧取豪夺，坑蒙拐骗	损人利己	单方赢
人赢我赢	送人玫瑰，手留余香	利人利己	双方赢
人输我输	杀敌一千，自伤八百	两败俱伤	双方输

② 处理人际关系的基本原则

人际关系，作为一种复杂而微妙的社会现象，其构建与维护遵循着既定的原则与规律。以下是处理人际关系时应当遵循的九项基本原则。

择善原则。在建立和发展人际关系时，应秉持审慎选择的态度，避免盲目性。此原则倡导"择其善者而从之，其不善者而改之"，即在两利相权时取其重，两害相权时取其轻。善者，指的是那些对社会、他人及自身无害或有益的人及其关系。在交往过程中，首要考量的是相互需求是否有利于社会和谐与他人福祉，据此采取积极或回避的态度。

调衡原则。强调在有限的精力和时间内，需合理协调、平衡各种人际关系，避免过度或不足导致的负面效应。过度的社交可能妨碍职责履行，而不足则可能引发孤独与闭塞。因此，需时常审视并调整个人需求、时间与精力之间的平衡关系。

积极原则。在人际交往中，应展现出主动与热情的态度。这包括遵循礼仪，如接待来访者时做到请坐、倒茶、办事、送出的周到服务，以及使用文明礼貌的语言和热情的交往态度。热情是打破隔阂、增进关系的有效手段，缺乏热情则会使人际关系变得冷漠疏离。

真诚原则。真诚是人际交往的基石，要求以诚相待，实现心与心的交融。良好的信息输出能引发积极的反馈，促进人际关系的深化。真诚不仅是传统美德，更是人际交往中不可或缺的品质。

理解原则。强调关系双方须相互设身处地地思考，培养理解的情感。理解是心心相通的前提，只有相互理解，才能产生同情、关心与友爱。在交往中，应努力了解对方的理想、抱负、人格及行为方式，以增进彼此的理解和认同。

守信原则。在人际关系中，信用是立身处世的根本。此原则要求言行一致，说话算数，信守承诺。同时，要尊重他人隐私，不轻率承诺，更不随意泄露他人秘密。在市场经济背景下，"信誉即金钱"的观念已深入人心。

平等原则。尊重他人的自尊心和感情，不干涉私生活，确保人格平等。在交往中，应追求情感、价值、地位及交往频率的对等性，平等原则是构建和谐人际关系的重要基石。

相容原则。相容即宽容，要求宽宏大量、不计小过、容人之短。相容并非无原则的妥协，而是将原则性与灵活性相结合，以实现长远目标。在交往中，应展现谦让精神，做到有理也让人；同时，要严于律己，宽以待人。

适度原则。在人际交往中，一切行为都应遵循适度原则，即得体、合乎分寸、恰到好处。这是唯物辩证法中质、量、度观点在人际行为中的具体体现。无论是自尊、自我表现、忍让、诚恳热忱还是交往频率等，都应把握好度，避免过犹不及。

③ 处理人际关系的基本技巧

为职业生涯奠定坚实的人际基础，并提升自身的情绪管理能力，以构建良好的人际关系，可从以下几个方面着手实践。

培养宽容心态。宽容与忍让是展现个人豁达胸襟的重要表现。面对生活中的不适、痛苦与懊恼，应避免过度计较与争斗，学会以宽容之心待人，这不仅能为他人让路，更是为自己铺设更宽广的道路。

克服嫉妒心理。嫉妒虽为人的自然情感反应，但需清醒认识其负面影响。当察觉嫉妒情绪时，应及时自我调适，通过自我安慰与合理比较来平衡心态。更理想的是，将嫉妒转化为自我提升的动力，勇于向他人学习，通过正当竞争实现自我超越。

有效控制情绪。在日常生活与工作中，难免遭遇挫折、委屈与误解。此时，应学会控制情绪，避免因小事影响心情，进而影响生活与工作的质量。通过有效的人际沟通与协调，以平和的心态处理人际关系。

践行换位思考。遵循"己所不欲，勿施于人"的古训，在人际交往中，应设身处地地理解他人的情绪与立场，避免将自己的意愿强加于他人。通过换位思考，能够增进相互理解、尊重与支持，从而构建更加和谐的人际关系。

扩大开放心区。依据西方社会心理学理论，个人心理存在多个区域，包括开放区域、盲目区域、秘密区域和未知区域。在人际交往中，应努力扩大开放区域，减少盲目与秘密区域，增进对他人的了解与信任。通过自我开放，促进与他人的心灵沟通，拉近彼此的距离。

积极主动付出。成功人士往往具备主动付出、乐于助人的品质。在人际交往中，应摒弃只求索取的心态，积极为他人提供帮助与服务。理解"付出才有回报"的道理，同时，也应以不求回报的胸怀去对待每一次的付出。

此外，处理人际关系的技巧还包括注重个人形象、主动发起交往、培养幽默感与健谈能力，以及悉心聆听他人等。只要我们在实践中灵活运用这些技巧，并根据具体情况适时调整，就能够不断促进与他人的关系向更加和谐、紧密的方向发展。

第二节　善于沟通

一、沟通：职场成功的核心要素

在职场环境中，面对错综复杂的人际关系，沟通技巧无疑成为了个人成功的关键驱动力。有效的沟通不仅能够促进信息的顺畅传递，更是确保团队合作紧密无间、把握机遇的重要基石。忽视沟通的艺术，往往意味着错失诸多发展契机，同时可能阻碍与同事间建立和谐高效的协作关系。我们身处社会之中，非孤岛之民，唯有通过积极的沟通协作，方能铺就通往成功的坚实道路。

观察现实不难发现，众多成功人士均展现出卓越的人际沟通能力。他们能够精准而及时地与他人交流，构建稳固且持久的人际关系网络，从而在职业生涯中得心应手，屡创佳绩。相反，沟通不畅则易导致尴尬局面频发，遗憾错失良机，最终限制了个人的发展空间。

（一）沟通意识的建立

沟通，本质上是一种信息的传递与共享过程。根据沟通主体的不同，可分为人际沟通（人与人）、人机沟通（人与机器）及机机沟通（机器与机器）等类型。而职场中的沟通，特指人际沟通，即两个或两个以上个体或群体，通过语言、文字、肢体语言等多种媒介，交换信息、表达思想与情感，进而实现相互理解、认同，并最终达成行为协调实现共同目标的过程。

人际沟通不仅是日常生活与工作中不可或缺的社会关系构建方式，更是个人自我认知与成长的重要途径。沟通如同一面镜子，让我们在交流互动中不断审视自我，深化对自我及他人的理解，进而促进个人与社会的和谐共生。

1. 培养沟通能力的重要性

社会活动的需求。人类作为社会性生物，相互间的沟通、理解与学习是不可或缺的。正如古人云："三人行，必有我师焉。"在社会活动中，我们需与形形色色的人建立联系，以获取支持、理解与帮助。大学生肩负着社会的责任与义务，通过积极贡献于社会，方能赢得社会的认可，并能获得良好生存与发展空间。同时，承担社会责任也是塑造健全人格、提升品德修养、实现自我价值的重要途径。校园作为社会的缩影，这些人际关系的处理能力将直接影响到未来职场中的社会融入度。

自我成长的必需。人际关系沟通能力是个人融入社会、实现自我价值的桥梁。唯有通过参与社会实践，个体方能立足社会，获得社会的认可，进而成长为成熟的社会成员。在知识爆炸的时代，仅靠书本与教师传授的知识可能难以满足社会需求，大学生须在社会交往中主动探索新知，保持学习的连续性与深度。通过人与人之间的交流与互动，大学生不仅能更清晰地认识自我、完善自我，还能有效避免自负与自卑情绪，塑造积极的自我形象。

和谐共处的基石。首先，人在社会中需妥善处理各种人际关系，面对压力与挑战时，须以人际沟通能力为基础，与人为善，化解矛盾，实现和谐共处。其次，校园作为知识、文明、科学、真理及道德精神的传播地，其内部人际关系的和谐与否直接关系到整体氛围的营造。因此，加强大学生沟通能力的培养，对于促进师生间、同学间的和谐共处具有重要意义。最后，家庭作为温暖的港湾，其和谐氛围的构建离不开有效的沟通。大学生应主动与父母交流，增进相互理解，以更加体贴与感恩的心态回报父母的养育之恩。

2. 培养主动沟通意识

勇于与陌生人交往，广结良缘。在日常生活中，部分人对与陌生人交往持有回避态度，主要源于不愿、不会及不敢的心理障碍。其中，不乏自视甚高、轻视他人者，他们往往难以赢得他人的尊重与友谊。然而，更普遍的是因内心恐惧而裹足不前，担心主动交流会遭遇拒绝、误解甚至欺骗。另有一部分人则因羞涩而难以启齿。因此，我们应勇于突破自我界限，打破人际交往的壁垒，以开放的心态和积极的行动去建立联系，从而不断提升沟通的质量与深度。

真诚待友，保持常态联络。虽然"君子之交淡如水"强调了友谊的纯粹与持久，但在日常交往中，普通朋友之间仍需保持适度的联络以维系情感。长时间的疏离易使曾经的亲密与默契逐渐淡化。因此，逢年过节或适当时机，主动向朋友致以问候，无论是通过电话、短信还是其他方式，都能有效增进彼此间的情谊，使友谊之树常青。

尊重领导，勤于请教与沟通。对领导的尊重，不仅是职场礼仪的体现，更是个人心理成熟的重要标志。在日常工作中，我们应踏实履行职责，同时保持与领导的良好沟通，勤请示、多汇报，及时反馈工作进展与遇到的问题，以获取指导与支持。这不仅有助于提升工作效率，更能赢得领导的信任与赏识。

关爱家人，增进情感交流。在处理人际关系时，大学生首先应学会与家人和谐相处。通过日常的交流与关怀，了解彼此的需求与感受，共同营造温馨和睦的家庭氛围。这样的家庭环境将为大学生提供坚实的后盾，在外拼搏时更加无后顾之忧。

3. 建立沟通意识的技巧

（1）确立沟通主体意识，构建以沟通为核心的思维方式

在所有行动和决策的过程中，首先进入自己意识的是沟通理念，建立以沟通为主体的思维方式，让沟通理念指导个人的思考，并塑造个人的语言和行为。在日常生活中，坚持重视沟通的思维方式，通过持续的实践，将其内化为一种思维习惯。

（2）培养积极的处世心态，发展主动沟通的思维习惯

大学生应当培养一双发现他人优点的眼睛，每个人都有其独特之处。关注他人的长处，不仅可以激发他人的自信和潜力，也能够为自己创造一个积极和富有成效的社交环境。

真正理解沟通魅力的人会持续不断地实践沟通技巧，缺乏坚持往往意味着对沟通价值的怀疑。只有通过持之以恒的努力，才能真正感受到沟通作为一种思维习惯带来的人生乐趣和积极变化。

（二）沟通类型和障碍

1. 沟通类型

（1）按媒介或工具分类

口头沟通：又称语言沟通，是人类基本且关键的交流方式。这种沟通形式涵盖演讲、对话、会议、面试、谈判等。口头沟通具有双向性，能够实现实时反馈，便于大量信息的即时传递。然而，由于个体理解、记忆和表达能力的差异，信息在传递过程中可能出现扭曲或误差，同时难以追溯。

书面沟通：即文字沟通，通过书写的文字和符号传递信息，包括信件、报告、备忘录、计划书、合同及总结等。书面沟通的优势在于传递的信息准确度较高、持久且易于核查，尤其适用于重要信息的传递。不过，书面沟通在传递速度上不及口头沟通，也缺乏实时性，且在缺乏反馈机制时，信息的接收和理解程度难以保证。

肢体语言沟通：包括身体语言、面部表情、眼神和姿态等，能够传递丰富的情感和信息。这种沟通形式的内容丰富，但其传递距离有限，且容易受到个人理解的影响。非语言沟通常与口头沟通相结合，以增强语言表达的效果。

技术支持的沟通：指利用电话、手机及互联网的各种电子方式进行的沟通。这类沟通方式速度快、容量大，能够一次性向多个接收者传递信息，且成本较低。这种沟通缺乏非语言沟通的丰富性。在信息技术和通信技术不断发展的背景，这种沟通可以不受空间、时间的限制。

（2）按组织系统划分

正式沟通。正式沟通是指遵循正式组织系统的既定渠道，依据组织原则进行的信息传递与交流过程。其涵盖了组织与组织之间的公函往来，组织内部的文件传阅、举办会议，以及上下级之间定期的信息交换等活动。此外，团体的参观访问、技术交流、市场调研等也属于正式沟通的范畴。正式沟通以其严肃性、高效性、强约束力和良好的保密性著称，能够确保信息沟通的权威性和准确性，因此常被用于重要信息、文件及组织决策的传达。

非正式沟通。非正式沟通则是指游离于正式沟通渠道之外的信息交流与传递方式，不受组织结构的直接监督，沟通渠道的选择具有较大的自由性。这种沟通形式常体现在团体成员间的私下交流、朋友聚会及小道消息的传播等场景中。非正式沟通以其灵活多变、直接迅速的特点，能够迅速传递正式渠道难以触及的"内幕"信息，但其有效性高度依赖于团体内良好的人际关系网络。然而，非正式沟通也存在难以控制、信息易失真等弊端，可能引发小团体、小圈子的形成，对团队的整体稳定性和凝聚力构成潜在威胁。尽管如此，非正式沟通仍被视为正式沟通的重要补充，对于促进团队内部的情感交流和信息共享具有重要意义。

（3）按沟通方向划分

下行沟通。下行沟通即自上而下的信息流通方式，主要指的是领导层向员工层进行的信息传递。这一过程通常涉及通知的发布、命令的下达、工作协调及对下属的评估与反馈。

上行沟通。上行沟通是指自下而上的信息反馈机制，允许下级向上级表达意见、汇报工作进展及遇到的问题。通过上行沟通，领导者能够深入了解下属对工作、同事及组织整体的看法与感受。常见的上行沟通形式包括工作绩效报告、合理化建议的提交、员工意见调查表的填写，以及上下级之间的直接讨论等。

平行沟通。平行沟通是指的是组织内部各平行部门或同级成员之间的信息交流。确保平行沟通渠道的畅通无阻，是减少部门间冲突、促进团队协作的关键措施。跨职能团队之间的密切互动便高度依赖这种沟通方式。

（4）按是否包含反馈划分

单向沟通。单向沟通是一种信息流通模式，其中信息发送者与接收者的角色固定不变，信息仅从一方流向另一方，缺乏即时的反馈机制。此方式虽能迅速传递信息，但可能因缺乏准确性而引发误解，甚至导致接收者产生抵触情绪。

双向沟通。双向沟通强调信息发送者与接收者之间的角色互换与互动。在这种沟通模式中，双方以协商和讨论的态度进行交流，信息发送后需及时听取并考虑接收者的反馈意见，必要时可进行多次重复讨论，直至双方达成共识并感到满意。交谈、协商等均为典型的双向沟通方式。其优势在于能够确保信息的准确性，增强接收者的参与感和责任感，同时也有助于建立和维护双方之间的良好关系。然而，双向沟通相较于单向沟通，通常需要花费更多的时间与精力。

2. 沟通障碍

在沟通过程中，由于环境因素、发送者与接收者的沟通水平差异，以及双方存在的客观差异等多重影响，信息失真与误解现象屡见不鲜。基于对信息沟通模式及日常沟通行为的深入分析，人际沟通中的主要障碍可归为以下几个方面。

（1）选择性接受

信息接收者因个人性格、气质、态度、情绪、知识结构及见解等差异，在沟通过程中并非全然客观地接受所有信息。他们可能根据自己的需求、动机、偏好及经验，有选择性地倾听与观察，不自觉地融入个人兴趣与期望于所接收的信息之中。研究表明，人们更倾向于听取或关注情感上易于接受或符合自身期待的信息，而排斥与之相悖的内容。

（2）信息过滤

此障碍源于信息接收主体出于特定目的而故意操纵信息。在职场环境中，信息按系统层级逐层传递，过程中不可避免地受到个人记忆、思维能力、利益考量及偏好等因素的影响，导致信息被逐层过滤。若各层级均实施过滤，则上级难以获取全面而客观的信息。

（3）情绪干扰

接收者的主观情绪状态对信息理解产生显著影响。强烈的情绪变化，如极端兴奋、愤怒、焦虑等，均可能扭曲信息的正常传递与接收，阻碍有效沟通。在人际互动中，负面情绪如嫉妒、仇恨、悲伤、忧虑等更直接影响沟通方式与语言选择，构成沟通障碍。

（4）语言障碍

语言不通是导致沟通障碍的直接原因之一。即便语言相通，一词多义现象也可能导致误解。有效的非语言沟通虽可辅助，但其效果往往大打折扣。

（5）理解差异

语义曲解源于个体知觉过程的多样性与复杂性，导致对同一事物产生不同理解。人们常以自我为中心，认为他人亦会如此理解世界，一旦理解出现偏差，沟通即受阻。

（6）信息含糊

信息含糊指发送者未能清晰准确地表达信息，导致接收者难以正确理解。这可能与发送者的表达能力、时间限制等因素有关。在此情境下，接收者可能迷茫无措，或依据个人理解行事，从而偏离发送者的原意。

（7）信息混乱

信息混乱表现为同一事物存在多种相互矛盾的信息源。如政策多变、指令不一、言行相悖等，均使接收者感到困惑与无所适从。

（8）环境干扰

环境干扰是沟通受阻的重要因素。嘈杂环境、距离远近、场合氛围、情绪状态及通讯媒介质量等均可能影响信息的准确传递与接收，导致信息损失、遗漏或歪曲。

（9）组织结构影响

庞大的组织机构与过多的中间层次不仅减缓信息传递速度，还易导致信息失真，降低沟通效率。调研显示，组织管理层级越多，沟通效果与效率越差。

（三）沟通能力的培养

1. 秉持真诚与宽容

在人际交往中，应秉持以诚待人的原则，同时以责人之心责己，以恕己之心恕人。展现诚挚与宽容的胸怀，对自我保持批判性反思，有错即改。人际交往如同一面镜子，你的态度与情感会直接影响对方的回应方式。真诚的交流能促成深厚的友谊，而敌意则易引发对立。因此，欲改变他人，先自我修正；欲得他人善待，先善待他人；欲获他人理解，先理解他人。

2. 珍视并培养多元友情

大学时期的友谊尤为珍贵，可能成为一生的知己。在交友过程中，应避免仅寻求性格相似或一味附和的伙伴，而应广泛结交乐观、智慧、脚踏实地、幽默风趣、激励向上、直言不讳等多种类型的朋友，以真诚为基石，丰富自己的人生阅历与情感支持。

3. 强化团队精神与沟通能力

社团是锻炼个人能力的绝佳平台。通过积极参与社团活动，担任服务者、志愿者或沟通桥梁的角色，可以有效提升沟通能力，促进团队合作精神；积极发挥领导才能和专业优势，为集体贡献力量。

4. 观察与学习

在班级与社团中，应细心观察周围同学的交往方式，特别是那些沟通能力强的人。学习他们处理冲突、说服他人、协调合作、恰当表达尊重与真诚、表达意见与情感的方法。每位同学的优点，如热心、幽默、机智、博学、正直、礼貌等，都是值得学习的宝贵品质，可转化为个人成长的养分。

5. 提升自我修养与人格魅力

共同的兴趣爱好是加深友谊的桥梁，也是展现个人魅力的重要途径。成功人士往往不仅学识渊博，更拥有广泛的兴趣爱好。这些爱好不仅丰富了人际交往的内容，还能激发个人潜能，如体育锻炼在增强体质的同时，也培养了团队合作与竞争意识。

二、善于把握面对面的沟通

（一）倾听

1. 倾听的含义和分类

倾听是沟通中的重要技能，这要求我们全神贯注地聆听、感受对方的言语及其背后的情感和真实需求。有效倾听不只是用耳朵，更是心灵的互动。以下是倾听的类型。

（1）低效倾听

心不在焉型：此类倾听表现为表面上在听，实际上心思翻转，忽视了对方的讲话，给对方传递出不被尊重的负面印象。

选择性倾听型：只对自己感兴趣的话题认真听取，而忽略或排斥那些与自己意见不同或不感兴趣的信息。

表面专注型：虽然看似注意力集中，但实际上只停留在语言表面，未能深入理解对方的情感，从而错失了信息的深层含义。

（2）高效倾听

高效倾听是积极主动的过程，这要求我们将注意力完全转向说话者，摒弃先入为主的看法，提供及时而积极的反馈，从而激发说话者的参与感。高效倾听者能够全面捕捉到说话者的信息，注意到非语言的信号，如身体语言和语调，理解说话者的观点和需求，以及所体现出的情感状态。

2. 倾听的禁忌和要义

（1）倾听的禁忌

先入为主：在倾听时，应避免先入为主，克制自己的观点，去除以自我为中心的态度，以开放的心态听他人讲述。

支配性讲话：要避免支配性讲话，以谦逊的态度听取他人意见，克服自负心理，不抢占对话的主导地位。

打断对方：展现尊重，允许对方充分表达自己，不因次要或无关的细节而中断对方。

急躁下结论：避免因不同意见而激动，不急于评价或与对方争执，也不要匆忙提出建议。

过度预测：不要在倾听过程中试图预测对方接下来的话，保持专注于当前的交流。

偏见：以真诚的心态去倾听，不存有预设的判断。

跳跃思维：耐心地跟随对方的叙述，努力理解未说出口的意图。

分心或走神：倾听时要专心致志，忽视对方讲话时的风格或口音，专注于话语的内容和意义。

（2）倾听的要义

体察对方情感：人的行为往往深受情感驱使。忽视对方真实感受，将阻碍有效沟通。体察并感受对方话语背后的情感，展现理解与共鸣，往往能取得良好的效果。

注重反馈：在倾听过程中，应适时给予反馈，确认自己是否准确理解对方意图。可通过提问如"不知我是否了解你的话，你的意思是……"来验证，并在确认理解后，提供积极且实际的帮助与建议。

把握主旨：优秀的倾听者能够区分主次，聚焦关键信息，避免被次要细节牵引，从而准确捕捉对方话语中的核心意义，减少误解。

展现关怀与接纳：怀揣同理心倾听，表达对他人的关怀、理解和接纳，积极鼓励或协助对方探索解决问题的路径。

3. 倾听的步骤和技巧

（1）倾听的步骤

明确目的：清晰地界定倾听的目标是关键。明确目的能够加深记忆，丰富感受，并激发积极参与交流的意愿。

建立信任：若在紧张或不和谐的关系中，真正的信息传递难以发生。建立信任是促进开放交流的基础。

保持良好状态：良好的肌体和精神状态是有效倾听的前提。情绪低落或心神不宁时，倾听能力会受到影响。

主动提问：通过提出问题，可以澄清和深入理解信息，同时也有助于讲话者更加清晰、有条理地表达观点。

减少干扰：在交流时应努力消除外界干扰，如不必要的打扰或背景噪声，以保证沟通的质量。

自然肢体语言：身体语言能够反映倾听者的态度。开放且自然的姿态传递出接纳、包容、尊重和信任的信号。

（2）倾听的技巧

关注非语言信号：观察并解读讲话者的非语言信号，如面部表情、肢体动作和语调，这些都能提供额外的信息。

避免预设立场：保持开放的心态，避免因个人成见而影响对信息的接收和理解。

重复和澄清：适时地重复或求证对方的话，以确保信息的正确理解。

展现同理心：展现对讲话者情感的理解和共鸣，以增进相互间的情感连接。

（二）说服

1. 说服的原则

（1）构建信赖基础：以真诚、可靠性、权威性及个人魅力为基石

在说服的过程中，建立坚实的信赖基础至关重要。缺乏这一基础，任何说服尝试都难以达到预期效果。人们往往被魅力所吸引，而魅力则是信赖的先决条件。尽管权威、财富、外貌、知识与能力等因素均能构成魅力的一部分，但人格魅力无疑是核心的元素之一。一个正直且诚实的人，更易于赢得他人的信任与尊重。因此，提升个人魅力，无论是外在形象的塑造，还是内在品质的修炼，都是增强说服力不可或缺的一环。

（2）精心构建信息内容，以真理为刃，晓之以理

每个人的信念均根植于其对真实性的认知之上。要说服他人改变既有观点，必须提供充分且合理的论据，运用逻辑的力量，以理服人。无论是调整他人的信仰、认识，还是引导其行为改变，若无坚实的理由、新颖的论据材料及严谨的推理逻辑作为支撑，将难以取得良好的说服成效。

（3）注重说服方式，融合情感力量，动之以情

作为情感丰富的生物，人类在表达意见时，仅凭理性之力往往不足以触动人心。运用诚挚而感人的语气、真挚动人的情感去阐述观点，往往能更有效地打动并说服他人。然而，理智与情感的平衡亦不可忽视。受过良好教育或擅长分析思辨的人，可能更倾向接受理性的说服；而初始态度往往受情感影响，情感性论点更易引发共鸣。此外，利用"好心情效应"在说服之初给予对方正面信息，有助于促进积极思考与信息接收；而"唤起恐惧效应"则通过触发对方的恐惧心理，激发其逃避痛苦的强烈动机，从而增强说服效果。同时，需根据说服对象的不同，灵活选择单方面或双方面的论证方式，以最大化说服效果。

（4）深入理解说服对象，运用同理心建立连接

在说服过程中，需深入了解说服对象。这要求说服者充分站在对方的角度，感受其需求与立场，运用同理心建立情感与认知上的共鸣。为达此目的，可关注对方的意见、想法、需

求、响应能力及性格特征等因素，以便更精准地把握其接受意见的方式与偏好。

2. 说服的技巧

（1）善用提问，实践苏格拉底式对话

在说服的艺术中，一种高超的技巧是通过巧妙地提问，引导被说服者的自我发现与认同。每个人内心深处都渴望被理解与被认可，而耐心的倾听正是实现这一目标的桥梁。职场环境中，人们往往急于表达，而忽略了倾听的重要性。若能在对话初始便以精心设计的提问展现自己的倾听意愿，便能迅速建立与对方的信赖关系。提问应从简单、易于回答的问题入手，尤其是那些能引导对方回答"是"的问题或提供二选一的选择题，这不仅能减轻对方的回复压力，还能在无形中塑造对方的肯定心态，使其更易于接受自己的观点。

（2）基于对方立场，强调利益共赢

有效的说服始于对对方认知的尊重与理解。通过换位思考，承认并接纳对方观点的合理之处，能够减少冲突，构建共鸣。从对方的认识起点出发，逐步寻找共同点，以渐进的方式瓦解其心理防线，是扩大说服影响力、触及问题核心的关键。在表达自身主张时，务必站在对方需求的角度，强调合作或接受建议所能带来的实际利益，这样的说服才更具说服力，更易于被接受。

（3）适度模仿，建立情感共鸣

在说服的过程中，适度的模仿能够增进情感共鸣与亲近感。模仿对方的动作、表情、语速乃至呼吸节奏，能够微妙地拉近双方的距离。然而，模仿应自然而不失分寸，避免过于同步而显得刻意，适时的时间延迟往往能增强效果。这种细微的互动，有助于在无形中增强说服力。

（4）援引名言，善用暗示效应

人们普遍对名人和权威持有信任，因此，在说服中适时引用名人的语录或权威的理论作为支撑，能够显著提升说服的权威性与可信度。此外，利用暗示技巧，如借此言彼的类比与旁敲侧击的委婉表达，可以巧妙地将自己的思想观点融入对话之中，引导对方在无意识中接受你的意见。这种心理特性的运用，是说服艺术中不可或缺的一环。

（三）演讲

1. 演讲及其形式

演讲又称讲演或演说，是指在公众场合，以口头语言为核心，以身体语言为辅助手段，针对某个具体问题，鲜明、完整地阐述自己的见解和主张，或者阐明事理、抒发情感，进行宣传、鼓动的一种语言交际活动。

根据演讲者旨在达成的目标，演讲大致分为两类，传递知识的信息型演讲，以及试图改变或强化听众信仰和行为的说服型演讲。

演讲的主要形式有四种：

（1）照读式演讲

照读式演讲又称读稿演讲。演讲者拿着事先写好的演讲稿，走上讲台，逐字逐句地向听众宣读。其内容经过慎重考虑，语言经过反复推敲，结构经过精心安排，展现出高度的正式性与庄重性。此方式比较适合于在重要且严肃的场合运用。然而，其缺点是照本宣科，影响演讲者与听众之间思想感情交流。

（2）背诵式演讲

背诵式演讲又称脱稿演讲。演讲者事先写好并熟记演讲稿，上台后脱稿向听众演讲。这种演讲方式比较适合于演讲比赛和初学演讲者，可以在一定程度上检验和提升演讲者的表达能力。其缺点是不便于演讲者临场发挥，可能显得过于刻意，一旦忘词，就难以继续，影响演讲效果。运用这种演讲方式，必须做好充分准备，语言尽量口语化，表达自然，避免表演痕迹。

（3）提纲式演讲

提式演讲又称提示演讲。演讲者只需准备主要内容和层次结构的提纲，借助提纲进行演讲，而非逐字逐句背诵，其特点是能避免照读式演讲和背诵式演讲与听众思想感情缺乏交流的不足，演讲者根据现场情况，灵活临场发挥，真实感强。同时又具有照读式演讲和背诵式演讲的长处，事先对演讲的内容有充分准备，可以有一定的时间收集材料、考虑演讲要点和论证方法，但不要求写出全文，而是提纲挈领地把整个演讲的主要观点、论据、结构层次等用简练的句子排列出来。是初学演讲者进一步提高演讲水平的一种方式。

（4）即兴式演讲

演讲者预先没有充分准备而临场发挥的演讲，就是即兴式演讲，是难度最大、要求最高、效果最佳的演讲方式，可以根据实际情况，针对听众的心理和需要，灵活机动，迅速调动语言的一切积极因素，以生动直观的形象和直接感染力进行演讲，是其他各种演讲方式都无法比拟的。使用这种演讲方式需要演讲者具有德、才、学、识、胆诸多方面的较高修养，并且具有很强的记忆力、丰富的想象力和联想力、敏捷的思维能力、大量的语言和材料储备等。如果不具备这些条件，即使使用这种演讲方式，也不会取得理想的演讲效果。相反，往往还会出现信口开河，漫无边际，逻辑混乱，漏洞百出的现象。这样反倒影响了演讲的效果。尽管如此，每个演讲者应努力掌握这种演讲方式。通过不懈努力，提升演讲技艺。

2. 演讲对内容的要求

（1）突出主题，强化观点

演讲应有鲜明主题，能体现演讲的思想价值和审美品位，使演讲具有深刻感人的艺术魅力。演讲材料的选取要体现演讲的主题，一般从以下几方面把握。

选取具有典型意义的材料。所谓典型，是指既具有代表性的人或事，又具有规律性和普遍性意义的素材。典型意义的材料可以是名人轶事，也可以是那些生活在身边的普通人物，甚至是演讲者亲身经历的事迹，往往更能触动人心，增强说服力，更具典型性。

选取真实可信的材料。素材要真实、准确，避免夸大和缩小。材料的来源要可靠，不能道听途说，尚未核实的材料不应纳入演讲内容。

根据听众特性来选取材料。有经验的演讲者，都会根据不同的听众随时调整自己演讲的材料。不同听众有不同需求，演讲者所选择的材料，要与听众需求相一致，也是与听众感情相一致，只有这样，听众才能把演讲者当作自己人或代言者。

依据内容类比选取材料。如果是信息型演讲，其目的或许是叙述故事，材料的选取强调的是更具体、更生动、更具感染力；如果是说服型演讲，其目的是说服别人，使用的材料一定更加注重真实性、严密性和逻辑性。通过匹配演讲类型与内容需求，实现材料的优化选择与高效运用。

（2）内容丰富，层次清晰

演讲开头：引人入胜，奠定基调。演讲的开场对于构建第一印象至关重要。一个精妙的开场白可以迅速建立演讲者的权威性，同时有效吸引听众的注意力，激发他们的兴趣。为实现这一目标，可采用以下方法：一是通过讲述与主题紧密相关且引人入胜的故事、幽默段子或广为人知的实例作为开场；二是借助与演讲主题相契合的自我介绍，让听众感受到演讲者对该话题的专业性与热情；三是提前预览演讲的核心内容，解答听众可能存在的疑惑，明确他们将从演讲中获得的价值。

演讲展开：逻辑严密，层层递进。根据演讲类型与内容特点，合理安排展开顺序。对于说服型演讲，可采用时间顺序按事件发展脉络逐步推进；空间顺序则依据地理位置或空间布局组织要点；因果顺序深入分析事件本质，揭示其成因与影响；主题顺序则灵活选取事物的不同维度（如特征、起源、含义、益处、未来展望等）进行细致阐述。特别地，说服型演讲应强调"以理服人"，确保每一论点都站得住脚，逻辑清晰。

根据听众特点与演讲目的，选择合适的组织模式。例如，"问题—方案"模式适用于听众对问题认识不足的情况，通过明确问题，引导听众思考解决方案；"问题—原因—方案"模式则深入剖析问题根源，提出针对性解决方案；"比较优势"模式则侧重展示演讲者方案的优势，与其他方案形成鲜明对比，适用听众已认可问题存在但尚未确定最佳解决方案的情境。

演讲结尾：简洁有力，余味悠长。结尾部分应简洁明了地发出结束信号，同时加强与听众的情感联系，深化他们对演讲中心思想的理解与共鸣。对于信息型演讲，应重申主题，总结关键论点，确保信息传达的完整性与准确性；而说服型演讲则应在结尾处明确提出建议或要求，激发听众的行动意愿，促使他们产生积极反应。一个成功的结尾往往能留给听众深刻的印象，让演讲的余音久久回荡。

3. 即兴演讲技巧的提升

即兴演讲中，演讲者常面临几大挑战：一是开始演讲时可能瞬间迷茫，不知从何开启话题，导致现场氛围尴尬；二是因时间紧迫，言辞可能失当，甚至偏离主题；三是缺乏清晰思路，表达混乱，遗漏关键信息，使听众困惑不解。为有效应对这些问题，可采取"四个W法则"作为讲话的架构指导，分别是：Where、Who、When、What。

具体实践时，首先，应迅速判断当前所处的场合（Where），并基于此发表几句感谢或点题的开场白，以此拉近与听众的距离。

随后，思考现场听众的构成（Who），并在发言中适当提及他们，以增强互动性和亲切感。

接着，评估发言的适宜时长（When），可通过引入相关时间的概念，逐步引导自己聚焦到发言的核心主题上。

最终，明确听众的兴趣点及期望（What），这是进入正式主题的关键。确保所言既符合个人身份，又贴合场合氛围，使内容既具吸引力又富有针对性。

"四个W法则"的核心价值在于，当面临即兴演讲的突发状况时，通过前三个"W"的考量，可以灵活应对，展现从容态度，同时为自己争取宝贵的时间来整理思绪。若能仅通过"Where"便联想到"What"，则可直接而高效地进入正题。这一技巧不仅有助于提升即兴演讲的流畅度与效果，还能增强演讲者的自信心与应变能力。

三、自觉运用非语言的沟通

（一）身体语言

1. 眼神

眼睛被誉为心灵的窗户，其在面对面沟通中扮演着至关重要的角色。眼神交流能够折射出个体的内心世界，无论是友善、关注、困惑还是愤怒，皆能一目了然。尽管眼神与表情有时可能不一致，但眼神作为难以伪装的情感指标，往往更能揭示人真实的情感状态。

专注的目光是尊重与倾听的体现，而东张西望则透露出心不在焉。仰望天花板或凝视地面，则可能意味着对谈话内容的不感兴趣。此外，瞳孔的变化也是情绪波动的直观反映，情绪激动时瞳孔放大，生气或情绪低落时则可能收缩。

眼球的运动模式同样揭示了内心的思维活动。大多数情况下，眼睛向右上方运动往往关联构想出的图像，向左上方则与记忆中的图像相关；向右方运动可能反映对构想声音的思考，向左方则是对记忆中声音的回顾。而斜视这一动作，既可表达兴趣与爱慕之情，结合特定面部表情时成为友善的信号；亦可因伴随皱眉、嘴角下垂等表情，转变为怀疑、敌对或批评的态度。

2. 其他面部表情

个体的情绪状态，无论是轻松愉悦、紧张不安、喜悦、愤怒，或是忧虑，均能在面部表情中得以显现。同意之时，微笑与点头自然流露；疑惑之际，眉头紧锁成为无声的语言。积极的面部表情，如真诚的笑容与友善的目光，能够传递出希望、活力与魅力，而消极的表情则可能表现为冷淡、回避目光接触，甚至冷笑、撇嘴等，透露出不同的情绪色彩。

嘴唇作为表达信息的重要媒介，细微动作也能蕴含丰富的情感信息。抿唇可能暗示意志的坚定或内心的隐秘；自然张开的嘴唇可能反映对当前环境的厌倦；撅嘴则是不满或攻击性的前兆；嘴角上扬，往往是在专注倾听时的自然反应；咬唇动作，则可能表示失败后的自我惩罚或自嘲内疚。

3. 身体动作

（1）手的姿势

搓手：这一动作通常表达一种积极的期待或是对未来的美好憧憬。

双手攥在一起：此姿势往往反映出失望与消极的情绪。具体姿态包括举在面前、置于桌面或站立时放于大腿前，其中手举得越高，通常意味着失望的程度越深。

指尖相碰：当两手指尖合拢，形成类似"教堂尖塔"的手势时，通常表示高度的自信，但也可能是一种故作姿态，透露出妄自尊大、独断且傲慢的性格。采取此姿势的人，其言辞往往也十分肯定。

用手捂嘴、拇指抵下巴、触摸鼻子、揉眼睛、揉耳朵、拽领口：这些动作往往是撒谎时的明显迹象（部分人会以假咳嗽作为替代）。同样，若对方在你说话时做出这些动作，可能意味着他认为你在撒谎。

把手指放入口中：这通常是面临压力时寻求安慰的行为。

把手放在面颊上：这一动作通常表示对谈话者的积极兴趣与正面评价。

把手放在面颊上，并用手掌根部支撑头：此姿态则可能表明对谈话内容的失去兴趣或厌烦。

食指垂直指向面颊，拇指支撑下巴：这一手势往往表示对讲话人的不满或持批评态度。

拍头：拍打头部通常表达遗憾或自责的情感，拍打前额或后颈表示自责程度的不同，后者尤为强烈。

双手交叉放在脑后：此姿势常展现出自信与优越感。

（2）臂和腿的姿势

双臂交叉横抱胸前：此姿势是保护自己身体敏感部位、隐藏情绪以及对抗外界威胁的一种自然反应，同时也是防卫抗拒甚至带有敌意的信号。

部分交叉手臂（如一只胳膊从身体前方伸过握住另一只胳膊）：这往往是为了掩盖紧张

情绪，同样，双手在身前相握也传达了相同的情感状态。

双手叉腰：这一动作透露出信心、能力及对局面的控制欲。

腿交叉：当个体感到不安或想要拒绝对方时，常会不自觉地交叉双腿，这是一种无意识的自我保护与防御姿态，旨在维护个人空间与心理边界。

交叠脚踝：此姿势通常在紧张或努力压抑强烈情感时出现，是一种无意识的情感泄露。

4. 坐姿与站姿

热情与兴趣：展现热情与兴趣时，个体坐下时会自然地将身体略微倾向交谈对象，并伴有微笑与专注的注视。

谦恭有礼：体现谦恭之态，坐下时会微微欠身，以示对对方的尊重与礼貌。

漠不关心与轻慢：若坐姿表现为身体明显后仰，则可能透露出对交谈内容或对方的不以为意，甚至轻慢态度。

厌恶与轻蔑：侧转身子而坐，往往表明对交谈内容或对方持有厌恶与轻蔑之情。

认真倾听：在双方交谈过程中，端坐并微向前倾的姿态，显示对谈话内容的专注与认真。

深沉内敛，谨慎保守：若站立时习惯将双手插入裤袋，往往性格偏向深沉内敛，不轻易表露内心情绪，行事谨慎保守，警觉性高，难以轻易信任他人。

性格多变，难以捉摸：站立时一只手插裤袋，另一只手自然垂放的人，可能性格复杂多变，时而热情推心置腹，时而冷漠提防，为自己筑起一道心理防线。

急躁多变，勇于挑战：站立时无法静立，频繁变换姿势的人，通常性格急躁，身心常处紧张状态，思想观念多变，乐于接受生活中的新挑战。

5. 身体语言的复杂性与情境性

身体语言，如同其他语言形式，亦包含词汇、句子及标点符号类似的元素。每个姿势，如同独立的词汇，其意义随所处语境的不同而变化。因此，在解读时，需将"词汇"（姿势）置于具体的"句子"（情境）中，方能全面理解其深层含义。

值得注意的是，同一身体姿态在不同场合下可能具有截然不同的意义。例如，交谈中的微微皱眉，或仅用于强调口语停顿，如同书面语中的句号；而在接收到不良信息时，同样的皱眉则成为烦恼的标志。同样，双臂交叉横抱胸前的姿态，在一般情境中可能表示拒绝与防御，但在寒冷环境下，则可能仅仅是御寒之举。

（二）沟通礼仪

1. 外在仪表

仪表是人的外在美，也是内在美的体现。仪表是一个人的容貌、服饰、发型等给人的综合印象。在职场中，美好的仪表能产生强大的吸引力，向人们展示自身的形象和风度，增强个人的自尊心，提高自信力。

职场仪表内容主要有卫生和服饰，男士和女士的分别表现如表 5-3 所示。

表 5-3 职场仪表的主要内容

项 目	内 容	男 士	女 士
卫生	头发	短发，清洁、整齐，不要太新潮	发型文雅、庄重，梳理整齐，长发要用发夹夹好
	面孔	每天刮胡须，牙齿洁净，口腔无异味	可化淡妆，牙齿洁净，口腔无异味

续表

项　目	内　容	男　士	女　士
卫生	身体	去除异味	可喷洒淡淡的香水
	手	短指甲，保持清洁	清洁，指甲不可过长，若有指甲油，颜色不可过于鲜艳
服饰	套服	单排扣西服。颜色可为深蓝色、灰色、黑色为主，全身服装三种颜色以内	西装套服，包括普通西装或套裙。颜色不可过于鲜艳，全身服装颜色不宜过多
	衬衣	长袖，浅色系。不宜卷起衣袖	符合套服要求
	领带	深色底，点缀有规则的条纹或细密的斑点；外摆长于内摆至腰带扣处。除特殊情况不要戴领带夹	可戴丝巾或简单头饰
	袜子	深色（不可穿白色）	若为套裙，可搭配肤色长筒丝袜或连裤袜，无破洞
	皮鞋	黑色或深褐色，光亮、清洁	和衣服颜色相配的高跟鞋，光亮、清洁
	首饰	可戴手表，已婚可戴戒指（若为装饰，以尽量少戴为原则）	可佩戴多种首饰，但总量上不宜超过三种（以不妨碍工作为原则）
	手包	与皮带、皮鞋颜色一致的公文包，大小适中	大小合适，挎在手臂上

2. 言谈交流

（1）用语

在交流过程中，应尽可能使用普通话作为沟通媒介，确保语速适中，既不过快也不过慢。需牢记并熟练掌握如下礼貌词汇：请、对不起、麻烦您、劳驾、打扰了、好的、早（晚）安、清楚、您好、某先生/小姐、欢迎、贵公司、请问、哪一位、请稍等、抱歉、没关系、不客气、见到您很高兴、请指教、有劳您了、请多关照、拜托、非常感谢（谢谢）、再见（再会）等，以展现良好的个人素养。

（2）目光交流

目光交流在人际交往中占据举足轻重的地位，是信息传递的初始环节，对于加深理解与沟通至关重要。在职场交流中，应避免频繁眨眼、眼神游移不定、怒目而视、目光呆滞或长时间直视对方不移。同时，不应佩戴墨镜或变色镜进行交谈，以免给人不尊重之感。

正确的目光交流方式应是：保持眼神明亮，自然注视对方，可想象对方两眼与前额之间形成一个三角区域，将视线稳定在此区域内，这样既显得专注认真，又能营造出一种专业而又不失亲和的氛围。

（3）微笑

微笑是社交场合中最具感染力和价值的面部表情，能够充分展现一个人的热情、修养与独特魅力。因此，应培养并保持良好的微笑习惯。微笑应自然流露，源自内心，这样的笑容才能显得真挚、亲切且得体。真诚的微笑如同温暖的阳光，能够瞬间拉近彼此的距离，加深对方的好感。同时，微笑也需分场合进行，避免适得其反。

3. 仪态举止

仪态举止，作为个人内在修养的外在体现，是礼仪的核心组成部分，涵盖了多个方面。

（1）姿态

姿态，亦称体姿或仪态，是展现个人精神状态的重要窗口。优雅的姿态往往比言语更能触动人心，传递出真实、美好与生动的情感。人的形体姿态，包括站立、坐姿、行走及手势等，均应遵循"站如松、坐如钟、行如风、卧如弓"的古训。

站姿：作为基本姿势，站姿应如松树般端正挺拔，展现静态之美，同时也是其他优美体态的基础。具体要求包括：头正，两眼平视前方，表情自然带笑；肩平，微微放松并略向后下沉；臂垂，两臂自然下垂，中指对准裤缝；躯挺，胸部挺起，腹部内收，腰部正直，臀部内收上提；腿并，两腿立直贴紧，脚跟靠拢，两脚夹角约为 45 度。同时，应避免探脖、塌腰、耸肩等不良姿态，以及双手插兜、腿脚抖动、身体倚靠等不雅行为。

坐姿：坐姿作为静态造型，其端庄优美能给人以文雅、稳重、大方的印象。女士应轻缓入座，双膝并拢，上身前倾，双手可轻抚裙摆以防皱褶；男士则应坐椅子的三分之二处，上身正直，双膝并拢，小腿垂直地面，双脚自然分开约 45 度。无论是何种坐姿，都应避免半躺半坐，保持形象的端正与尊重。

（2）握手之礼

握手作为人际交往中的重要环节，是国际通行的会面礼仪之一。其力量、姿势及时间的长短均能反映出不同的礼遇、态度及个性特征，进而影响他人对自己的印象。

握手次序：在职场中，握手次序主要取决于职位与身份的高低；而在社交场合，则更多考虑年龄、性别及婚否等因素。一般来说，应由职位高者、女士、年长者、长辈、先到者或主人首先伸出手来。

握手动作要领：握手时应面带微笑，注视对方双眼，表现出专注、热情与自然的神态。同时，应起身站立以示尊重，右手伸出，手掌垂直于地面，虎口相对，手心相握以表诚意。握手力度应适中，既不过轻显得敷衍，也不过重而有挑衅之嫌。握手时间应控制在 3 秒左右，避免过短或过长造成的误解。此外，握手时应全神贯注，避免分心或同时与多人打招呼。

第三节　融入团队

一、认识团队

（一）团队概述

1. 团队的基本概念

1994 年，美国管理学家罗宾斯首次明确提出"团队"这一概念，将其定义为：由两个或两个以上相互作用、相互依赖的个体，为了达成特定目标，遵循一定规则而组成的正式群体。

"团队"这一概念，进一步阐释为：由一群拥有共同信念的个体，为实现共同目标而组织起来。通过各成员之间的充分沟通与交流，在保持既定工作目标的前提下，采取协调一致的工作措施与手段，充分发挥各成员的主观能动性，运用集体智慧，将团队的人力、物力、财力聚焦同一方向，从而高效优质地完成既定工作任务的一种组织形式。团队具备以下基本特征。

明确的目标：团队成员清晰了解并认同所要达成的目标及其重大意义。

互补的技能：团队成员各自具备实现目标所需的基本技能，并能在合作中相互补充。

相互的信任：团队内部成员间建立在对彼此品行和能力的信任之上。

共同的信念：团队成员对完成目标持有高度的责任心和奉献精神。

有效的沟通：团队内部保持着畅通无阻的信息交流渠道。

谈判与协作能力：团队成员在角色变换时展现出良好的谈判与协作技能。

公认的领导力：团队的领导角色更多体现在为团队提供指导和支持，而非简单的控制。

内外部支持：团队不仅具备内部合理的组织结构，还拥有外部必要的资源条件支持其运作。

2. 团队的构成要素

一个团队的构建基于五个核心要素，通常被概括为五个"P"。

（1）目标（Purpose）

每个团队应当设定一个清晰、明确的目标，以此作为团队发展的方向标和驱动力。缺乏明确目标的团队将失去其存在的价值和意义，难以凝聚成员力量。

（2）人员（People）

人员是构成团队的核心要素。一般而言，三人或三人以上的个体集合即可形成团队。团队成员各司其职，共同推动团队目标的实现。团队中需要有人负责策划、有人制定计划、有人执行操作、有人协调沟通，以及有人监督进度和评价成果。因此，人员选拔是团队建设与管理中不可或缺的重要环节。

（3）定位（Positioning）

团队定位包含两个层面：一是团队在行业中的位置，包括团队的组建、成员选择、责任归属及激励机制等；二是团队成员在团队内部的角色定位，即每位成员在团队中扮演的具体角色，如计划制定者、实施者、评估者等。

（4）权力（Power）

团队中领导者的权力大小与团队的发展阶段紧密相关。一般而言，随着团队的日益成熟，领导者的权力会相应减弱，以促进团队的自主性和协作性。在团队发展的初期阶段，领导权相对集中，可以确保团队的有效运作和快速响应。

此外，团队权力关系还需考虑两个方面：一是团队在组织中享有决策权的范围，如财务、人事、信息等；二是组织的基本特征，如组织规模、团队数量、对团队的授权程度等，这些都将影响团队的运作效率和目标实现。

（5）计划（Planning）

计划对于团队目标的实现至关重要。一方面，计划是将目标转化为具体行动方案的桥梁，为团队成员提供了清晰的工作路径和程序；另一方面，通过提前制定并严格执行计划，可以确保团队工作的有序进行和顺利推进。在计划的指导下，团队能够逐步接近并最终实现既定目标。

3. 团队与群体的区别

团队与群体之间存在显著的差异。团队并非一群人的简单机械组合，而是一个拥有共同目标、成员间相互依存、相互影响、相互合作以追求集体共同成功的有机整体。团队成员不仅具备独立完成工作的能力，更擅长与他人协作，来共同完成任务。以下是团队与群体之间几个根本性区别的详细阐述。

领导方面：群体通常具有明确的领导人，其决策权相对集中。而团队，特别是在其成熟阶段，成员间可能共享决策权，形成一种更为民主和平等的领导模式。

目标方面：群体的目标必须与组织目标保持一致，而团队在遵循这一原则的基础上，还可能根据自身情况设定更为具体或创新的目标，以增强团队的凝聚力和动力。

协作方面：协作性是区分群体与团队的关键因素。群体的协作性往往处于中等水平，成员间可能存在消极或对立情绪。相比之下，团队内部更能营造出一种齐心协力的氛围，成员间相互支持，共同面对挑战。

责任方面：在群体中，领导者往往承担较大的责任。而在团队中，除了领导者的责任外，每个团队成员也需承担相应责任，以确保团队目标的顺利实现。

技能方面：群体成员的技能可能相同或不同，但缺乏明确的互补性。而团队成员的技能则是相互补充的，他们各自拥有不同的知识、技能和经验，通过角色互补，形成高效协作的团队整体。

结果方面：群体的绩效通常是各成员绩效的简单相加，缺乏整体性和协同性。而团队的绩效则是由全体成员共同合作完成的产品，体现了团队的整体实力和协作能力，往往能够创造出超越个体简单相加的价值。

（二）团队类型

1. 传统团队组织形式

（1）问题解决型团队

问题解决型团队是专职于探讨和提出工作流程、方法改进，以及提升生产效率和产品质量的团队。成员通过互相交流意见和建议，致力解决问题。该种类型团队的核心目的在于提升生产质量和效率、改善工作环境。然而，成员仅提出建议，并无权根据这些建议采取具体行动。

（2）自我管理型团队

自我管理型团队由能够独立解决问题、参与决策并承担全部工作结果责任的成员组成。成员负责控制工作节奏、分配工作任务等，具有较高的自主权。这类团队甚至允许成员自由组合并进行相互绩效评估，从而使领导人员的角色权力相对减少。然而，自我管理型团队可能面临缺勤和流动率较高的问题，选择合适的应用场景和保障条件至关重要。

（3）多功能型团队

多功能型团队由来自不同工作领域、处于相同组织层级、跨越不同部门的成员组成，目的是共同完成特定的任务。这类团队在项目管理中极为流行。多功能型团队具有广泛的应用和显著的效果，能够促进组织内部（甚至跨组织）不同领域员工的信息交流、激发创新、协调复杂关系和解决问题。

2. 虚拟组织形式

虚拟团队作为虚拟组织中的一种创新工作组织形式，是由共同理想、目标或利益的人组成的团队。在虚拟工作环境中，真实的团队成员相互协作，提供更高质量和效率的产品和服务。与传统团队组织形式相比，虚拟团队具有显著的优势。

人才优势。利用现代通信和信息技术，虚拟团队突破地理位置限制，拓宽了人才来源，使组织能够从全球范围吸引和利用人才。

信息优势。成员背景多样，使得团队能够获取广泛的技术、知识、产品信息资源，全面洞察客户需求，加速产品与服务的设计和开发。

竞争优势。汇集全球优秀人才，他们在专业领域具有知识结构优势，结合各自的单项优势，形成团队的整体竞争优势。

效率优势。虚拟团队运用互联网、电子邮件、移动通信、视频会议等技术进行高效沟通，减少了信息传递的时间滞后。

成本优势。跨越组织边界，充分利用外部人力资源条件，降低组织内部人工成本，实现成本管理和优化。

二、加入团队

（一）获得认可

从校园步入职场，成为团队的一员，需迅速调整心态，以谦虚谨慎、勤勉工作的态度，全方位适应新环境。通过日常工作的交流，积极构建人际关系网络，探索融入团队的有效路径。鉴于初入职场时经验尚浅，常感迷茫，因此，如何赢得同事与领导的认可显得尤为重要。一般而言，可从以下几个方面着手。

1. 遵守规则

作为职场新人，严格遵守团队规章制度是基本的职业道德要求。入职之初，应主动学习并深刻理解团队规则与文化，确保在制度框架内高效履行职责，展现个人价值。

2. 学会协作

由于经验不足，职场新人需借助同事的帮助与支持，以谦逊之态向职场前辈学习，避免卷入不必要的人事纷争，保持中立立场，与团队成员协作完成任务，促进团队和谐。

3. 专注工作

职场新人应明确，岗位虽定，但责任重大，不可因完成既定任务而懈怠。利用上班时间从事与本职工作无关的活动，是阻碍个人成长的大忌，应时刻保持对工作的专注与热情。

4. 团队导向

在完成本职工作的基础上，职场新人应具备团队意识，时刻从团队利益出发，思考并贡献自己的力量。这样的行为将赢得团队成员的喜爱与尊重。

5. 明确目标

制定长远且实际的工作目标至关重要。避免好高骛远，不切实际的想法。在工作中保持耐心与定力，不轻易提出不合理要求或威胁离职，以免引发领导反感。应合理规划职业发展路径，逐步实现个人目标。

6. 稳定心态

职场新人应秉持"既来之，则安之"的心态，稳定情绪，踏实工作。少计较个人得失，多讲奉献，这是职场立足之本。从长远来看，深耕现有岗位，实现自我价值，比频繁跳槽更为明智。

（二）建立信任

信任被认为是高绩效团队的核心特征之一，是合作的起点和管理的基础。缺失信任的团队难以实现成功的合作与交流。信任体现在以下五个维度。

正直：指团队成员的诚实和可信赖性。

能力：指团队成员分析和解决问题的能力，以及处理人际关系的技巧。

一贯性：指团队成员行为的一致性和可靠性。
忠实：指团队成员考虑他人，维护他人利益的能力。
开放性：指团队成员愿意分享观点和信息，以及有效沟通的意愿。
在融入团队和赢得信任的过程中，个体应从以下方面培养信任感。
真诚工作：应认识到个人工作的同时也服务于团队利益，避免仅图个人私利，损害团队信誉。
展现才能：通过问题解决和沟通能力获得团队的认可，赢得尊重和信任。
支持团队：通过言语和行动积极支持团队，分享有价值的信息，提供帮助，维护团队利益。
开诚布公：保持透明，分享决策背后的原因，坦诚面对问题，展现相关信息。
始终如一：在价值观和决策过程中保持一致性，兑现承诺，建立信任的基础。
保守秘密：信任那些可靠性强的人，确保不会泄露私人或团队的秘密。

（三）处理冲突策略

在处理团队冲突时，掌握以下基本技巧至关重要。

1. 迅速响应

冲突一旦浮现，必须迅速应对，避免其长期悬而未决，以免对冲突双方造成持久的心理伤害，并损害团队整体效能。因此，当冲突发生时，快捷的反应是防止事态恶化的关键。团队内部应强化及时沟通，积极引导，秉持求同存异的原则，把握最佳时机进行协调，以确保信息流通无阻，避免矛盾累积。

2. 化解冲突

沟通不畅是团队冲突的主要诱因之一，表现形式多样，如信息不对称、评价标准存在差异、倾听能力不足、语言误解、沟通过程中的干扰及成员间的误解等。为减少冲突，团队成员需通过顺畅的交流增进相互了解，明确冲突的核心问题与双方需求，进而开展有效、彻底的沟通，寻找双方共识点，为化解冲突找到突破口。

3. 换位思考

在冲突中，双方往往基于自身立场审视问题，导致矛盾难以调和。若冲突各方能设身处地地站在对方角度思考，体验其感受与情绪变化，将极大地促进问题的解决。这种换位思考有助于增进理解，减少误解，为双方找到利益共同点。

4. 冷静决策

面对团队或成员间的冲突，保持冷静与全局观念至关重要。避免因冲动而忽略关键信息，导致决策失误。在决策过程中，应全面收集信息，包容多种方案，基于合作原则选择最优解，并鼓励幽默氛围，追求公平而非强求一致。

5. 宽容与理解

宽容与理解是处理团队关系的润滑剂。团队内冲突多源于工作、性格、言语及习惯等微小分歧，并非关乎生死存亡。双方应展现大度，以和为贵，通过和颜悦色的沟通表达，不仅能化解敌意，还能减轻个人压力。

6. 积极情绪管理

负面情绪下做出的判断可能出现偏颇，影响沟通效果与理性决策。因此，应避免在愤怒或消极情绪中处理冲突，确保沟通逻辑清晰，理性应对，以防冲突升级至不可调和的地步。

7. 胸怀宽广与坦诚相待

解决冲突时，不仅需保持坦诚态度，更需具备宽广的胸怀，相互包容，以己度人。宽广的胸怀能吸引更多支持与认同，而狭隘与算计则只会阻碍合作，无法享受团队合作的愉悦与成就感，更无法有效化解冲突。

三、助推团队

（一）团队精神的本质

1. 什么是团队精神

团队精神，作为组织文化的核心要素，是指团队成员基于共同愿景与目标，相互协作、全力以赴的态度与风气。团队精神是在长期培养中逐渐形成的，为全体成员所普遍认同的思想境界、价值取向及主导意识。团队精神不仅体现了成员对团队特征、地位、形象及风气的深刻理解与认同，还寄托了对团队未来发展、命运及愿景的深切期望，是凝聚团队力量、展现团队风貌的无形纽带和精神支柱。

团队精神主要包含以下三个层面。

团队凝聚力。团队凝聚力聚焦团队与成员间的紧密联系，体现为成员强烈的归属感与整体感。每个成员都将自己视为团队不可或缺的一部分，将个人工作与团队目标紧密相连，对团队保持高度忠诚，为团队的成功感到骄傲，对团队面临的挑战感到关切。

团队合作意识。团队合作意识强调团队成员间的协作精神与集体荣誉感。团队成员之间相互依赖、携手并进，彼此尊重个性差异，相互敬重、宽容，建立信任关系，秉持真诚待人、信守承诺的原则。他们相互帮助、共同进步，共同承担责任，分享成功与成果，这种良好的合作氛围是高效工作的基础，也是取得卓越成绩的关键。

团队士气。团队士气反映在团队成员对团队事务的积极态度上，是团队精神的重要体现。团队成员对团队事务充满热情，愿意全力以赴、全身心投入，展现出为实现团队目标而不懈奋斗的昂扬斗志。这种高昂的士气对于推动团队业绩、实现团队目标具有至关重要的作用。

2. 团队精神的内涵

协作精神：个人展现出愿意与他人建立友好关系和相互协作的心理倾向。在工作过程中，团队成员之间相互支持、密切配合，建立起相互尊重和信赖的合作关系。

全局观念：团队成员展现出高度的团队忠诚和强烈的归属感，他们不允许任何损害团队利益的行为发生，具有团队荣誉感，并将个人利益与团队的整体利益紧密联系在一起。

责任意识：团队成员具有为团队的成长和兴衰尽职尽责的意识，忠于团队的目标与利益，恪尽职守地完成任务并遵守团队规章制度。

互助精神：团队成员之间有意愿共享个人的信息与资源，以助力团队整体目标的实现，他们互相帮助、交流，消除了成员间的隔阂。

进取精神：团队成员具有为实现团队整体利益而不懈努力的进取精神，在团队发展、战略规划和价值实现过程中，齐心协力为共同的目标奋斗。

团队精神是组织文化的重要组成部分。组织若能实施良好的管理，通过恰当的组织结构，将每个人安置在合适的岗位上，便可充分发挥集体的潜力。反之，如果一个团队缺少正确导向的文化，缺乏良好的从业心态和奉献精神，那么团队精神也就无从谈起。

3. 团队精神的作用

凝聚力功能：团队精神通过培养共同的意识形态、信仰、动机和兴趣等文化心理特征，沟通成员间思想，并引导他们形成共同的使命感、归属感和认同感。这些文化因素促使员工在长期实践中的形成习惯，产生强大的凝聚力，将团队成员聚集在一起。

亲和功能：团队精神能够促使成员同心协力，共同努力实现既定目标。团队的目标也成为个体成员努力的方向，而团队的整体目标则被细分为具体的小目标，确保每个员工都能在其岗位上有所贡献。

协调功能：团队行为的协调是通过内部形成的观念和氛围所驱动的。团队精神所产生的协调力量能够规范个体行为，确保其与团队的整体利益一致，避免冲突，以顺利达成团队目标。

激励功能：团队精神鼓励成员自觉要求进步，力争与团队中最优秀成员保持一致。通过成员间正常竞争，可以实现相互激励的效果，促进团队的整体进步。

（二）建立良好关系

1. 秉持团队协作的理念

在职场这一有限的合作空间内，秉持以团队为重的态度尤为关键，且广受推崇。团队中的每一项工作都是系统运作中不可或缺的一环，个人往往难以独当一面。秉持团队协作的理念，不仅能有效减轻个人心理压力，避免独自承担重负，还能在无形中促进与同事间的和谐关系，实现团队内部的平衡与稳定。同时，这种态度促使成员更专注于个人优势，完成更高效，推动了工作流程的简化。

2. 以建议和赞美促进正面互动

在团队中，应以欣赏而非挑剔的眼光看待每位成员。团队成员各具特色，性格与能力各异，应避免以个人主观标准评判他人。对自己要求严格，对他人则保持宽容，这样更能发现他人的闪光点。真诚地赞赏同伴的每一个亮点、每一次贡献，无论是一个创意、一次努力还是一个温暖的拥抱，都能有效增强团队凝聚力。用建议与赞美代替批评，团队将更加团结有力。

3. 展现开朗与热情

以开朗和热情的态度对待每件事。拥有开朗性格的个体更易吸引团队成员的亲近。积极参与团队，展现热情，是融入新团队的有效方式。

4. 共享团队成功的喜悦

良好的团队关系体现在团结一致、共同努力上。如同划船比赛，成功的关键在于成员间的默契配合与共同目标。认同团队目标，分工合作，共享团队成功的喜悦，真正体验到工作的乐趣与成就感。

5. 以谦逊之姿参与竞争

在职场竞争中，保持公平竞争的原则至关重要。面对晋升机会和薪酬调整等敏感话题，应秉持正直心态，避免使用不正当手段。对于竞争对手，无论其能力强弱，都应保持谦逊与尊重，避免过于张扬或自负。在意见不合时，应通过理性讨论而非争执来解决问题，用事实和数据说话，展现从容不迫的态度。

（三）提升责任意识

责任意识是职场工作的基石。每位职场新人需铭记告诫："这是你的工作。"面对困难和挑战，我们应严格遵循团队的指令，这体现了我们对团队责任的承担。具备团队意识的个体在激烈的职场竞争中更有发展潜能。

选择职业和岗位，意味着全面接受其带来的所有体验，包括压力和不快。工作不仅是为了享受成就感，也是为了承担压力和责任。我们应以谦逊和敬畏的态度对待职业，致力以最大的努力达成完美。

团队责任体现在：追求效率和效益，不断创新；遵守法律，成为社会的良好公民；关怀团队成员，促进其成长；尊重合作伙伴，实现平等互利；关注客户需求，提供优质服务；积极参与社区公益，促进共同进步。

作为团队成员，我们应对自身负责，致力于个人发展；对团队负责，全心投入，忠于职守；对家庭负责，孝敬父母，体现忠诚与爱心；对社会负责，诚信守法。

责任心是实现事业成功的可靠途径。敢于担当能激发勇气、智慧和力量。责任心的强弱决定了工作的风险程度。强大的责任心可帮助我们克服困难，而薄弱的责任心可能导致问题的加剧。

责任是实现个人全面发展的必由之路。个人的理想、道德、文化和纪律都与责任相联结，并通过履行责任得到实现和提升。只有在全面负责任的过程中，个人潜能才能得到充分的挖掘。

"天地生人，有一人当有一人之业；人生在世，生一日当尽一日之勤。"通过担当责任，实现自我价值，就能展现人生的意义。一个团队，只有建立和发展自己的文化，培养责任意识、协作能力和团队精神，才能持续健康发展。

第四节　创新思维

一、创新及创新思维

1. 创新的含义

创新，是指突破传统思维和常规方法，运用现有知识与资源，在特定环境中创造出新颖的事物、方法或理念。这一过程旨在解决问题，满足理想或社会需求，并能产生积极效果。创新具有以下特点。

目的性：旨在解决实际问题。

本质性：打破常规，实现突破。

相对性：其价值与时空背景紧密相关，随接受度的变化而演变。

普遍性：创新活动不受领域限制，人人可为。

效果性：以实际成效作为衡量标准。

创新是人类特有的能力，不仅是概念化的思维过程，更是推动民族和社会前进的持续动力。一个民族若想持续引领时代，就必须不断创新，不断探索新的创新途径。

2. 创新的特征

创新是一种具有突破性的实践活动，主要体现在以下五个方面。

目的性：创新活动始终贯穿着明确的目标导向，强调效益的创造。创新不仅解释"是什么"和"为什么"，更关注"如何实现效益"的实践问题，是创造财富和产生效益的过程。

变革性：创新是对现有事物的深层次改革，是动态演进的过程。在知识经济时代，创新必须不断进行，以适应不断变化的时代需求，确保持续性的适应性和发展力。

新颖性：创新的本质在于摒弃陈旧，提出全新概念或方案。新颖性是创新的核心特质，涵盖三个层次：绝对新颖性（全球新颖性）、局部新颖性，以及对于创造者个人而言的主观新颖性。

超前性：创新追求新知和新领域，具有前瞻性。这种超前基于实际和实事求是的基础上，但也伴随着一定的风险。创新过程应通过科学的设计和严格的执行来降低风险，而非追求零风险。

价值性：创新具有明确的经济和社会价值，可以重新配置生产要素，提高资源效率，增加组织价值。对企业而言，通过创新带来的利润是体现企业特性和竞争优势的关键。

3. 创新思维

创新思维，作为一种独特的思维过程，旨在通过新颖独创的方法解决问题，超越了常规思维的界限，以超常规乃至反常规的方式审视问题，提出别出心裁且富有社会价值的解决方案。创新思维的精髓在于"新"，缺乏"新"则无创造力可言，更无从谈起创新思维。相较于其他思维类型，创新思维以其"奇特"与"独特"为标志，是人类智慧的光辉展现。

创新思维具备以下基本特征。

突破性：突破性是创新思维的鲜明标识。创新思维的本质在于打破传统与常规，开辟前所未有的科学路径，深化知识、信念与观念的理解，揭示事物间的新联系与规律。

流畅性：表现为思维反应迅速，想法丰富多样，能在短时间内高效归纳总结，创造出众多创意。在创新思维领域，想法的涌现是孕育创意的最佳基石。流畅性要求个体保持思维的连贯与活跃，勇于并善于提出新构想。

灵活性：创新思维能够根据条件变化灵活调整视角，摆脱思维定式的束缚，善于从不同角度审视同一问题，实现思维的变通与转化。创新思维反对僵化教条，倡导具体问题具体分析，灵活运用各种思维方式，以多样化的视角探索未知。

非逻辑性：创新思维常伴随逻辑的中断与思想的飞跃，其产生过程可能跳脱常规逻辑框架，显得出乎意料且难以即时解释。这种非逻辑性赋予了创新思维超常的预感性与观察性，使新观念的诞生与问题的突破成为可能。

综合性：创新活动往往建立在前人成果之上，要求高度综合利用已有的思维成果。历史证明，能够有效整合前人智慧的人，更能在创新道路上取得突破与贡献。因此，综合性也是创新思维不可或缺的特性之一。

此外，创新思维结构呈现出整体层次性，涵盖生理结构、心理结构、能力结构与形式结构等多个层面。这些结构相互依存、相互作用，共同构成了创新思维活动的复杂系统，为创新思维的产生与发展提供了坚实的基础与支撑。

4. 思维定式

（1）思维定式解析

思维，作为人类心理活动的复杂表现，是大脑赋予我们的一项核心能力。然而，当思维习惯于沿循特定路径与次序运作时，便会逐渐形成一种惯性机制，我们称之为经验。当这种经验在多次实践中被证实有效并固化后，便演变为一种稳固的思维模式，即思维定式。在处理常规性问题时，思维定式能够促使我们迅速而准确地作出反应，但在面对需要创造性解决的新问题时，则可能成为束缚，限制我们跳出既定框架、拓展思路的能力。

（2）常见思维定式的类型

习惯性思维定式：人们常因习惯而遵循固定的思维模式，虽能高效地处理相似问题，却易陷入盲目重复的陷阱，缺乏创新与变革的动力。因此，经验虽宝贵，亦需警惕其成为阻碍进步的枷锁。

书本式思维定式：对书本知识的过度依赖与盲目崇拜，会抑制探索未知、挑战权威的勇气，削弱创新能力。真正的知识学习应强调理解与应用，而非死记硬背。

经验式思维定式：丰富的经验是宝贵的资源，但过分依赖经验可能导致思维僵化，忽视新情况、新变化，从而限制创新思维的发挥。

局限型思维定式：受限于个人经历与环境，人们的思维往往带有片面性。要克服这一局限，需培养全局视野，从多角度审视问题，把握事物的本质与全貌。

从众型思维定式：从众心理导致个体在决策时倾向于跟随大众，缺乏独立思考与主见。在科学探索与创造活动中，应勇于摆脱从众束缚，坚持独立见解。

权威型思维定式：盲目迷信权威，缺乏质疑精神，会抑制创新思维的发展。在尊重权威的同时，应保持批判性思维，勇于挑战权威理论，推动知识的进步与更新。正如一句名言："不唯书，不唯上，只唯实。"权威虽有其价值，但不应成为束缚创新的枷锁。例如，瓦特虽为工业革命时期科学界的权威，但其对蒸汽机火车的发明产生了阻碍，便是权威定式可能带来的负面影响之一。

（3）突破思维定式

突破思维定式是指超越传统思维框架，全面审视问题，探求非传统解决方案，以实现质的飞跃。历史上那些推动人类文明的科学家们，以其创造力和变革力，为思维的革新铺平了道路。对已经形成思维定式的人来说，哪怕他们努力尝试，也往往难以取得突破，反而可能造成努力的浪费。只有拥抱新思想，勇敢打破常规，才能引领变革，成为真正的先行者。

突破思维定式的主要方法包括以下几点。

信息收集法：思维定式的形成往往与信息的不对称有关。长期接触有限和片面的信息易形成惯性思维。通过广泛收集外部信息，可以避免狭隘的判断。

大胆猜想法：人类的想象力是区别于其他动物的特有思维形式，能够帮助大脑摆脱知识的局限。例如，赫胥黎对恐龙化石的大胆假设，最终被广泛接受为科学事实；爱因斯坦和魏格纳的理论与想法，借助丰富的想象力，实现了科学上的飞跃。

勤于思考法：生活中的普遍现象，如蜘蛛结网，也能激发人们的深入思考和创新。通过不断观察和思考，我们可以发现新的创意和可能性。

抵制压力法：打破思维定式可能伴随着外界的非议和压力。要勇于面对和抵制这些压力，坚持自己的创新道路。

需要指出的是，突破思维定式并不意味着反叛社会规则，而是在尊重和遵守规律的基础上，摆脱无意义的条条框框，使个人的努力更加高效和有意义。通过这些方法，个人能够在保持秩序的同时，提升自我的创新能力和解决问题的效率。

二、创新思维的主要类型

1. 发散思维与收敛思维

（1）发散思维

发散思维，又称辐射思维、放射思维、扩散思维或求异思维，是思维活动中一种展现广泛性与多维性的思维模式。其核心特征在于思维视野的开阔性，表现为从单一问题或事物出发，向多个方向、多个层面进行探索与拓展，如"一题多解""一事多写""一物多用"等实践形式。众多心理学家视发散思维为创造性思维的核心特征，同时也是衡量创造力水平的重要标志之一。

在创新思维过程中，发散思维表现为不局限于既有信息或框架，而是从多个角度、多个层面出发，超越常规限制，自由联想与拓展，从而发现问题的多种解决途径，生成丰富的创意与解决方案。

（2）收敛思维

收敛思维，又称聚合思维、求同思维、辐集思维或集中思维，是一种与发散思维相对的、有方向性、条理性的思维方式。收敛思维侧重从广泛的信息与材料中提炼出核心要素，通过逻辑推理与综合分析，最终指向一个明确、具体的结论或答案。

收敛思维强调思维的聚焦与集中，通过系统梳理、筛选与整合，将分散的、多样的信息整合为一致、有序的整体，从而有效地解决问题。在面临复杂多变的情境时，收敛思维能够帮助人们迅速从众多可能性中筛选出最优解，提高决策效率与准确性。

综上所述，发散思维与收敛思维作为创新思维的两翼，相辅相成，共同推动着创新活动的深入发展。发散思维为创新提供广阔的思维空间与丰富的创意资源，而收敛思维则确保这些创意能够得到有效整合与实现，形成具有实际应用价值的创新成果。

2. 横向思维与纵向思维

（1）横向思维

横向思维是一种鼓励思维向宽广领域的拓展，不局限于特定逻辑范畴的思维方式。这种思维模式的特点是在思考时可以自由跨越不同知识和经验领域，从而创新地解决问题和提出新的观点。横向思维者善于利用类比和非常规的方法来拓展思维，这有助于在看似不相关的信息中寻找灵感和创造性的解决方案。

（2）纵向思维

纵向思维是一种结构化的思考方式，按照逻辑顺序和系统性方法深入分析问题。这种思维模式具有高度的可预测性，遵循由小到大、由表及里的层次，逐渐深入挖掘问题的本质。纵向思维者强调细节分析和深度探究，他们通常在研究和探索特定问题时表现出线性和逻辑性的思维特点。

3. 正向思维与逆向思维

（1）正向思维

正向思维，作为创造性思维活动中的一种基本模式，遵循常规路径分析问题，依据事物发展的自然进程进行思考与推测。这种方法始于已知，旨在通过逐步推理来揭示事物的本质与未知领域，其应用范围往往局限于对单一事物的深入探索。在日常生活与工作中，正向思维因其直观性与逻辑性，成为人们解决问题的常用手段。

（2）逆向思维

逆向思维则是一种独特的思维模式，其摒弃了常规的思考方向，转而从结果出发，逆向追溯至原因，对既有结论持怀疑态度，勇于提出不同见解。这种思维方式鼓励人们不仅满足于"是什么"的表面认知，更深入地探究"为什么"，从而开辟出解决问题的新途径。从广义上讲，任何与传统思路相悖的思考方式均可视为逆向思维。在特定情境下，尤其面对复杂或特殊问题时，逆向思维能够打破常规束缚，通过反向推理与假设，使问题得以简化，并可能发现前所未有的解决方案。

4. 求同思维与求异思维

（1）求同思维

求同思维是一种将相关信息汇聚一堂，旨在寻找唯一正确答案或最佳解决方案的思维模式。在问题具有明确答案或最佳实践路径的情境中，求同思维尤为适用。例如，在数学解题中运用既定公式，或在电子产品调试时遵循说明书指示，均体现了求同思维的运用。此外，"求同"还旨在不同事物间探寻共性，通过识别共同特征，促进事物间的融合与创新，进而在性质、形态、功能等方面实现变革，以达成创新效益。

（2）求异思维

求异思维是一种思维活动中的扩散性模式，其特点在于思维视野的开阔与多维发散。该思维模式鼓励从不同角度审视问题，寻求多样化的解决方案，如"一题多解""一物多用"等，均能有效培养求异思维能力。心理学家认为，求异思维是创造性思维的核心特征之一，也是衡量创造力水平的关键标志。在科研、技术创新、产品开发、经营管理、广告宣传及文学创作等领域，求异思维通过识别相同或相似事物间的差异，激发创新思维，为工作带来新成效与突破。

5. 联想思维

联想思维是一种思维过程，通过记忆表象中某些诱因，激发不同形象间的相互联系。具备丰富联想能力的人通常被认为具有优良的思考品质。联想思维是创新思维中极具活力的元素之一，其能力越强，越能够在跨度较大的事物间建立联系，扩展思维和创造的空间。

6. 想象思维

想象思维是一种心理活动，大脑利用形象化的概括能力，对内部记忆表象进行加工、改造或重组。想象思维不仅具体化了形象思维，也是人脑进行创新活动的重要形式。想象思维可以划分为再造想象和创造想象两种类型：再造想象基于主观经验，在心智中重构客观现实；创造想象则进一步超越现有形象，创造出全新的艺术和概念构想。特别是在文学创作中，作家借助创造性想象，将个人经验和社会生活重新编译，构建出新生的艺术作品。

7. 互联网思维

互联网思维是源于互联网时代、基于实践融合的、全新的思维方法。这一思维体现为跨界整合、平台开放、用户导向、免费策略、体验为核心、大数据运用等特点，展示了一种全新的世界观和问题解决方式。该思维模式不仅针对互联网行业，也适用于其他领域的企业家和专业人士，鼓励他们从互联网的角度重新思考问题。

三、创新思维训练方法

1. 头脑风暴法

头脑风暴法，作为一种高效的思维训练手段，其核心理念在于通过集体讨论激发个体的创造性思维，实现想法的相互启发与激励，此法亦被广泛称为智力激励法，其源头可追溯至美国某广告公司。该方法旨在营造一个和谐、无拘无束的氛围，鼓励工作小组或任何参与者以会议形式展开讨论与座谈，勇于打破常规，积极思考，自由表达见解，共同探索问题的多维度解决方案。

蒂娜·齐莉格在《斯坦福大学最受欢迎的创意课》中深刻阐述了头脑风暴法的价值。头脑风暴汇聚了一群人的智慧，围绕特定议题自由思考，勇于提出各类设想，并在此基础上构建新的观点体系。运用得当，头脑风暴能迅速穿透表面答案，直达高效且富有创意的解决之道。在此过程中，联想机制作为新观念诞生的基石被充分激活，每一个新观点的提出都是一次联想的火花，它们相互碰撞，汇聚成创意的海洋，最终孕育出创新的果实。此外，头脑风暴还营造出一种强烈的情感共鸣与自由交流的环境，促使参与者相互激励，共同突破思维定式，最大化地释放创造力。

为了确保头脑风暴的成效，需遵循以下四项核心原则。

畅所欲言：鼓励所有参与者放下束缚，让思维自由飞翔。从不同视角、不同维度出发，勇于提出新颖、独到的想法，不拘泥于常规，追求标新立异。

延迟评判：会议期间，对所有设想保持中立态度，不进行任何即时评价或评论。此举旨在维护讨论的开放性，避免因过早评判而抑制创意的涌现。

严禁批评：在头脑风暴的过程中，无论是直接批评还是自我否定均被严格禁止。此举旨在营造轻松、无压力的环境，保障思维的活跃与流畅。

以量求质：鼓励参与者积极贡献，追求创意的数量。大量创意的汇聚为后续的质量筛选提供了丰富的素材，确保了创新思维的持续性与深度。

2. 5W2H 法

5W2H 分析法，又称七问分析法，是一种广泛应用于工作改进、优化管理、技术开发及价值分析等领域的系统性思维工具。这一方法巧妙运用五个以"W"开头的英文单词和两个以"H"开头的单词，全面而深入地探索问题本质，引导我们发现解决问题的线索，激发创新思维，进而设计出更为完善的方案或项目。

5W2H 分析法从多个维度出发，具体包括如下内容。

● 5W：

What（是什么）：明确活动的核心内容与具体要求。

Why（为什么）：探究活动的初衷与目的。

Who（谁负责）：确定活动的具体执行者或参与者。

Where（在哪里）：指定活动的实施地点或环境。

When（何时进行）：规划活动的具体时间安排。

● 2H：

How（如何做）：阐述活动的执行策略与方法。

How much（多少成本）：评估活动所需的成本、预期产量及利润情况。

这七个问题综合而全面地覆盖了问题解决的各个方面，确保了思考的全面性与深入性。5W2H 分析法不仅是制定计划的关键要素，也是策划过程中不可或缺的思维方式，它引领我们确保工作的正确方向，进而追求卓越的执行效果。

这一方法的优势体现在如下方面。

精准定位问题：通过细致入微的提问，精准界定并清晰表述问题，显著提升工作效率。

把握事件本质：深入剖析事件的根本属性与核心结构，实现问题的本质性思考。

易用性与启发性：方法简洁明了，易于上手，同时富含启发性，激发创新思维。

增强条理性：促进思维过程的条理化，减少盲目性，确保流程设计的完整性。

在实际操作中，应用 5W2H 分析法需遵循以下步骤。

全面提问：针对特定事物或产品，从七个维度逐一提问，并整理成表格形式，便于记录与分析。

疑点排查：仔细审核各提问点，列出所有疑点与难点。

综合分析：结合各提问点的反馈，进行深入的讨论与分析，综合考量各因素间的联系，提出切实可行的创新方案。

综上所述，5W2H 分析法以其强大的系统性与实用性，成为解决问题、优化方案的重要工具。在运用过程中，还需注重问题的细化分解，通过不断追问与回答，逐步完善方案设想，确保最终成果的卓越与完美。

3. 和田十二法

和田十二法，旨在引导人们在创造过程中从十二个维度进行深入思考，以促进思维的流畅性、灵活性与独特性，从而促使固化思维向创造性思维转变，激发众多创新构想。此法不仅在国际学术舞台上广受赞誉，也在实践中深受大众欢迎。具体十二法如下。

加一加：通过添加或合并改善功能，例如带橡皮头的铅笔和收录机。

减一减：通过削减或简化以提升效率，如简体汉字的创立。

扩一扩：通过放大或增加覆盖范围，如对古老投影技术的改进。

变一变：通过改变形状或性质来创新，如彩色电视机的诞生。

改一改：通过改进来解决不足，如智能手机的迭代。

缩一缩：通过缩减体积以提升便携性，如袖珍词典的发明。

联一联：通过发现事物间的联系得以创新，例如干湿球温度计的发明。

学一学：通过模仿和学习以获得新的创意，如锯子的发明。

代一代：使用替代材料或方法以保持原有功能，如新材料的开发。

搬一搬：将一种技术或物品的应用场景转移至新领域，如自动提醒水烧开的哨子。

反一反：通过逆向思维来打破常规，如吸尘器的发明。

定一定：通过设定界限和标准来提高效率，如众多计量工具的创新。

和田十二法不仅是一套思考的工具，也是启发独创性的"思路提示法"。它采用简单明了的十二个动作进行操作，但在实际应用中应避免仅将理论运用在书本上，而应结合实际操作，不断积累经验。

实践是创新的基础，只有通过不断试错和反思总结，才能真正理解和运用和田十二法的精髓。此外，和田十二法提供的检核项目仅是思维方向的指南，而非严格内容的界定。在创造活动中应用该方法时，应真正理解其内涵，结合实际情况灵活运用。

4. 思维导图法

思维导图（The Mind Map）又称心智导图、脑图、心智地图、脑力激荡图、灵感触发图、概念地图、树状图或树枝图，是一种通过图像化方式展现思维过程的工具。作为表达发散性思维的图形思维工具，兼具简单性、有效性与高效性，是实用性极强的思维辅助手段。

思维导图巧妙融合左右脑功能，依托记忆、阅读、思维的内在规律，以及图文结合的技巧，清晰呈现各级主题间的关系，并以层级图的方式呈现。通过关键词、图像、颜色的巧妙联结，促进科学与艺术、逻辑与想象之间的平衡发展，进而激发大脑的无限潜能，彰显思维的卓越功能。

任何进入大脑的信息——无论是感觉、记忆、想法，还是文字、数字、符码、香气、食物、线条、颜色、意象、节奏、音符等，均可作为思考中心，向外辐射出众多关联节点，形成错综复杂的、放射型的立体结构。这些节点间的连接如同大脑的神经元网络，构建起个人的知识数据库，使信息检索与思维深化变得高效快捷。

思维导图法的核心在于四大原理。

图像原理：人类大脑对图像的敏感度远超文字，生动图像能深刻烙印于脑海。思维导图利用图像元素，能有效激活大脑潜能。

发散原理：以中心图为核心，向外发散出多级分支，形成层级分明的知识网络。这一过程锻炼了发散思维，激发了创造力和灵感，使知识组织化、结构化、系统化。

收敛原理：与发散原理相对，收敛原理同样重要。这要求将广泛的联想与创意聚焦于核心问题，提炼出有价值的结论或解决方案。

主动原理：基于埃德加·戴尔的"学习金字塔"理论，思维导图作为主动学习的工具，显著提升了学习保持率。

5. 六项思考帽法

六项思考帽法旨在实现两大核心目标：一是简化思维过程，使思考者能够专注单一维度的思考；二是赋予思考者灵活转换思维模式的自由。此方法巧妙地将帽子作为象征性的工具，引导并规范思考的方向。帽子的易戴、易摘及可视性，使其成为标识不同思考路径的理想选择。具体而言，六种颜色的帽子——白色、红色、黑色、黄色、绿色及蓝色，各自代表了一种独特的思考维度。

白色思考帽：象征着中立与客观，要求思考者聚焦客观事实和数据，排除主观偏见。

红色思考帽：代表情绪、直觉与感性认知，鼓励表达基于情感的直观判断。

黑色思考帽：体现冷静与批判性思维，专注识别潜在风险与不足，强调谨慎评估。

黄色思考帽：寓意乐观与希望，倡导积极寻找价值与机会，展现正面期望。

绿色思考帽：象征创新与生机，激发创造性思考，鼓励提出新颖见解与解决方案。

蓝色思考帽：作为思维的总指挥，负责规划思考过程，协调各顶帽子的使用顺序，确保思考的有序进行。

多年来，六项思考帽法的应用已展现出显著成效，主要体现在四个方面：一是提升团队效能，通过整合成员的智慧与经验，实现高效协同；二是节约时间成本，通过平行思考减少不必要的辩论与重复，加速决策过程；三是削弱自我中心倾向，促进客观评价，减少冲突与对立；四是明确任务焦点，确保在同一时间段内专注单一思考维度，提升效率。

该方法通过三种机制促进平行思维：一是团队同步，除蓝色思考帽，成员在同一时间佩戴相同颜色的帽子，共同聚焦于某一思考维度；二是观点并置，不同甚至对立的观点被平行呈现，待后续统一讨论；三是方向并行，各项思考帽提供了观察问题的不同视角，如黑色与黄色思考帽分别评估风险与机遇，二者并行不悖。

值得注意的是，六项思考帽法的精髓不在于简单地分类思维，而在于如何编排帽子的使用顺序，即构建有效的思考流程。这要求使用者不仅理解各顶帽子的含义，更需在实际操作中灵活应用，通过不断实践与反思，方能真正掌握其精髓，发挥其最大效用。

6. 系统分析法

系统分析法是一种将待解决问题视为一个完整系统，通过对系统内部各要素的综合分析，探寻解决问题可行方案的咨询方法。此法作为一种研究策略，能够在不确定的环境中，深刻剖析问题的本质与根源，明确咨询目标，探索并评估多种可行方案，进而依据既定标准作出科学决策，助力决策者应对复杂问题与挑战。

系统分析法的理论基础根植于系统科学，这一学科自 20 世纪 40 年代以来迅速崛起，横跨多个学科领域，从系统的视角审视并研究客观世界，为人类的认知与实践活动提供了强有力的科学理论与方法论的支持。其发展历程标志着人类科学思维模式的重大转变，即由"实物中心论"迈向"系统中心论"，堪称科学思维史上的一次里程碑式飞跃。

在咨询研究中，系统分析法占据着基础且核心的地位。该分析方法将复杂的咨询项目视为一项系统工程，通过系统目标、要素、环境、资源及管理等多维度的深入分析，精准定位问题症结，深入剖析其内在逻辑。因此，恰当且合理地运用系统分析法，能够显著提升我们的逻辑思维与问题解决能力。

系统分析方法种类繁多，各具特色且相互补充，共同构成了解决复杂问题的强大工具集。其中，结构化分析以其过程导向的特性广受欢迎，聚焦数据流在业务与软件过程中的流转；信息工程则侧重于系统内部的数据结构分析，以数据为中心，强调对知识与数据需求的深入挖掘；而面向对象分析则致力于解决数据模型与过程模型之间的同步问题，逐渐成为业界主流。

上述分析方法的实施均依赖于有效的需求获取与管理。常用的需求获取方法主要为调查研究，这是一项系统研究不可或缺的技能，涵盖文档审查、文献研究、实地考察、用户观察与用户访谈等多个方面，旨在全面捕捉用户需求。鉴于调查工作的耗时性，可结合需求计划技术以加速需求的获取与管理进程。

时间管理方法　　　　面试中的礼仪　　　　情商的培养

亚健康状况的临床表现　　职场从业人员常见的
　　　　　　　　　　　　心理疾病类型

第六章 揭开职场面纱

第一节 认知职业

一、职业概述

职业的发展源于社会分工的细化,这一过程经历了漫长的发展。在原始社会时期,由于生产力的极端低下,仅存在基本的自然分工,尚未形成明显的职业概念。随着生产力的提升,游牧与农业、手工业与农业、工业与商业分离等若干次社会分工的重大变革,逐渐促成了基本职业的形成,例如农夫、工匠、商人等。

职业的发展与社会分工的深化紧密相连,并不断随着科学技术和生产工具的更新而演变。专业化水平的提升,使得职业门类和种类日益增多。同时,职业对个人的知识、技能、思想品德和心理素质的要求也随之提高,明确了职业选择与适应性的重要性。大学生需紧跟时代潮流,了解可选职业,并通过掌握相应需求和能力来优化个人发展,为实现职业目标做准备。

职业对于社会发展和个人存在具有多方面的意义,是社会体系的关键组成部分。职业不仅是个人体现社会价值和创造物质与精神财富的途径,也是经济收入和社会地位的重要来源。职业活动具有以下特点。

经济性:职业活动的目的之一是获得经济收入。
连续性:职业活动是指长期且系统地获得经济报酬的活动。
技能性:从事特定职业通常需要过硬的专业知识和技能。
规范性:职业活动受一定规范的制约,须遵循职业道德。

二、职业功能

职业功能是指个体通过职业活动和职业角色对自身及社会产生的效应与影响。职业的功能可以概括为以下几个主要方面。

1. 社会存在的基础

职业分工及其结构是社会经济制度和结构的核心组成部分,同时反映社会经济发展的水平。通过职业劳动,人们创造社会财富,并为社会提供物质基础。

2. 社会发展的驱动力

职业活动,包括个人职业发展的流动、职业结构的变化与调整,以及不同职业间的矛盾与解决,是推动社会进一步发展和进步的源泉。

3. 社会控制的手段

职业作为一种重要的生活方式，是个人实现"安居乐业"愿望的基础。政府通过创造职业岗位和就业机会，促进"充分就业"的政策，从而减少社会问题，维护社会的安全稳定。

4. 个人利益的获取途径

职业不仅为个人提供了主要的经济收入，成为生存和社会生活的物质基础，还帮助个人获得名誉、地位、权力等非经济利益，带来心理满足。

5. 人生实践的途径

职业是人们参与社会活动、建立社会关系和实现人生价值的重要手段。职业生活促进了人们的社交活动，使从业者得以进入不同的社会环境，并根据职业的不同而展现出不同的行为模式。因此，职业是个体担任社会角色和形成行为特征的条件。

三、职业特征

1. 社会性

职业作为社会分工细化的产物，其存在与发展均植根于社会整体结构之中，是不可或缺的子系统。任何职业均非孤立存在，而是与其他职业及其系统紧密相连，共同服务于社会的整体运行与发展。

2. 经济性

职业对于个人而言，是获取生活资料的主要途径；而对社会而言，则是促进经济发展的关键环节。个人通过职业活动不仅实现自我价值，还为社会经济的繁荣贡献力量。

3. 稳定性

尽管职业经历着产生、发展与消亡的自然周期，但在一定时期内，职业需保持相对稳定性，以区别于临时性活动。随着技术进步的加速，部分职业的稳定性虽然有所减弱，但整体上仍需维持必要的稳定框架。

4. 技术性

不同职业对技术有着不同的要求，每一职业均展现出与之相匹配的技术特性。在知识经济时代，知识与技术的重要性日益凸显，各行业的技术含量不断提升，对从业者提出了更高的技术要求。

5. 专门性

职业的发展与完善的过程，伴随着其专门性的增强与专业化程度的提升。如医生、律师、工程师及教师等职业，因其高度的专业性和不可替代性，受到社会的广泛认可与高度重视。

6. 群体性

职业是群体行为的体现，需要一定数量的从业人员共同参与。从业者之间明确岗位责任，目标一致，通过团队协作完成职业要求，展现群体的智慧与力量。

7. 规范性

每种职业均遵循一定的从业标准和职业道德规范，包括知识技术要求、操作流程、质量标准，以及应承担的责任与义务等，以确保职业活动的有序进行。

8. 时代性

职业的发展具有鲜明的时代特征，随着社会的变迁与时代的演进，新的职业不断涌现，旧的职业则可能逐渐消亡。每个时代都有其独特的职业风貌与特色。

9. 多样性

随着社会分工的日益细化，职业种类愈加丰富多样。不同职业在专业性、知识技术深度及职业差异等方面均有所体现，精通多个领域或岗位的专家也愈发罕见。

10. 发展性

职业不仅是个人实现人生价值的舞台，也是推动个人持续发展与进步的重要力量。职业对人提出的新要求促使人们不断适应变化，将智慧与精力投入其中，从而实现个人与职业的共同发展。

四、选择职业

大学生在步入职场进行职业选择时，专业是否匹配是一个重要的考量因素。大学生通常依据自身专业背景来初筛职业选项。由于不同职业的工作环境、要求及发展前景存在差异，大学生在求职前应深入了解各个职业的具体特点。职业选择是职业生涯中的一个关键决策，需要经过周密的考虑。以下为职业选择时应遵循的几点原则与策略。

1. 自我认知

个体的兴趣和能力是选择合适职业的重要标准。大学生应当全面了解自己的兴趣和能力范围，避免选择不匹配的职业，以免造成职业满意度下降或职业适应上的困难。

2. 职业前景分析

评估职业的长期发展趋势和就业潜力也是十分重要的。大学生可以通过研究行业趋势、就业前景及薪酬水平等信息，来预测并选择具有发展潜力的职业。

3. 实践经验积累

通过实习或参与实践活动，大学生能够直观地了解不同职业的实际工作情况，这是决定职业选择的重要依据。

4. 咨询专业意见

大学生应积极寻求专业指导，如职业辅导老师、行业专家或校友等，以获取有关不同职业的深度信息和有价值的建议。

5. 价值观念匹配

个人价值观对职业选择的影响不容忽视。选择一个与个人价值观相符的职业，有助于实现自我价值，增强工作满足感。

大学生在选择职业时，应当针对感兴趣的职业进行深入研究，识别职业的实际要求及其与自身条件的契合度。职业调研可从以下几个方面展开：

- 职业的具体工作性质和岗位要求。
- 职业资格和从业标准。
- 职业所需的综合素质。
- 职业的福利和待遇。
- 职业的发展潜力。

通过全面、准确、有目的地收集信息，大学生可以更有效地进行职业定位和面试准备，确保个人的求职策略与目标职业的契合度。

第二节　认知产业

一、产业的定义和分类

1. 产业的定义

产业是经济活动的一种形态，由多个从事生产和交换的不同行业集合而成，是为了满足人类需求、参与产品和劳动的商业化运作。产业覆盖商业、制造业、加工和服务等经济活动领域，并在国家或地区的经济繁荣和社会进步中发挥着至关重要的作用。

2. 产业分类

产业可以根据不同的维度进行分类。例如根据生产要素的密集度，产业可分为劳动密集型、资本密集型和技术密集型。按照生命周期的阶段，产业可细分为导入期、成长期、成熟期和衰退期。根据对经济增长的贡献，产业可区分为主导产业、支柱产业和基础产业。

产业结构则指一个国家或地区经济中不同产业部门的比重和相互之间的关联度。常见的产业分类方式包括：

- 第一产业：是指基于自然资源的生产部门，包括农、林、牧、渔业。
- 第二产业：以工业为主，涵盖采掘业、制造业，以及提供基础原材料和日常消费品的生产部门。
- 第三产业：除第一、第二产业外的服务业，可进一步细分为流通、服务和公共事业等多个层次，如交通运输、邮电通信、商业餐饮、金融服务、教育科研、卫生体育等。

产业发展的水平是衡量一个国家经济实力的重要标准。一般而言，第三产业的繁荣程度在一定程度上反映了一国经济的发达程度。

产业发展经历了一系列的演变过程。早期工业化时期，第二产业尤为突出，以制造业作为经济增长的核心。随着科技进步和社会变革，第三产业逐渐成为新的经济增长点。当前，在信息技术和互联网的推动下，高科技、互联网经济、人工智能等新兴产业正在成为推动产业发展的新方向。

二、产业的特点和发展趋势

1. 农业

农业是主要利用土地等自然资源进行种植和养殖的生产活动。产业特点包括生产周期长、受自然因素影响显著和产业链条延伸。现代农业在科技进步和市场需求变化的推动下，正向智能化、绿色化、生态化和品牌化发展。

2. 工业

工业采用自然资源和劳动力进行加工制造。特征包括高生产效率、产品标准化和相对短的产业链。随着工业4.0技术的推进，智能制造、绿色制造、服务型制造等新兴业态将成为工业发展的新趋势。

3. 服务业

服务业利用人力、物力和技术资源提供社会服务。其特点为劳动密集、需求弹性大和就业机会丰富。人民生活水平的提高和消费需求的升级预示着现代服务业将成为推动经济增长的主要力量。

4. 信息技术产业

信息技术产业以计算机、通信、互联网技术为基础进行信息处理、传输和应用。产业特点是技术密集度高、快速创新能力强和附加价值高。数字化、智能化和物联网等技术的发展将使信息技术产业成为经济转型和升级的关键驱动力量。

5. 生物医药产业

通过生物技术进行医药研发、生产和销售。此产业特点包括技术门槛高、研发周期长和投资风险大。面对人口老龄化和健康意识的增强，生物医药产业预测将成为最具发展潜力的行业之一。

各式产业各有其特有属性和轨迹。在选择职业时，个体应综合考量兴趣、能力与职业前景。同时，密切关注市场需求与产业发展趋势，有助于更好地应对未来的职场挑战。

第三节 认知行业

一、行业的定义与分类

行业是指从事相同性质经济活动的所有单位的集合，是国民经济中具备同性质的生产、服务的经营单位或组织结构的详细划分。一个行业会有很多同类型业务的企业，不同行业的业务经营模式、组织发展的核心部门、行业政策、市场竞争态势、经济发展趋势和人才招聘需求等都有所不同。

国际上，《所有经济活动的国际标准产业分类》（ISIC Rev.4）是联合国发布的生产性经济活动的国际基准分类。我国的行业分类标准是国家统计局发布的《国民经济行业分类》（GB/T 4754-2017）。

我国国民经济行业分类的文件，分类采用经济活动的同质性原则划分，每一个行业类别按照同一种经济活动的性质划分。分类共分为门类、大类、中类和小类四个层次，共包含门类20个，大类97个，中类473个和小类1382个。每个类别都按层次编制了代码，如表6-1所示。门类用一个英文大写字母表示（如A、B、C…）；大类用2位阿拉伯数字表示，中类用3位阿拉伯数字表示，前2位为大类代码，第3位为中类的本体码；小类用4位阿拉伯数字表示，前3位为中类代码，第4位为小类的本体码，如表6-1所示。

表 6-1 国民经济行业分类代码举例

代码				类别名称
门类	大类	中类	小类	
A				农、林、牧、渔业
	01			农业
		011		谷物种植
			0111	稻谷种植
			0112	小麦种植
			0113	玉米种植
			0119	其他谷物种植
…				…

续表

代 码				类别名称
门 类	大 类	中 类	小 类	
B				采矿业
C				制造业
D				电力、热力、燃气及水生产和供应业
E				建筑业
F				批发和零售业
G				交通运输、仓储和邮政业
H				住宿和餐饮业
I				信息传输、软件和信息技术服务业
J				金融业
K				房地产业
L				租赁和商务服务业
M				科学研究和技术服务业
N				水利、环境和公共设施管理业
O				居民服务、修理和其他服务业
P				教育
Q				卫生和社会工作
R				文化、体育和娱乐业
S				公共管理、社会保障和社会组织
T				国际组织

二、行业的现状分析与发展趋势

1. 行业的现状分析

行业的现状分析应侧重行业的特征、结构与领军企业。

（1）行业的特征分析

行业特征分析应聚焦于行业的技术门槛、企业的数量与分布，以及市场的竞争格局。例如，互联网金融行业的技术门槛虽然相对较低，但企业数量繁多且增速迅猛，市场竞争激烈，同时监管和法律约束相对薄弱，行业面临众多政策和法律风险。

（2）行业的结构分析

大学生可以通过绘制行业发展图谱来理解行业结构，即使在复杂的行业中，也能通过细分产业链，拆分子行业，精确把握行业架构。以半导体行业分析为例，可以从芯片设计出发，再到涉及的专利技术、工程软件等要素，接着到生产、材料制备、生产设备等环节，直至封装和测试过程，全面了解行业全貌。

（3）领军企业研究

在行业分析过程中，大学生应深入研究各行业领军企业的情况，包括企业的市场排名、排名标准、排名变化趋势、市场占有率、利润比例等。详细审视企业近年来的重大事件和标志性决策，通过审阅财务报告，把握企业的主要业务、收益来源、成本结构、员工规模和战略方向，以此分析背后的决策逻辑和行业发展的趋势。

2. 行业的发展趋势

行业的发展趋势可以通过洞察行业生命周期的不同阶段来进行分析。

（1）初创期

在这个阶段，行业通常由规模较小的创新型企业组成，市场中充满了创新产品和新型服务。企业的产品类型、特点、性能及目标市场都处于快速变化之中。此时，若行业能获得政府政策的大力支持并吸引社会资本，其发展前景则被看好。大学生可以通过搜索相关信息，例如利用百科平台查询公司名称和创始人背景，来判断行业的潜力。

（2）成长期

经过初创期的发展，行业开始迅速增长，企业数量增加，市场增长率较高。这一时期的行业可能会出现若干领军企业。例如，十年前的一些新兴产业如今已进入成长期，包括新能源汽车、信息技术等，这些行业不仅受到政府和其他企业的关注，也为相关专业领域的大学生提供了丰富的就业机会。

（3）成熟期

在这个阶段，行业增长率趋于稳定，企业间的竞争激烈。行业领军企业的市场地位稳固，同时市场细分日益明确。

（4）衰退期

在这一阶段，行业可能面临生产力过剩，技术逐渐被替代，市场增长率下降，企业开始退出或并入其他行业。传统的媒体和出版印刷行业就是典型的衰退期行业，它们正在或已经被新媒体和数字印刷行业所取代。

大学生在选择职业目标行业时，应根据自身情况和行业发展趋势进行综合考量。值得指出的是，行业所处的生命周期阶段并非固定不变，需结合时空背景进行具体分析。

三、行业对人才的要求

行业对人才的要求反映在特定时期和范围内对该行业人才数量和能力素质的双重需求。全面把握目标行业对人才的具体要求，大学生们能在大学期间有针对性地提升自身的综合素质，进而为毕业后顺利融入职场奠定坚实基础。

行业对人才的需求除了包括数量和资质方面（如必须拥有的职业资格证书）的要求，还关联到行业对大学毕业生的具体能力和素质的要求。了解这些要求有助于大学生有针对性地规划学业和职业发展路径。

首先，要加深对行业的理解，大学生应当关注国家政策导向、宏观经济态势，以及行业内的前沿动态。这不仅包括掌握国家宏观政策文件和政府的年度工作报告，以了解行业发展的宏观环境；而且要考虑通过权威渠道，如行业分析网站、专业人士访谈等，获取详实的行业发展报告。

为了提升个人能力和行业认知，大学生还应积极参与科技创新竞赛、专业学科研讨会及行业展览等活动。这些活动不仅能够提供与行业内部企业和专家交流的机会，而且能帮助大学生了解行业中的产品信息和技术创新动态，并逐步建立全面的行业观。

通过这些方法，大学生能够在实践中提升自己的专业技能和市场适应性，使自己在毕业后的就业市场中更具竞争力。

第四节　认知企业

一、企业及其分类概述

企业，作为以盈利为首要目标的经济组织，通过整合土地、劳动力、资本、技术等生产要素，向市场提供商品或服务，实行自主经营、自负盈亏、独立核算的法人或社会经济组织形态。企业不仅是职场人士的工作平台，更是推动社会经济发展、提高民众生活质量、助力个体实现自我价值的重要力量。对于大学生而言，选择并加入一家优质企业，不仅意味着可观的收入，更预示着广阔的职业发展空间与成长机遇。

在就业前，大学生应当深入了解企业，对意向企业进行全面的优劣势分析，以掌握准确且有效的信息，从而提高求职成功率。

依据我国宪法及相关法律规定，我国企业类型多样，每种类型的企业均展现出其特征与优势。

国有企业：指财产归国家所有，由国家出资兴办的企业，涵盖中央及地方各级国家机关、事业单位和社会团体使用国有资产投资设立的企业。

集体所有制企业：由一定范围内的劳动群众共同出资创办的企业，体现了集体经济的特征。

私营企业：由公民个人出资兴办并拥有所有权与支配权，以雇佣劳动为基础，雇工数量达到法定标准（如 8 人以上）的企业。

联营企业：指企业间或企业与事业单位间联合经营形成的经济实体，其法律地位与责任承担依据是否具备法人条件及协议约定而定。

股份制企业：由两个或两个以上的出资者共同出资，并以股份形式组建的企业，实现了资本的有效聚合。

外商投资企业：涵盖中外合资经营企业、中外合作经营企业及外资企业，均依据中国法律设立，涉及外资参与的不同合作模式与经营方式。

股份合作制企业：一种结合资本联合与劳动联合的新型经济组织，融合了股份制与合作制的优点，促进了生产力要素的有效结合。

此外，企业还可依据规模大小划分为大型企业、中型企业、小型企业、微型企业；或根据发展阶段分为创业初期型企业、成长中期型企业、成熟期型企业及衰退期型企业，每一阶段均面临着不同的机遇与挑战。

二、选择企业时应关注的重点

1. 多维度评估意向行业与企业

大学生在选择理想企业时，应进行全面而深入的分析，考量因素包括但不限于企业规模、企业文化氛围、员工职业发展潜力、团队管理模式、薪酬福利体系、工作生活环境、员工满意度及忠诚度、员工流动率及企业的社会责任感等。这些维度共同构成了评估企业综合实力的关键框架。

2. 基于个人素质与能力匹配择业

大学生在职业规划初期，应避免盲目追求大企业光环，而应立足于自我认知，明确个人优势与不足，寻找与个人能力、兴趣及价值观高度契合的企业岗位。这一过程要求大学生具备自我审视的能力，以便精准定位，提高职业选择的适配度。

3. 明确目标，精准选择企业类型

面对不同发展阶段的企业，大学生应有针对性地做出选择。若倾向于加入创业初期的企业，则需具备快速适应多变环境、承担多重角色、展现团队合作精神、容忍初期的不完善流程，并具备主动发现并解决问题的能力。相反，若选择进入管理规范的大型企业或体制内单位，则应注重学习并掌握岗位所需的专业技能。此外，大学生还可通过积累实践经验与提升个人能力，灵活调整职业规划，根据长远目标和个人成长需求，适时选择加入处于不同发展阶段的企业。

职业构成五要素　　　　如何提高认知能力　　　　产业链

第七章 迈入职场就业

第一节 择业与就业的准备

一、树立新型择业观念

择业观念,是指个体在长期职业实践中逐步形成的职业认知,遵循着特定的生产与发展规律。一旦形成,便深刻影响并引导着个人的职业选择与职业行为路径,对职业生涯的塑造具有决定性作用。择业观的核心要素包括维持生计(即通过职业劳动获取必要的生活资源)、完善个性(在职业岗位上施展才华,促进个人潜能与特长的挖掘与发展),以及服务社会(借助职业劳动为社会与他人贡献价值,承担应有的社会责任),这些要素的不同权重与组合方式,塑造了多样化的择业观念。

大学生择业观,特指大学生群体对于职业理想、目标、动机、标准、评价、选择、发展等问题的基本看法与核心观点,是其世界观、人生观、价值观在职业选择领域的集中体现,也是大学生步入职场前的重要思想准备与指引。

随着经济与社会的持续发展,人们的择业观念亦随之发生深刻变革,新型择业观应运而生,展现出鲜明的时代特征,如表 7-1 所示。

表 7-1 传统与新型择业观对比

观察点	传统择业观	新型择业观
职业生涯	接受工作稳定的职业生涯模式;忠诚于就职单位,就职单位将延长工作任期作为奖励;经常需要个人为单位利益做出牺牲	重视承诺和绩效:接受实现个人理想的职业生涯模式;忠诚于自身的理想;认为团队协作和彼此信任是重要的
成长内涵	成长就是晋升;逐级晋升就是成功	人生意义与成长和个人发展相关,注重扩大知识面,提高技能水平;从事个人认为有意义的活动才是成功
发展实质	组织重视员工发展;个人重视组织所提供的职业生涯道路,通过获得组织认为重要的技能寻求保障;组织对员工的职业发展负责	个人对自己的职业发展负责
工作期限	个人保障与受雇时间长短有关;个人应该在同一单位长久供职,时间越长越好	个人保障与个人能力和适应性有关;个人可能不在同一单位长久供职
组织模式	组织相当于一个小家庭,会受组织的照顾	组织相当于一个大家庭,重要的是伙伴关系网络,服务是共享的
组织体制	以职位等级为基础,由具体的工作组成	以要做的工作为基础,由合同、联盟和网络组成

相较于传统择业观，新型择业观在核心理念上实现了重要转变：传统观念中，组织被视为员工职业生涯发展的主导者，承担类似"家长"的角色，员工则需依附于组织，以组织利益为重，追求组织认可与职位晋升被视为成功的标志。而在新型择业观下，组织与员工的关系转变为更为平等的合作伙伴，组织提供多样化的职业发展路径，鼓励员工通过不断学习新的技能与知识，增强个人竞争力，以适应快速变化的市场需求。这种观念是经济与技术飞速发展的必然产物，面对日益激烈的竞争环境，企业更加追求灵活高效的适应能力，倾向于建立更为灵活、短期且低承诺的"交易型"契约。

因此，新型择业观要求大学生更加积极主动地规划与管理自己的职业生涯，以全新的视角审视职业发展路径。在任何工作环境中，都应注重培养并提升个人的就业竞争力，以更加积极主动的态度把握个人发展的机遇。面对就业新形势，大学生应树立正确的择业观念，即在尊重与保护国家和人民利益的前提下，将个人价值的实现与时代发展的脉搏、社会需求的变迁紧密结合，实现个人与社会的和谐共生与同步发展。

1. 建立理性的奉献型择业观

对于初入职场的大学生而言，首要任务是充分考虑如何通过勤奋工作为雇主创造更高的社会与经济效益，同时在工作中不断提升自身的专业技能、学习适应能力及人际交往能力。刚开始工作时，应避免不切实际的攀比心理，不要急于与同事或同学比较目前的收入水平。本着积极的学习态度和无私的奉献精神，成功站稳职场，以卓越的工作表现赢得领导和同事的信任。

2. 构建积极的职业发展观

在当前日益激烈的就业市场和收入水平普遍提升的背景下，个人的职业发展空间越来越受到大学生们的重视。在进行职业选择时，除了薪酬待遇，也应该关注自己的长期职业规划和企业的发展前景，不要仅被短期收益所吸引，而忽视了职业生涯的长远规划。

3. 培养终身学习和持续进步的职场心态

进入职场后，大学生将面临诸多待学习的方面，包括专业技能、问题解决方法及人际交往的艺术。在职场中，知识与技能的持续更新是必备的条件。只有不断学习，才能确保不被时代淘汰，持续进步。

4. 倡导深挖基层潜力的就业观

大学生在国家劳动力市场中占有独特地位，正处在充满活力与创造力的人生阶段。面对严峻的就业市场，大学生应该勇于面对基层工作的挑战，特别是在大城市和大型企业的职位变得越来越稀缺的当下。中国的农村地区，特别是在实施乡村振兴战略的大背景下，为大学生提供了广阔的成长平台。农村社会的深刻变化为年轻人提供了前所未有的发展空间和职业机遇，因此鼓励大学生深入基层，到农村地区寻找和把握职业发展的机会。

二、择业与就业的心理准备

（一）常见心理误区

大学生步入社会，面临就业与择业的重大抉择，此阶段往往伴随着复杂多变的心理状态与多种误区，这些均可能对择业与就业产生不利影响。

1. 焦虑心理

适当的焦虑可以激发个体的应对潜能，促进自我提升以应对求职挑战。然而，当焦虑过度时，可能导致身心健康受损，并有可能发展为心理障碍。

2. 攀比心理
适度的相互比较有助于明辨差异和取得进步。但若过分依赖他人的标准来评价自己，可能会导致心理不平衡和自我价值感的损害。

3. 自卑心理
自卑心理源于个人与环境等内部和外部因素导致的自卑感，可能会使学生在求职时无法把握机会。

4. 自负心理
更高的自我评价可能导致超预期的择业标准，进而忽视了综合考虑个人的适应性等重要因素。

5. 矛盾心理
当理想化的预期与现实中的差距相遇时，可能会激发大学生的矛盾心理，引起选择上的犹豫不决。

6. 从众心理
缺乏自我认识和个性化发展可能导致大学生在职业选择上盲目跟随他人，而非根据自身特点和兴趣做出决定。

7. 依赖心理
部分毕业生在职业决策上过于依赖他人的意见，未能独立分析和解决问题，显示了对自主性的欠缺。

8. 急切心理
受到稳定生活观念的影响，一些大学生在就业时可能有着不现实的期望，急于证实自己。然而，这种急切的心理与现代社会不断变化的就业市场存在差距。

（二）掌握心理调适策略

心理调适策略，指的是个体运用心理学原理与方法，根据个人发展需求及环境变迁，对心理状态进行主动调控。这种策略旨在促进心理与行为的积极转变，最大化发挥个人潜能，维持心理平衡，并有效消除心理障碍。在大学生择业与就业的关键阶段，可针对性地运用以下策略进行自我调适。

1. 静思自省法
静思自省，亦称反思法。面对挑战与挫折时，应保持冷静与理智，控制情绪冲动，深入剖析问题根源，区分是源自个人能力不足还是外部环境因素所致。此法有助于稳定情绪，明确问题症结，进而采取有效的解决措施。

2. 情感转移法
当不良情绪难以直接控制时，可尝试将注意力与情感能量转移至其他积极活动中，如专注学习、参与兴趣爱好、进行体育锻炼等，避免沉溺于消极情绪之中。

3. 情绪宣泄法
遭遇挫折引发的焦虑与紧张，应通过合理途径及时宣泄。避免情绪积压，可以选择向亲友倾诉、寻求安慰与支持，或参与高强度的体育活动以释放压力。但需注意场合、方式及适度原则。

4. 心理慰藉法

面对无法改变的困境与挫折，应学会自我宽慰，接纳现实，采用积极心态面对。通过自我暗示，如"失败乃成功之母""我仍拥有诸多优势"等，保持内心平和与自我肯定。

5. 身心放松法

身心放松训练是减轻或消除不良身心反应的有效手段，尤其适用于应对焦虑、恐惧等情绪。大学生可在专业指导下进行放松练习，或参考相关指导进行自我练习，以缓解择业过程中的紧张情绪。

6. 沟通交流法

面临择业困惑时，主动与家人、老师及同学沟通交流，听取他们的观点与建议，有助于拓宽视野、缓解压力，从而做出更加理性的选择。

7. 积极暗示法

在求职过程中，运用积极心理暗示提升自信心，如面试前告诉自己"我能行""我会发挥出色"等，有助于缓解紧张情绪，提升表现。

8. 理性认知法

人的情绪往往受认知方式影响，特别是非理性观念，这些观念易导致不良情绪。大学生应学会识别并挑战自己的非理性观念，通过理性思考与分析，将其转化为积极、合理的认知，从而消除不良情绪。

心理调节的方法还包括自我重塑、环境适应、社交扩展等方式。面对就业的压力，毕业生应掌握并运用这些技巧，以达到心灵的放松，积极应对特殊时期的挑战。

（三）优化择业与就业的心态

面对择业与就业的十字路口，大学生的心理往往交织着复杂多变的情感。一方面，大学生因即将步入社会，将所学知识与实践相结合，实现个人价值而感到欣喜与期待；另一方面，面对日益激烈的就业竞争环境，他们也不免忧虑，担心就业前景不明朗或工作难以达到个人期望，陷入患得患失的心理状态。因此，求职过程实际上是对大学生自信心、承受力、意志力、适应力及耐挫力等心理素质的全面考验。每位即将毕业的大学生都应积极调整心态，做好充分的心理准备，以饱满的热情和坚定的信念参与竞争，勇敢地把握机遇，迎接挑战。

1. 角色转换的意识

在告别校园、步入社会之际，毕业生首要的就业心理准备便是实现从学生到职场人的角色转变。学生角色侧重于学习成长，接受经济支持与教育培养；而职业角色则要求运用所学，通过工作为社会奉献，并承担相应的社会责任。毕业生需正视这一转变，减少对学生时代无忧无虑生活的留恋，以实事求是的态度面对就业现实。大学生应摆正心态，冷静客观地进入求职状态，深入了解社会，积极适应市场需求，在选择职业的同时，也接受社会的选择，从而稳健地迈出人生的重要一步。

2. 强化竞争意识

鉴于当前的就业形势与竞争态势，毕业生必须增强竞争意识，摒弃"等、靠、要"的消极心态，积极主动地参与到就业竞争中来。在学校环境中，学生可能习惯于被动接受竞争，但步入社会后，主动竞争的意识显得尤为重要。毕业生需认识到，强化竞争意识不仅是现实的迫切需要，也是个人成长与发展的重要途径。因此，他们应勇于迎接挑战，以更加积极主动的姿态参与竞争。

3. 正视求职困难

大学生的生理与心理发展可能存在不同步的现象。在求职过程中，他们可能因生理发育成熟自信满满，却因心理发展尚未完善而表现出矛盾心理。加之知识结构不完善、生活体验有差异等因素，使得毕业生在求职中面临诸多挑战。因此，他们应正确认识自己的心理状态，理性对待求职过程中的困难与挫折。

4. 树立先就业后择业的观念

随着我国人事制度改革的不断深化，"一次就业定终身"的观念已成为过去。毕业生应认识到，首次就业未必能完全符合预期，但未来的职业道路仍充满无限可能。他们应调整心态，做好"先就业后择业"的准备，在实践中积累经验、提升能力，为未来的职业发展奠定坚实基础。

5. 兼顾个人兴趣与社会需求

在择业时，大学生应综合考虑个人兴趣、专业特长、实际能力、性格气质及家庭情况等因素，同时也要关注社会对所学专业的需求状况。大学生应以自己的实际情况匹配社会需求，实现个人职业理想。同时，毕业生也可根据自己的职业期望设定不同层次的就业目标，根据实际情况灵活调整，以达到个人意愿与社会需求的最佳契合。

6. 注重发展与锻炼

初入职场的毕业生应珍惜每一次锻炼机会，通过实践不断提升自己的能力。与单位不仅是工作的场所，更是个人成长的舞台。毕业生应将是否有利于个人发展作为择业与就业的重要考量因素，在努力实现个人价值的同时，为社会贡献自己的力量。

三、科学有效地从事工作

（一）以积极态度面对工作

工作，作为每个人生活中不可或缺的重要组成部分，面对工作的态度不仅映射出个人的人生观，更深刻地影响着个人一生的成就与发展。在当今竞争激烈的职场环境中，众多组织愈发重视员工的工作态度。对于初入职场的大学生而言，即便所从事的工作并非个人所爱，亦应秉持积极正向的心态，全力以赴地投入到日常工作中，秉持"在岗一日，敬业一天"的原则。切勿因未能立即投身于理想职业而心生懈怠，敷衍了事。实际上，能够直接从事梦寐以求职业的实属凤毛麟角，多数人需面对现实，承担起社会所需但个人或许初时并不热衷的工作任务。

无论喜好与否，工作均承载着我们的责任与使命，呼唤着我们的热情与行动，要求我们不懈努力、勤奋进取。在工作中，积极主动、自发自觉的精神尤为关键，而工作中的乐趣则需我们用心去感受与发掘。通过工作，大学生能够不断充实自我，实现个人价值的持续提升。若个体对工作持抱怨或轻视态度，其未来的成功之路必将布满荆棘，最终或将面临"今日懈怠于工作，明日为工作奔波"的困境。

此外，鉴于毕业生初次就业时往往缺乏经验，面对人生重大抉择时，受职业接触初期的条件限制及诸多外部因素影响，所做出的职业选择未必完全契合个人意愿。因此，部分大学生在就业初期可能对自己的职业产生不满情绪。然而，初入职场的第一份工作往往并非个人职业生涯的最终归宿，大学生对此应有清醒认识并进行具体分析。随着社会发展需求的变化及个人实际情况的调整，已就业的大学生应灵活把握时机，勇于调整自己的职业发展方向，积极寻求更加适合自己的职业道路。

（二）科学方法提高工作效率

在职场环境中，每位员工都需面对繁重的工作任务，要确保工作高效有序地进行，就必须掌握并运用科学的工作方法。具体而言，应做到以下几点。

1. 有计划性

需根据任务的轻重缓急，精心制定个人分步实施的工作计划。正如古语所云，"工欲善其事，必先利其器"，明确的目标与周密的计划能够极大地节省时间，使工作进展更加有条不紊。

2. 注重组织性

合理安排工作时间，确保工作节奏既紧凑又有弹性，既高效又不过于烦琐，实现工作与休闲的和谐统一。

3. 追求高效率

要实现工作的高效率与条理性，关键在于科学规划工作进度，合理分配时间资源，以此提升工作效率，创造卓越的工作成果。

4. 运用技巧

持续探索并总结工作经验，深入理解工作的内在规律，并据此采用适宜的方法与技巧，力求事半功倍，避免盲目蛮干。

此外，以科学方法启动并推进工作，还需正确认识并珍惜自己的第一份工作。作为大学生从学校步入社会的关键点，第一份工作不仅对个人职业生涯产生深远影响，还塑造着其职业态度与道德准则，为后续的职业发展奠定坚实基础，带来宝贵的经验、技能与知识积累。

因此，毕业生在选择第一份工作时，应更加注重工作的学习价值与个人的成长潜力，而非单纯追求薪资水平。多数成功人士的经验证明，第一份工作的真正价值在于其所带来的收获与成长，而非短期的经济回报。面对当前严峻的就业形势，毕业生更应保持理性与冷静，以积极的心态面对就业挑战，合理规划职业生涯，对第一份工作的内容、性质及薪酬等方面保持开放态度，只要符合个人能力与职业倾向，符合个人价值观与长远发展需求，便是值得把握的机遇。

（三）以良好习惯助力职场发展

良好的习惯对个人的成长与发展具有深远的影响，而不良习惯则可能带来不容忽视的负面效应。这些习惯看似简单，但其对职业生涯的推动作用却极为显著。对于渴望在事业上取得成功的大学生而言，自踏入工作岗位之日起，便应积极致力于培养良好的工作习惯。

1. 展现工作热情

应把握每一次机会，充分展现对工作的浓厚兴趣与饱满热情。当个人对工作的热情与投入传递给他人时，不仅能彰显自信，亦能增强他人对工作单位的信心与归属感。毕竟，乐观积极的工作态度是职场中不可或缺的宝贵品质，而悲观消极者往往难以在职场上获得长足发展。

2. 秉持敬业精神

敬业即是对自己职业的尊重与热爱，要求我们以虔诚之心对待每一项工作任务。这种敬业精神是推动大学生不断追求卓越、实现职业价值的强大动力。生命的价值在于追求与实现，职业的价值亦在于个人如何全心全意地投入与奉献。

3. 勇于承担重任

在职场中，总有一些突发事件或紧急任务难以明确划分至特定部门或个人。此时，作为团队的一员，应从单位整体利益出发，根据自身情况，主动承担起这些任务。这不仅是对个人能力的锻炼与提升，更是展现责任感与担当精神的重要契机。通过积极应对挑战，我们将赢得同事与上级的认可与尊重，将个人职业发展道路越走越宽。

4. 保持专注工作

在职场环境中，无论工作多么繁忙或疲惫，都应坚守岗位，确保在工作时间内专注于工作任务本身。避免进行与工作无关的闲聊或娱乐活动，以免给他人留下懒散或不专业的印象。保持高度的专注力与工作效率，是职场成功的关键。

5. 严格遵守规章制度

每个单位都有其独特的规章制度与管理体系，大学生作为职场新人，应严格遵守这些规定，做到不迟到、不早退、不擅自离岗。同时，还应主动学习并了解单位的各项规章制度与操作流程，以减少相同情况的错误与纰漏。通过自觉遵守规章制度，大学生将逐步融入职场文化，为个人的职业发展奠定坚实基础。

第二节 明晰就业程序

一、收集就业信息

（一）就业信息内容

1. 国家政策法规信息

毕业生就业作为一项高度政策导向性的活动，深入掌握国家及各级政府部门发布的就业政策与法规，是大学生在求职过程中不可或缺的环节。忽视这些政策，可能导致求职路径的偏离与效率的低下。基于当前大学生就业形势，毕业生应持续关注并及时更新对国家及地方政府出台的各项促进就业与鼓励创业政策的认知，以确保求职策略与国家导向相契合。

2. 就业市场供需信息

就业市场的供需动态，涵盖社会经济发展的整体趋势、各行业及企事业单位的经营状况与人才需求变化。尤为重要的是，毕业生需细致了解自身专业在社会中的需求状况，以及用人单位对毕业生的具体期望与要求，这有助于精准定位求职方向，提升求职成功率。

3. 用人单位需求信息

针对所学专业，毕业生应广泛搜集并深入分析用人单位的具体需求信息，包括但不限于需求岗位、数量、单位基本情况（名称、地址、所有制性质、隶属关系）、经营状况、企业文化、发展前景、工作环境、薪酬福利、人才战略及对毕业生的具体岗位规划与使用意向等。这些详尽信息有助于毕业生全面了解岗位，做出更加明智的职业选择。

4. 就业活动安排信息

为确保不错过任何有价值的就业机会，毕业生需密切关注各类就业活动的安排信息，包括但不限于企业说明会、宣讲会、招聘会或供需洽谈会的信息，以及其具体时间、地点，还有网上人才市场等线上招聘平台的动态。通过积极参与这些活动，毕业生能够直接与用人单位交流，获取第一手招聘信息，拓宽求职渠道。

（二）就业信息筛选

在求职过程中，筛选就业信息是关键步骤，以下为具体策略。

1. 分析与比较

进行求职前，应先对该行业进行深度分析，并与亲朋好友、老师同学进行充分商议。评估每个行业和职业的发展前景与潜力，筛选出与个人兴趣和条件相匹配的信息。同时，要客观评估自身在不同用人单位的就业机会及潜在的利弊得失，并比较不同单位和岗位的差异，以及自身对这些岗位的适应性。

2. 分类与排序

准确理解就业政策和市场趋势，对收集到的信息进行有目的的分类。主动排除与个人职业目标不符的选项，集中关注那些自身感兴趣的、有潜力的用人单位。根据个人专业背景和兴趣爱好，对相关信息进行排序，确定优先考虑的就业机会，并在有限的时间内做出反应。

3. 个人意愿与社会需求相结合

选择职业时，需要平衡个人意愿与国家和社会的需求。在个人利益与集体利益发生冲突时，应以国家和社会的需求为重。在筛选信息时，采用发展的眼光和长期的观点，不仅关注大城市和发达地区，也要考虑到基层和边远地区的机会，以及中小型企业和非国有企业的就业信息。

通过以上策略，毕业生可以更有针对性地筛选信息，为自己的职业发展找到合适的方向。

（三）就业信息的运用

1. 明确目标，精准定位岗位

求职目标是求职者对未来职业生涯的明确规划，包括期望从事的职业领域及具体岗位。求职者需对搜集到的就业信息进行全面梳理与筛选，结合个人兴趣、专业背景及实际情况，科学确定求职目标，并精准选择工作单位。若在实施过程中发现目标与实际情况存在偏差，应及时调整策略，确保求职目标的可行性与有效性。

2. 熟悉流程，掌握求职技巧

针对每一条就业信息，求职者应进行深入分析，明确其具体要求、应聘流程、截止时间及面试地点等关键信息，做到胸有成竹。同时，合理规划求职时间，避免时间上的冲突，确保高效利用就业信息。此外，掌握并熟练运用求职过程中的面试技巧，包括沟通技巧、自我介绍、问题回答策略等，以规避因方法不当而导致的求职障碍，提升求职成功率。

3. 紧跟市场动态，灵活调整自我

就业信息不仅是社会岗位需求的直接反映，也是市场对求职者综合素质期待的体现。通过分析就业信息，求职者可以深入了解各职业领域的特点、发展趋势及对从业人员素质的具体要求。进而，结合个人所学知识与技能，预测自身与就业市场的适应程度，及时调整学习计划及职业发展规划。在此过程中，保持敏锐的市场洞察力，灵活调整自我，以适应不断变化的就业市场需求。

二、关注招聘宣讲

（一）搜集招聘信息

1. 紧跟国家与地方就业指导机构

毕业生应密切关注国家及地方就业指导机构发布的信息，以全面掌握最新的就业政策与方针，同时积极搜集各类用人单位的招聘信息。这一途径为毕业生提供了权威且全面的就业信息来源。

2. 充分利用学校就业指导服务

学校就业指导服务机构作为连接毕业生与用人单位的桥梁，拥有丰富的就业资源和稳定的合作关系。毕业生应充分利用这一优势，通过学校就业指导服务获取针对性强、准确可靠的就业信息，并获取全面的就业政策指导。

3. 积极参与就业双选招聘会

地区、行业及高校定期或不定期举办的就业双选招聘会，为毕业生与用人单位提供了直接交流的平台。毕业生应积极参与此类活动，以获取精准的专业需求信息，并提升就业竞争力。

4. 广泛利用大众传媒资源

一些大众传媒是用人单位发布招聘信息的重要渠道。毕业生应定期浏览相关媒体，以捕捉最新的就业信息。同时，也可通过社会传媒发布个人求职信息，增加被用人单位注意到的机会。

5. 高效利用网络和自媒体平台

随着信息技术的发展，网络和自媒体也已成为获取就业信息的热门途径。毕业生应熟练掌握各类人力资源网站的查询技巧，及时获取并筛选有效信息。同时，通过网络与用人单位进行便捷沟通，了解公司背景及运营状况，甚至进行视频面试。但需警惕网络信息的真实性，做好信息甄别工作。

6. 拓展家庭与社会关系网络

毕业生应充分利用家庭、亲戚、校友、朋友等社会关系网络，获取更为直接、准确的就业信息。这些渠道往往能提供针对性强、成功率高的就业机会。

7. 深化社会实践与实习经历

通过实习、社会服务、社会调查等实践活动，毕业生不仅能将所学知识应用于实际，还能深入了解社会对毕业生素质的具体要求及用人单位的实际需求。这一途径有助于毕业生提前与用人单位建立联系，为未来的就业打下坚实基础。

（二）参加招聘会议

1. 详尽掌握参会单位信息

在参加招聘会之前，求职者应详尽地了解参会单位的情况。这包括但不限于通过访问招聘会主办方的官方网站、研读会刊或主动向主办方咨询，以获取参会招聘单位的详细信息，如企业名称、招聘岗位、工作职责、任职要求等。随后，根据个人职业规划与求职意向，筛选出重点关注的目标单位，并记录下这些单位的展位编号。此举旨在使求职者在招聘会现场能迅速定位目标展位，有效提升求职效率，节省宝贵时间。

2. 定制求职简历

为了确保简历的吸引力与针对性，求职者应根据不同的求职意向，精心准备多个版本的简历。每份简历都应紧密围绕目标岗位的需求进行定制，突出个人技能与经验中与岗位要求的契合点。避免采用"一刀切"的简历策略，以确保每份简历都能精准传达求职者的优势与价值。

3. 准备资料与形象塑造

参与招聘会前，求职者应全面准备所需物品与资料，包括但不限于身份证、多份简历及其复印件、获奖证书、职业资格证书与技能证书、工作经验证明等。同时，注重个人形象的塑造，选择得体的着装尤为关键。正装不仅能够体现对用人单位的尊重，也彰显了求职者的专业态度与自信风貌。通过细致的准备与良好的形象展示，求职者将更有可能脱颖而出，赢得用人单位的青睐。

三、通过就业测试

（一）笔试

1. 笔试的常见种类

笔试，作为招聘流程中的关键环节，是一种以书面形式评估应聘者的综合素质与专业能力的方法。此法广泛应用于应试人员众多、对专业技能要求严格及对应聘者素质期望较高的组织，如国家机关、事业单位、高等教育机构、科研单位及知名企业等。其目的在于全面考核应聘者的基础知识储备、专业技能水平、文化素养、文字表达能力、心理素质及健康状况等多个维度。

在招聘实践中，笔试常呈现以下几种形式。

（1）专业测试

专业测试针对特定岗位，通过笔试形式深入考察应聘者的专业知识掌握程度及其实践应用能力。例如，报考国家机关需考核行政管理与综合能力；科研机构则侧重实验能力；而涉外单位则可能包含外语水平测试，直观评估应聘者是否满足岗位的专业需求。

（2）心理测试

心理测试采用标准化量表或问卷，旨在测量应聘者的心理特质，包括态度、兴趣、动机、智力、个性等。此测试有助于雇主了解应聘者的基本心理倾向，评估其是否适合岗位的心理要求。

（3）智力测试

智力测试原为外企常用，现也被众多高要求单位采纳。该测试强调应聘者的智力潜力和持续学习能力，认为这些能力对于适应快速变化的工作环境至关重要。通过特定工具进行测试，成绩反映应聘者的智力水平。

（4）论文测试

论文测试旨在考查应聘者的综合分析能力、逻辑思维及文字表达能力。通过论述题等，如撰写会议通知、请示报告或工作总结，甚至是对某一观点的论证或辩驳，来评估应聘者见解的深度与广度。

（5）综合测试

此类测试融合了智商测试的要求，但难度与广度更高。综合测试要求应聘者在规定时间内对复杂数据进行深入分析，识别问题并提出解决方案，同时测试其阅读理解能力，以及问题发现、分析及解决能力，甚至可能涉及英语作答，以全面评估应聘者的综合素质。

值得注意的是，用人单位在招聘过程中，可能单独采用某一种笔试形式，也可能结合多种形式进行综合评估，以确保选拔出最适合岗位需求的人才。

2. 笔试的应对技巧

（1）笔试准备

全面系统的复习：鉴于招聘笔试通常涵盖广泛的知识领域，包括科技、历史、经济、法律及常用知识等，应聘者需采取全面而系统的复习方法，确保对求职相关知识的全面掌握。

强化知识应用能力：随着招聘考试日益注重考查应聘者的知识运用能力，复习过程中应特别强调"实用"原则。通过模拟实践场景，将理论知识与实际工作紧密结合，提升解决实际问题的能力。

提升阅读效率与理解能力：阅读能力的提升对于扩展知识面和高效解答笔试问题至关重要。通过持续的阅读训练，结合眼到、手到、心到的原则，即细致阅读、积极思考、对比分析，全面提升阅读理解和信息处理能力。

培养快速答题能力：鉴于有些笔试题量大、时间紧的特点，应聘者需着重培养快速阅读、快速思维和快速答题的能力。现代阅读强调速度与准确性的平衡，因此，在准备阶段应刻意练习提高做题速度，确保在有限时间内完成作答。

（2）答题技巧

合理分配时间，先易后难：面对多样化的题型和繁重的题量，应聘者需首先审视试卷整体，了解题型分布和难易程度，然后遵循先易后难、先简后繁的原则进行答题，以最大化地利用时间并确保正确率。

精细审题，确保答案清晰准确：在答题过程中，务必认真审题，准确把握题目要求。书写时，力求字迹清晰、卷面整洁，遵循正确的格式和标点规范，避免因书写问题导致的失分。

积极思考，灵活运用知识：对于具有挑战性的试题，应聘者应积极调动知识储备，进行回忆联想，将相关知识点串联起来，进行综合分析比较，找出最佳答案。

熟悉题型，精准作答：了解并掌握各科考题的特点和答题方法，有助于应聘者在考试中更加游刃有余。通过针对性的练习，减少因不熟悉题型而导致的失误，确保每道题目都能得到精准的回答。

3. 常见题型应答策略

笔试中常见的题型包括填空题、问答题、选择题、判断题、应用题及作文题等，针对每种题型，应采取相应的应答策略以确保高效准确的回答。

（1）填空题

填空题作为试卷中的基础题型，用于检验应聘者对知识点的掌握情况。答题时需仔细审视题目要求，明确是填写词语、句子、符号，还是多个答案，确保答案准确无误。

（2）问答题

问答题要求考生直接回答试题中的问题，通常侧重用简洁明了的语句阐述观点。回答时应紧扣问题核心，突出重点，条理清晰，避免冗长复杂的表述。在落笔前，应先理清思路，确保答案符合要求。

（3）选择题

选择题需要答题者从给定的选项中选出唯一正确的答案。可采用经验法，依据已有知识作出判断；或运用假设法，假设某选项正确并代入验证；亦可采用排除法，逐一排除明显错误的选项，从而确定正确答案。

（4）判断题

要求对应试命题做出明确的是非判断。解答时，可利用排除法或计算法来确定答案。特别关注那些易混淆、易误解的常识性知识点，将解题重点集中在此类问题上。

（5）应用题

考查应聘者运用所学知识解决实际问题的能力。解题时，首先识别关键词，深入理解题意，然后选择合适的方法逐步推导，确保解题过程严谨、结果正确。

（6）作文题

要求在限定的时间和范围内完成写作。审题时需迅速抓住题目关键词，明确写作中心。制定简略的提纲，以反映文章的基本框架和段落层次。行文时注意时间管理，对需修改的词句可先标记，待全文完成后统一调整。完成后，仔细检查并修改词句、标点符号及错别字，确保文章质量。

（二）面试

1. 面试及其主要内容

面试，作为一种面对面的直接评估方式，是用人单位在精心策划的特定环境中，通过深入交流与观察，对应聘者进行全面考核的重要手段。在此过程中，面试官借助观察、提问与交谈等手段，旨在深入了解并判断应聘者的性格特质、个人修养、外在形象与气质、知识底蕴、沟通表达能力、应变能力、心理素质、职业精神，以及工作经验与阅历等多维度信息。这不仅有助于用人单位准确把握应聘者的职业动机与工作期望，还能获取笔试难以触及的深层次信息，从而综合评估应聘者是否符合岗位及组织的实际需求。面试作为大学生求职过程中的关键环节，其成功与否往往具有决定性影响，同时，也为应聘者提供了展现自我、弥补前期不足（如笔试成绩稍逊）的宝贵机会。

常见的核心内容涵盖以下几个方面。

应聘者背景信息：此部分聚焦应聘者的个人基本情况，包括但不限于民族、性别、身高、视力等生理特征；家庭主要成员构成及社会关系网络；教育背景，如学历层次、毕业院校、所学专业及所接受的培训经历；职业履历，涵盖过往工作经历、参与的社会活动等内容。

能力评估：评估应聘者的能力水平，主要涉及专业课程掌握情况、学习成绩、外语及计算机技能等。同时，深入考察其能力范畴，包括但不限于毕业论文与设计的质量、科研成果展示、实践操作能力、组织领导才能、口头表达与书面写作能力等。

情商考察：此维度重点关注应聘者的人生观、价值观取向，敬业精神、人际交往能力、对新环境的适应速度、应对压力的策略及自我激励机制等，以全面评估其情感智力水平。

形象与仪表：面试还会对应聘者的言谈举止及整体仪表进行审视，以判断其是否符合岗位对于职业形象的要求。

2. 面试方式和程序

实际招聘面试时，根据面试的目的、面试现场组织形式的不同，可以有多种面试方式，如表7-2所示。

表 7-2　常见的面试方式

面试类型	面试方式	面试目的
常规问题法	面试官对应聘者提出事先准备好的一个或多个问题，向应聘者发问	捕捉应聘者更多、更全面的材料和细节，以及在既定环境中的表现，判断其解决问题的能力
自由交流法	面试官与应聘者不限话题地交谈，气氛轻松活跃，引导应聘者自由发表言论	观察应聘者在正常状态时的谈吐、举止、知识、能力、气质和风度，对其做全方位的综合素质考察
压力传递法	面试官有意识地对应聘者施加压力，针对某一问题或某一事件一连串地发问，问细节问详情，穷追不舍，直至应聘者无法回答	观察应聘者在突发压力下的反应速度、机智程度和应变能力
模拟情景法	面试官事先设定一个情景，提出一个问题或一项计划，请应聘者进入角色模拟完成	考核应聘者分析问题、解决问题的能力
多项组合法	面试官通过多种方式考察应聘者的综合能力和素质，如用外语与应聘者交谈；或要求应聘者即兴写一篇文章；或要求应聘者即兴做一次演讲等	考察应聘者的综合能力，如外语水平、文字和口头表达能力等
前置实习法	招聘单位事前通过招聘实习生的方法，安排应聘者到单位相应岗位工作一段时间，当做面试的方式	全过程观察实习生的综合能力和各方面素质。如果实习生表现好，就会被纳入招聘单位录用名单

目前，众多单位在人员招聘过程中经常采用"结构化面试"这一标准化的面试模式。结构化面试以其高度的规范化为特点，要求面试官事先制定详尽的"标准化"面试问卷，明确面试流程、问答内容及评分标准。面试过程中，面试官需严格遵循既定流程与提纲，逐项向应聘者提问，并依据预设的分值体系对各要素进行评判。这种面试方式不仅结构严谨，评分模式固定，且层次清晰，确保了面试过程与结果的高度一致性和公正性。

结构化面试的测评要素通常涵盖三大类：一般能力、工作技能及个性特质。面试官会根据用人单位的特定需求及职位要求，量身定制面试的具体内容与能力要求。一般而言，结构化面试由 5 至 9 名面试官组成评审团，设立一名主考官负责引导提问并掌控面试整体节奏。面试时长依据题目数量而异，通常在 20 分钟至 40 分钟之间，每个问题的讨论与回答大致分配 5 分钟。

在实际操作中，面试官可能灵活采用一种或多种面试技巧与方法，以适应不同情境与需求。典型的招聘单位面试流程如下。

材料审核与名单确定：招聘单位首先对收到的应聘者申请材料进行仔细审核，综合评估后确定面试候选人名单。

面试通知：向入选的应聘者发送面试邀请函，明确告知面试的具体时间、地点及需携带的相关资料。

应聘者准备：应聘者收到通知后，须根据要求进行相应的面试准备，包括复习岗位相关知识、调整个人状态等。

正式面试：应聘者按照约定时间和地点参加面试，接受结构化面试的全面评估。

3. 面试中的交谈技巧

（1）掌握问答艺术

言简意赅，避免冗长：在回答问题时，应确保阐述简洁明了，直接切入要点，避免冗长无物的回答，牢记"言多必失"的警示。先明确结论，再辅以有理有据的叙述和论证。

阐述清晰，有理有据：对于面试官的问题，应详尽而诚实地回答，尤其是需要解释原因或说明程度的问题，应逐一清晰阐述，确保事实原委得到完整展现。

确认问题，精准作答：若遇问题范围宽泛或难以理解，不妨先复述问题以确认其意图，再行作答，确保回答有的放矢，避免答非所问。

诚实面对，展现自我：面对不懂或不确定的问题，应坦诚相告，这种实事求是的态度往往能赢得面试官的尊重与好感。

展现个性，独树一帜：在回答中融入个人见解与特色，有助于在众多应聘者中脱颖而出，给面试官留下深刻印象。

（2）提问策略

聚焦需求，精准提问：当面试官询问是否有问题时，应围绕岗位需求及自身如何满足这些需求展开提问，通过提问展现自我推销的智慧，确保问题紧扣岗位核心。

示例问题：可询问岗位的具体职责、面临的挑战、期望达成的成果及代表性的工作任务等，以全面了解岗位情况。

（3）谈话艺术

自然流畅，避免抢话：谈话应保持自然流畅，避免误解话题、胡搅蛮缠或独占话题。尊重他人发言权，不抢话回答，不说奉承话，确保对话的和谐与高效。

观察反应，灵活调整：交谈中需时刻留意对方的反应，根据眼神、表情等细微变化调整话题，确保对话氛围的融洽与话题的吸引力。

语言规范，表达得体：注重语言习惯的培养，确保发音清晰、语调得体、声音自然、音量适中且语速适宜。避免过度使用语气词和口头语，以展现良好的职业素养。

（4）心态调整

展现真我，拒绝伪装：面试时应展现真实的自我与实力，避免刻意伪装或掩饰。诚实面对自己的性格与特点，以真诚赢得面试官的认可。

平等交流，缓解紧张：以平等的心态对待面试官，将其视为共同探讨问题的伙伴而非考官。这种心态有助于缓解紧张情绪，提升表现水平。

态度坦诚，拒绝欺骗：回答问题时应保持诚实与坦率，不编造事实或故弄玄虚。任何欺骗行为终将败露，对面试及未来工作均不利。

四、签约的注意事项

（一）签订就业协议与劳动合同

1. 就业协议与劳动合同的关系

就业协议（即《全国普通高等学校毕业生就业协议书》）与劳动合同，均为用人单位在招用毕业生时订立的具有法律效力的书面文件。尽管两者在劳动关系性质、法律依据及双方主观意愿表达上具有一致性，但它们属于不同的法律概念。具体而言，就业协议是毕业生与用人单位在签订劳动合同前，明确双方就业意向及权益的初步协议；而劳动合同则是双方确立劳动关系、详细规定双方权利和义务的法律文件。两者之间的主要区别如下。

第一，**主体差异**。就业协议涉及毕业生、用人单位、用人单位主管部门（可能包括省级毕业生就业管理部门）、学校等多方主体，共同签署并盖章生效。而劳动合同则仅涉及劳动者（已工作的毕业生）与用人单位双方，无需学校参与，其法律效力由用人单位所在地的劳动管理部门监管。

第二，签订时间不同。就业协议通常在毕业生正式毕业前签订，作为就业意向的初步确认；而劳动合同则多在毕业生到用人单位报到后签订，正式确立劳动关系。

第三，内容区别。就业协议主要围绕毕业生的就业意愿、用人单位的接收意愿及学校的推荐意见展开；而劳动合同则详细规定了劳动时间、岗位、报酬、劳动保护等具体劳动权利和义务。

第四，目的差异。就业协议旨在初步约定毕业生与用人单位的就业意向，并为后续劳动合同的签订提供依据；而劳动合同则直接确立了双方的劳动关系，明确了各自的权利与义务。

第五，适用法律不同。就业协议依据的是《普通高等学校毕业生就业工作暂行规定》，属于部门规章；而劳动合同则依据《劳动合同法》，是国家的基本法律，其法律效力高于前者。

第六，时效性不同。就业协议的效力始于签订之日，终于毕业生到岗报到之时，主要服务于就业过程的约定；而劳动合同则具有长期性，持续于整个劳动关系存续期间。

综上所述，虽然就业协议与劳动合同均可设定违约责任，但两者的适用范围和法律地位截然不同。劳动者在解除劳动合同时，应依据劳动法规及劳动合同条款，而非就业协议。此外，即使未签订劳动合同，就业协议在特定情况下仍对双方具有约束力，但用人单位不得仅依据就业协议中的条款违反劳动法规，要求劳动者承担违约责任。

2. 签订就业协议的注意事项

第一，鉴于当前就业市场普遍存在供需不平衡的现象，大学生在求职过程中应保持冷静与理性。面对急于求成、要求立即签约的单位，切勿草率决定，以免"误入歧途"。因此，在签约前，务必对目标单位进行全面而深入的了解，确保其符合个人职业规划及期望。

第二，认真审查就业协议及其补充协议的内容。尽管就业协议存在标准模板，但毕业生仍需细致审阅协议中的关键条款，确保协议内容合法合规，符合国家相关法律法规及政策要求。同时，要仔细评估双方权利与义务的合理性，避免签订不公平或不合理的协议。若需对原协议中未明确的事项进行补充，应通过补充协议形式明确，并确保补充协议与主协议具有同等法律效力。

第三，严格审查单位主体资格。协议双方的主体资格是协议具备法律效力的基础。对于用人单位，无论是机关、事业单位还是企业（包括私营企业），均需具备相应的招聘权限。若用人单位本身不具备直接招聘权限，则需其上级主管部门批准同意后方可进行招聘活动。

第四，明确违约责任条款。违约责任是保障协议顺利履行的关键要素。鉴于当前毕业生及用人单位违约率上升的趋势，协议中应详细规定双方违约的具体情形及相应的法律责任。同时，应明确违约后的解决途径和方式，以便在发生纠纷时能够迅速、有效地解决。

第五，确保协议形式合法。毕业生与用人单位在协商一致的基础上，签订协议时需完整履行相关手续。毕业生应亲笔签名并注明签字时间；用人单位及其上级主管部门则需加盖单位公章并注明时间，严禁以个人签字代替单位公章。此外，双方签字后应将协议书提交至学校就业主管部门进行备案登记，以确保协议的合法性和有效性。

3. 懂得劳动合同中的试用期

试用期是指对新录用的劳动者进行试用的期限，是用人单位和毕业生双方互相适应的过程。用人单位与劳动者须在劳动合同中就试用期的期限和试用期期间的工资等事项做出约定，且不得违反《中华人民共和国劳动合同法》（以下简称《劳动合同法》）中有关试用期的规定。《劳动合同法》对试用期时间做出了明确规定："劳动合同期限三个月以上不满一年的，试用期不得超过一个月；劳动合同期限一年以上不满三年的，试用期不得超过二个月；三年以上固定期限和无固定期限的劳动合同,试用期不得超过六个月。同一用人单位与同一劳动者只能约定一次试用期。"对试用期的工资也有着明确规定:"劳动者在试用期的工资不得低于本单位相同岗位最低档工资或者劳动合同约定工资的百分之八十,并不得低于用人单位所在地的最低工资标准。"在试用期内,用人单位与劳动者之间的劳动关系尚处于不完全确定的状态,根据《劳动合同法》第二十一条规定:"在试用期中,除劳动者有本法第三十九条和第四十条第一项、第二项规定的情形外,用人单位不得解除劳动合同。用人单位在试用期解除劳动合同的,应当向劳动者说明理由。"

4. 了解劳务派遣

劳务派遣,亦称劳动派遣或劳动力租赁,指的是派遣机构与劳工建立劳动合同关系,并安排该等劳工向用人单位提供服务的一种用工模式。在此模式下,虽然劳动力的实际使用由用人单位承担,法律上的劳动合同关系则建立在派遣机构与劳工之间。劳务派遣的显著特点在于实现了劳动力雇用与使用的分离性。

派遣机构区别于普通的职业介绍机构,其作为与劳动者建立劳动合同关系的一方,承担相应的雇主职责。劳动者不是直接与工作岗位所在的用工单位建立劳动关系,而是通过派遣机构这一中介来实现。用人单位根据具体工作需求,提出所需人员的资质和待遇要求,派遣公司根据这些条件进行人才筛选,将符合要求的人员名单提供给用人单位,并从中选择确定。

在劳务派遣安排中,用人单位与派遣机构签署派遣协议,明晰双方的权利与义务;而派遣公司则与劳工签订聘用合同,确立劳动关系和有偿使用关系。注意,用人单位与派遣机构之间不存在直接的劳动关系,他们之间是基于劳动合同而建立的劳务合作关系;而派遣公司与劳工之间则是基于劳动合同的权利义务关系。

(二)人事代理制度与聘用制度

1. 人事代理制度

人事代理作为一种重要的人事服务形式,紧密契合了当前人才流动的实际需求。在社会主义市场经济的大环境下,各级人事行政部门所属的人才流动服务机构,致力于为"三资企业"、私营企业、股份制企业、民办科研机构等无直接上级主管或不具备独立人事管理权限的单位,以及有特定需求的企事业单位、自费出国的归国人员、辞职后尚未确定新单位的专业技术人员和管理人员等,通过高效的社会化服务和现代化手段,依据国家现行的法律法规和政策规定,提供全方位的人事代理服务。这一过程不仅实现了从"单位人"向"社会人"的转变,还成功地将人事关系管理与人员实际使用相分离,即用人单位专注于人员的使用,而具体的人事管理事务,如档案管理、工龄计算、职称评定、社会保险等,则由专业的人才交流中心代为处理。

当前,建立健全的人事代理制度已成为我国深化人事制度改革的重要一环,该制度不仅是人才服务工作的延伸和发展,更是与我国社会主义市场经济体制相适应的新型人事管理模式。此制度的实施,不仅革新了传统毕业生的就业模式,还极大地拓宽了毕业生的就业渠道,为毕业生及用人单位的合法权益提供了有力保障。

人事代理融合了法律、行政管理与服务的多重功能,提供单位委托与个人委托两种服务类型,其代理形式灵活多样,包括单项代理与全权代理,主要服务内容如下:

- 提供国家最新人事政策、法规的宣传与深入咨询服务,以及人事政策解读、人才供需信息分析、市场统计报告、人才价值评估等在内的全面信息咨询服务。

- 为委托对象提供专业化的人事关系及人事档案管理服务，包括档案的收集、整理、安全保管与高效利用，确保代理人员相关材料的完整性与时效性。
- 根据委托单位的战略规划，定制人才管理方案，协助其进行人才资源的优化配置与长期发展。
- 根据委托单位的具体需求，代理招聘与人才引进工作，包括办理高校毕业生的接收与安置手续。
- 负责代理单位党团组织的管理与建设工作，包括党组织的建立、党员关系的转接、党员思想教育的组织与实施，以及党费的按时收缴等。
- 依据国家相关规定，承办专业技术职务任职资格的评审与申报工作。
- 代理社会保险费用的缴纳事宜，提供包括失业、养老等社会保险在内的全方位服务，并代办住房公积金的缴存与提取。
- 承接委托单位的人才培训与发展需求，提供包括岗前培训、上岗资格认证、继续教育培训及人才素质测评等在内的多元化培训服务，根据用人单位的特定要求定制培训内容。
- 全面处理代理人员的工龄审核、档案工资调整、身份确认、毕业生转正定级等事务性工作，为代理人员提供全方位的人事管理服务与支持。
- 为被解聘或辞退人员提供再就业咨询与推荐服务，助力其顺利实现职业过渡。
- 承办与人事管理相关的其他各项事务性工作，确保人事代理服务的全面性与专业性。

2. 人员聘用制度

人员聘用制度是包括我国国家机关、社会团体、企事业单位在内的各类基本单位，在人员选拔、任用、聘任的管理和操作规程的总称。该制度以建立开放、公平的选人用人机制为核心，目的是创建一个能够使优秀人才得以被发掘、选拔，并为他们充分提供施展才华机会的环境。

（1）国有企业的人员聘用制度

随着聘用制度的深入推进，国有企业在人才资源配置上已从行政配给转变为由市场主导的配置方式。国有企业在人才资源配置方面遵循企业与专业技术人员及管理人员的双向选择原则。企业针对专业技术岗位和行政管理岗位实行公开竞争和择优录用，突破地域限制，向全国范围内招聘包括高校应届毕业生等各类人才。所有被聘用的人员均须与企业签订劳动合同或聘用合同，以明确双方的权利和义务。

政府在这一转型过程中发挥着政策指导、信息提供和人员能力评估等功能，为企业提供必要的支持和协调服务。在人才流动过程中可能出现的人事争议，当事人需按照国家人事部门规定的程序，申请相应的调解、裁决。

（2）事业单位人员聘用制度

2002年，《关于在事业单位试行人员聘用制度的意见》的发布标志着我国事业单位开始逐步向聘用制度过渡。该文件是较早提出的将聘用制度应用于事业单位的政策指引。自2003年起，我国事业单位全面实行聘用制度，以法律、法规为依据，在平等自愿、协商一致的基础上，事业单位与职工签订聘用合同，明确双方的义务与权利。

聘用制度的建立旨在实现人才选拔的公平、公正和透明，同时促进单位自主用人和职工的自主选择职业的自由，保护单位和职工的合法权益。随着制度的推进，事业单位的人事管理逐步由传统的行政主导向岗位主导、由依法管理向法治化管理、由行政隶属向平等主体关系转变，确立了单位在人力资源配置中的自主权。

具体来看，事业单位人员聘用制度涵盖了公开招聘、择优录取、合同管理、定期考核、解聘及辞聘制度、亲属回避原则及人事争议仲裁等环节。聘用制人员在事业单位中的比重已显著提升。

对于毕业生而言，在完成就业选择和签约后，还应重点考虑档案转寄和户口迁移等后续问题。特别是在合同中，需要明确档案转寄地址和户口迁移的具体位置，确保跟所签约单位的需求相匹配，同时保障在人事管理过程中的信息连贯性。此外，还应及时办理党团组织关系的转移手续，以适应就业后的组织生活。

第三节　个人简历展现

个人简历在求职过程中扮演着至关重要的角色。简历不仅是求职者能力的初次展示，也是决定是否能获取面试机会的关键因素。一份精心制作的简历，能够在众多候选人中脱颖而出，吸引用人单位的注意。个人简历够在短时间内展示求职者的教育背景、成绩、生活习惯及工作经历等重要信息。

因此，每一个毕业生在制定个人简历时都应投入足够的精力与时间，确保其既全面又精确。个人简历应当清晰地反映自身的学术成就、专业技能、实践活动和工作经验等，以此来体现个人的综合素养和工作能力。

一、样式与类型

个人简历通常分为两种主要样式：表格形式和条目形式。表格形式通过明确的分区展示求职者的基本信息，简洁明了，便于阅读。条目形式则不受格式限制，给予求职者更大的灵活性，以详细展示其个人经历和优势。

在大学生就业市场中，常见的个人简历类型可以分为以下三种。

1. 时序型简历

时序型简历遵循传统格式，按照时间顺序排列个人的学历和工作经历。这种格式适用那些希望突出其以往工作经历和学习成就的求职者。

2. 功能型简历

功能型简历则将重点放在求职者的个人技能、能力和成就上，从简历一开始就强调这些要素。这种格式适用于那些经验较少但具备与职位相关的技能和资质的求职者。

3. 综合型简历

综合型简历结合了时序型和功能型简历的特点。在遵循功能型简历结构布局的基础上，通过小标题细分各类成绩，使得简历既具有清晰的时间线，又能突出求职者的专业能力和特定业绩。

二、制作原则与要求

在编制个人简历的过程中，求职者可能倾向详尽无遗地罗列个人情况，然而，一份优秀的个人简历应当在形式、内容及用词上精准把握，恰如其分地展现求职者的核心优势与必要信息。简历应力求"简洁而有力"，旨在达到"文如其人"的效果。因此，制作简历时应严格遵循以下两大原则。

1. 紧密围绕求职目标，实施"一职一策"策略

在职场竞争中，用人单位寻求的是能够精准匹配特定岗位的人才。为此，求职者应根据不同单位或岗位的需求定制简历，确保每一份简历都针对特定的单位或岗位进行优化。通过精准筛选素材、明确判断重点，确保简历内容与求职岗位高度相关。避免采用"广撒网"的方式制作通用型简历，而应采用个性化、精准化的"点对点"策略，以提高求职成功率。

2. 打造"个人销售广告"，力求一击即中

众所周知，优秀的销售广告往往简洁有力，且强调核心卖点。个人简历亦应如此，其不仅是个人信息的汇总，更是自我推销的"广告"。撰写时，应避免冗长繁复的叙述，转而运用精练有力的动词短语，使语言生动鲜活。同时，控制简历篇幅在两页 A4 纸以内，无须额外封面或宣传标语。在简历顶部设置一段总结性陈述，突出个人最大优势，并在后续过程中详细阐述，增强说服力。

此外，面对日益激烈的就业市场，求职者还需注意以下基本要求，以确保个人简历能够打动招聘者，赢得面试机会：

认真严谨：简历布局应构思精巧、条理清晰、书面整洁。完成初稿后需反复校对，确保无错字等低级错误。

实事求是：内容务必真实可信，避免虚构或夸大其词。使用具体数字、事实来支撑所陈述的能力与技能，避免使用模糊、空洞的修饰词。

简明扼要：文字简练、内容精练、重点突出。仅列举与应聘职位相关的实践经历与技能，避免冗长赘述。

易于阅读：采用适当字号和行距、段落分明的设计，正文部分字体种类不宜超过两种，以提高阅读体验。

美观大方：无论是表格式还是条目式简历，都应注重整体美观与整洁。表格应规范整齐，条目应清晰醒目，避免产生混淆。

三、结构与内容

1. 标题

简历的标题应简洁专业，常用格式为"简历""个人简历"或"求职简历"。对于那些专业性较强或注重创意的行业，如广告公司或艺术机构，可以根据应聘单位的性质拟定个性化的标题。然而，在申请国有企事业单位、研究机构或高等院校的岗位时，宜选用朴实无华的标题。

2. 个人基本情况

个人基本情况包括基本资料和教育背景两方面的信息。基本资料应包括姓名、年龄、性别、民族、籍贯、政治面貌、通信地址和联络方式；教育背景则应涵盖毕业生的学校名称、所学专业、最高学历，以及接受特殊培训或进修的相关情况，包括学校或单位名称、专业领域和学习时间。

3. 实习和实践经历

实习和实践经历是简历中的重要组成部分，尤其受到用人单位的重视。求职者在介绍工作经验时，应详尽描述工作内容和职责范围。针对与应聘职位相关的经验，应提供有力的数据和成果展示，避免使用空洞的描述词汇。若缺乏直接相关的经验，可补充提及在校内外参与的活动、假期社会实践及相关兼职工作。

4. 个人专长

展示个人专长可以帮助用人单位更全面地了解求职者。应明确列出与所求职位相关的专业或兴趣发展而来的技能,尤其是外语和计算机能力,并且列出已获得的相关证书。此外,如果有发表论文、专利、科研项目成果或荣誉获奖情况,这些都是简历中的加分项。

5. 自我评价

自我评价部分是用人单位重点关注的内容。在这一部分中,应简洁明了地描述自己的核心竞争力和优势,反映个人的职业能力和潜力。

就业信息筛选主要方法

何谓人事档案

现代社会人才需求分析

大学生就业心理问题的调适方法

如何认识和把握"跳槽"

第八章 尝试创业实践

第一节 了解创业

一、创业的意义

（一）创业的定义与维度

"创业"一词涵盖了"创"与"业"两方面的含义。具体而言，"创"通常代表初始的行动，如创新、创造或创办；而"业"则指涉及专业的事业，可以是学业、专业、职业、行业或企业。

创业是一个多维的概念，既可以是创业者利用信息、资源、机会和技术，通过相应平台或载体将其转化为财富和价值的过程，也包含创业者为达成特定目标，所经历的高风险与潜在的高回报。随着市场经济的发展和知识经济的兴起，大学生群体逐渐成为创业的活跃分子，大学生创业也成为了社会关注的焦点。

广义上，创业概念将创业视为一种创造性实践活动，不局限于任何特定行业或领域，强调的是在社会实践中运用和重新配置资源，产生广泛影响的行为。

狭义上，创业概念专指经济范畴内的活动，即个人或团体依据法律规定注册成立企业，以盈利为目标，从事包括生产、加工、销售、服务等一系列商业活动。在此背景下，大学生的自主创业活动是指他们毕业后通过自筹资金、技术入股或寻求合作等方式，开办企业，既实现个人职业发展，又为社会创造就业机会。

创业是一个包含创新、承担风险和集成资源的复合过程，需要投入大量的时间和精力，并依赖必要的资源作为基础。成熟的创业活动能够产出具有使用价值的产品或服务，其最终目标是为社会和个人创造价值，同时，创业过程中不可避免地要面临各种风险。

（二）创业是时代的召唤

1. 知识经济增长所带来的机遇

在知识经济蓬勃发展的今天，时代为大学生带来了前所未有的创业机遇。高校学生利用先进技术进行自主创业，正逐渐成为创新经济的中坚力量。拥有专利和专业技能的大学生更能通过风险投资和政策支持，开辟创业之路。

2. 就业的新选择

基于当前我国劳动力市场的情况，大学生创业是一种新的就业选择。国家和地方政府通过政策扶持，鼓励毕业生自主创业，利用专利技术争取投资，创办民营企业或承包国有企业，推动经济发展，创造更多就业机会。

3. 助力技术创新和产业升级

大学生作为自主创新的重要群体，其创业活动有助于技术创新和产业升级。创业成果不仅能为企业带来经济效益，更对地方经济和社会进步产生积极影响，推动国家自主创新能力的提升，符合国家创新驱动的发展战略。

4. 创造社会财富和培育人才

大学生创业不仅为社会创造了巨大的经济价值，如张剑、张跃两兄弟创建的远大空调有限公司，也为社会培育了诸多创新型人才。这类成功案例的涌现，进一步凸显了创业的实际意义和长远价值。

5. 挑战传统教育模式，树立新成才观念

大学生创业活动的兴起，对传统教育模式提出了挑战。这要求教育应重视培养学生的创新精神和实践能力，促进以创新和创业为核心的素质教育，推动全新的人才培养观念的形成。

（三）创就事业

"创就事业"这一术语描述了当代大学生就业的发展趋势，其中"创"指的是创立企业或发展业务的过程，"就"指的参与工作职场，而"事业"和"职业"均涵盖了个人在社会上的活动及其产生的社会价值。创业和就业在本质上虽有差异，却也存在着密不可分的联系。创业可视为就业的一种特殊形态：创业是具有创业精神的个体为实现个人价值和社会目标而创办的事业；就业是指个体获得并从事工作以获取收入的过程。创业不仅为个体提供了职业的另一种实现路径，同时也推动了社会的整体进步和发展。

1. 职业作为参照物

第一，创业与职业紧密相关，但两者在实践中存在明显差异。创业往往以依附某特定职业为起点，其价值和意义在于超越这一起始点，开创个人的独立事业。从整体人力资源分配看，职业的从业人数远超过独立创业者，因为绝大多数个体依赖于职业作为稳定的生活来源。同时，许多人长期甚至终身在一家单位工作；在职业生涯中，由于职位和工作环境的限制，创新的机遇可能相对有限，而创业本身则要求并鼓励不断的创新和变革。

第二，对就业形态的进一步考察显示，创业可以被视为就业的一种特定形式——一种更具主动性和创造性的状态。创业不仅仅是谋生的方式，还涉及劳动收入和基本生活来源的追求。在创业的初期阶段，创业者的行为可能与就业者相似，显示出一定程度的被动性，而且他们可能还未能够完全坚持原始的创意理念。

第三，鼓励大学生在就业时持有创新精神至关重要。"先就业，再择业，择业后再创业"的策略，对于大学生来说意义重大。在就业的过程中，应鼓励就业者以创新的心态开展工作，这样的态度能让他们更加珍视工作机会，并注重积累与创业相关的经验，为自己未来的创业之路打下基础。

2. 事业作为参照物

在事业的视角下探讨，创业被视为就业的更高层次，是职业发展向更高阶段演进的内在动力。创业者在推动个人和组织向更高目标迈进的同时，需承担更高的责任，并付出更多的努力。这一过程不仅促进就业机会的增加，扩大了社会财富，也为社会带来更广泛的影响。

具体来看，创业与就业的差异可从以下几个维度进行阐述。

创新与责任：创业者通过创造就业岗位，体现出对社会责任的承担与积极创新的精神；而就业者则在现有的岗位体系中，寻求稳定与持续。

主动与被动：创业过程中的行为倾向是主动寻找与发展机会，这与就业过程中相对被动的角色形成了鲜明对比。

财富的创造与分享：创业者通过提供产品和服务，创造更大范围的价值和财富；而就业则在现有的社会资源框架内共享财富。

通过对创业与就业的概念进行深入解析，可以更清晰地认识到创业不仅是个人事业的延伸，也是社会发展的重要推动力。在事业的进程中，创业和就业相互依存，共同促进社会进步和个体成长。

二、创业过程与能力

（一）创业模式分析

当前大学生参与的创业活动呈现多样化的特点，主要可归纳为以下四种典型模式。

1. 个体经营与合伙制创业

个体经营与合伙制创业模式涵盖大学生个人独立创办或多人合伙成立的"工作室型小微企业"，以及依托知名品牌和优质产品开展业务的模式。该模式在大学生创业群体中占据主导地位，占比超过 90%，因其门槛相对较低，倍受青睐。其特点显著：一是行业选择广泛，灵活性高，能精准对接学生消费群体需求。二是启动资金需求小，有效降低了创业初期的风险。三是代理加盟模式赋予创业者良好的品牌形象及客户信任基础。四是需创业者投入大量精力与时间于日常运营之中。

2. 法人股份制小型公司

法人股份制小型公司模式指大学生以股份合作形式组建企业，常由家长或亲属提供资金支持。作为高校毕业生就业的另一重要途径，这种模式多见于高年级学生及毕业不久的创业团队中。这种模式适合合作创业，可选择高科技领域，如信息技术、电子、机械等，以寻求差异化竞争优势。

3. 依托企业资源、构建协作网络

依托企业资源、构建协作网络模式依托的是大型企业的客户关系网，通过资源共享、建立合作伙伴关系，迅速扩大市场份额。一些成功的民营企业通过分享创业经验、管理策略等方式，积极扶持大学生创业者，体现了合作竞争、适者生存的新经济特征。随着经济发展，该模式展现出巨大潜力，成为新经济时代下主流的创业模式之一。

4. 技术驱动型创业

技术驱动型创业模式充分利用国家优惠政策，结合大学生自身专业技术或精心策划的创业项目，入驻国家兴建的创业园区进行创业。自 1998 年清华大学首届大学生创业大赛成功举办以来，国家持续出台鼓励大学生创业的政策，各地创业园区相继建立，为大学生创业者提供了良好的孵化平台。此模式下，大学生能够充分发挥专业优势，凭借兴趣与技术，凭借详尽的商业计划书吸引投资，不少创业者已借此模式迈出了成功的第一步。

（二）创业过程解析

1. 发现与评估市场机遇

作为创业活动的起点，市场机遇的发现与评估是创业成功的先决条件。这一过程涉及对市场机遇的创新性、潜在价值、风险与回报比、创业者个人能力与目标匹配度，以及市场竞争态势的全面分析。一个优质的创业机会，应精准定位市场，聚焦满足顾客需求，并致力为顾客创造增值体验。在选择创业项目时，应秉持"领域熟知、兴趣导向、能力可及"的原则。

2. 制定创业经营计划

制定创业经营计划环节是创业活动启动的基石，旨在将已识别的市场机遇转化为具体的行动计划。创业者需明确企业的产品或服务范围，规划所需资源的种类与获取途径，确立生产经营的基本战略与策略，设计组织架构与管理体制，并进行周密的财务规划与投资效益分析。一份完备的创业计划，不仅是指导创业者行动的蓝图，也是吸引潜在投资者的重要工具。

3. 确定并整合创业资源

确定并整合创业资源标志着创业计划的初步实施。创业者需对现有资源进行全面盘点，区分关键资源与辅助资源，评估资源缺口可能带来的挑战，并制定相应的弥补策略。同时，积极探索和获取创业所需的各种资源，包括人力资源、物质资源、财务资源及信息、环境、文化等非传统资源，并在创业过程中持续优化资源配置，提升资源利用效率。

4. 企业创立与运营管理

企业创立与运营管理为创业计划的最终实现环节。创业者需根据企业性质选择合适的法律形态，确立高效的管理模式，并密切关注企业运营过程中的实际情况，及时发现并妥善解决各类问题。通过建立完善的管理与控制体系，确保企业能够稳健运行，实现可持续发展。此外，创业者还应注重企业文化建设，营造积极向上的工作氛围，为企业的长远发展奠定基础。

（三）创业精神

1. 坚韧精神

成功的创业者普遍具备坚韧的意志力和持之以恒的决心。一旦确定了正确的创业方向，他们将无惧任何挑战，勇往直前直至目标达成。坚韧、刚毅是创业者必须具备的品质。如果缺失这些品质，即便拥有精心策划的创业计划和优越的条件，也难以实现成功。

2. 团队精神

团队精神是指团队成员认同团队价值、协作一致并为目标共同奋斗的心态。这包括对团队的正确认知、积极情感，以及合作的意向，是一种团结协作、大局为重且具有服务精神的综合体现。核心在于协同合作，强调个体与整体利益的统一，以增强团队的凝聚力和效率。

3. 冒险精神

冒险精神意味着创业者需具备敢于探索未知、迅速决策的勇气。创业过程充满机遇与风险，创业者必须敏锐地察觉新兴机会并勇于尝试，即使成功并非十拿九稳。过度谨慎可能导致错失良机。

4. 自信精神

自信精神根植于创业者对自己事业的坚定信念和对成功的追求。创业是一条漫长的道路，需要历经时间与磨砺。即使在最初几年内未有显著成果，创业者也应相信自己能够克服困难，凭借清晰的认知和解决问题的能力，把握并成就自己的事业。

（四）创业能力

创业者的成功路径各异，对创业者素质的界定亦呈多元化趋势。总体而言，大学生创业者的素质结构可归结为以下核心"力"，这些素质在创业者能力上的具体体现如下。

1. 职业驾驭能力

职业驾驭能力是一个综合性的概念，涵盖了专业技术应用、职场管理等多个方面，是创业者将所学知识有效转化为创业实践成果的关键能力。

（1）专业技术能力

专业技术能力指创业者运用专业知识进行高效生产与创新的能力。其要求创业者在掌握专业领域核心技术的基础上，能够内化知识，并外化为实际操作能力，以推动专业生产的顺利进行。大学生创业者应强化理论学习，广泛吸收创业相关知识，积极参与实践，通过不断试错与总结，形成具有个人特色的创业路径。同时，坚持知行合一，将学习成果转化为实践动力，不断优化创业策略，完善知识体系。

（2）经营管理能力

经营管理能力是创业者对创业项目进行全面管理与运营的核心能力，涉及内部运营、资金管理、人力资源管理等多个层面。在现代社会，该能力要求创业者不仅精通企业内部管理，还需具备市场洞察力、信息管理能力及财务分析能力。大学生创业者应掌握市场经营策略，善于管理项目与目标，科学理财，确保企业稳健发展。

（3）综合协调能力

综合协调能力是创业者处理企业与外部公众（如政府部门、新闻媒体、客户等）及企业内部人员关系的重要能力。该能力要求创业者能够营造良好的外部环境，争取外部支持，同时协调内部人际关系，促进团队和谐。大学生创业者需具备高度的社会责任感与良好的沟通能力，通过实践积累经验，不断提升综合协调能力。

经营智慧：成功的创业者需精通经营之道，遵循市场规律，精准定位市场，掌握信息管理与市场经营策略。他们应能够迅速捕捉市场变化，灵活调整经营策略，确保企业持续发展。

管理艺术：创业者需具备高效的项目管理、目标管理及节点管理能力，以提升企业运营效率。同时，了解生产环节，精通经营核算，做好生产管理与质量控制，确保企业稳健运营。

理财策略：科学的理财分析能力是创业者必备的技能之一。通过精确的理财分析，创业者能够规避盲目投资的风险，运用财务杠杆实现利润最大化。

知人善用：创业者应重视人力资源管理，做到知人善用，任人唯贤。建立完善的人力资源管理制度，激发员工潜能，促进团队协作。

领导力与榜样作用：创业者需具备强大的领导力与榜样作用，通过自身的言行举止影响并激励团队成员。他们应勇于承担责任，敢于冒险，为企业发展树立坚定的信念与方向。

（4）勇于创新能力

创新是推动一个民族持续进步的永恒动力，是企业成长和市场竞争力不断提升的根本。创业能力的培养中，创新能力的锻造至关重要，包含两个核心维度：一是思维上的能力，即创造性思维、想象力、独立思考和快速捕捉灵感的能力；二是实践上的能力，指的是在实际创新活动中将这些思维转化为成果的能力。

作为一种综合性的能力，创新能力与个人的学识、技巧、经验及心态等因素息息相关。

那些具有深厚的人文社会科学知识基础、扎实的专业理论底蕴、精湛的专业技能及丰富实践经验的个体，更易于培养出创新能力。此外，积极健康的心态也是形成创新能力不可或缺的要素。

勇于创新的个体应持续拓展知识视野，深化专业技能，积累实践经验，同时保持开放和灵活的心态，不断地探索新思路、新方法，以应对不断变化的技术与市场环境。

2. 组织领导能力

（1）战略决策能力

战略决策是基于企业的长远目标、行动计划和资源分配的优先级来设定企业目标的方法。果断而明智的战略决策是企业成功的关键驱动力。创业者必须具备作出合理权衡和决策的能力，在快速变化的市场环境中迅速作出决策。在权衡不同目标时，创业者应充分分析现实条件，选择较低风险且满意的战略方案，紧密结合现实性与前瞻性。

（2）决策学习能力

正确的决策是确保创业活动顺利进行的基础。创业中的关键决策，包括机会识别、团队构建、资金筹措、发展战略和商业模式设计等，均对创业者对全局的掌控和创业结果有着直接影响。为了作出正确决策，创业者必须具备优异的信息收集与分析能力，敏锐洞察市场变动中的商机与挑战，迅速将创新想法转化为创业行动，并持续关注行业动态和竞争对手，实现"知己知彼"，及时调整竞争策略，确保企业在市场中保持优势地位。同时，通过不断的创新实践和反思学习，吸取经验教训，及时纠正偏差，提升决策水平，促进企业的健康持续成长。

（3）化危为机能力

面对与公众或客户相关的重大事件，创业者采取的态度、决策及应对危机的方法对于塑造企业形象具有重要意义。任何企业经营中的意外或事故都可能迅速扩散并产生负面影响。因此，创业者需要具备临机应变的能力，灵活地根据社会舆论的变化迅速做出反应，采取有效对策，将危机影响降至最低。

3. 社会综合能力

（1）自我学习能力

大学生创业者应具备深入剖析自我与企业、不断超越自我的勇气。他们应具备在适当时机将自己及企业交由专业咨询管理公司进行深入分析的能力，识别不足之处，并主动解决问题。学习应该是持续不断的过程，正如彼得·圣吉所说，"未来最成功的企业将是一种学习型组织，具备比竞争对手更快的学习能力将是企业持续竞争的优势。"创业者应不断自我充实、自我提升，适应复杂多变的环境挑战。

（2）商务谈判能力

商务谈判是各经济实体为了各自的利益和需求，在协商中确定商机的过程。谈判成果直接影响到企业的纯利润和创业成功的可能性。因此，创业者应掌握商务谈判的精髓，制定切实可行的谈判策略，掌握主导谈判的能力。同时，理解和运用心理策略，准确判断对手的心理状态，从而提升谈判的成功率。

（3）社会交往能力

社会交往能力意味着理解、构建并维护人际关系的艺术。创业是一个不断融入社会，使社会了解自己、接纳自己的过程。创业者应勇于融入社会，将社会视作获取支持的源泉，增强自己的创业意识和能力。他们需要把社会的需求、利益和价值观与个人事业相结合，提高个人社交能力，扩展人脉关系，建立信任，创建一个有利于创业的开放环境。

（4）恪守道德能力

创业不仅涉及法律层面，更包含道德责任。坚守职业道德是展现创业精神的关键。大学生创业者应恪守诚信原则，不进行任何损害国家、人民或社会利益的不道德行为，自觉培养崇高的道德品质。

三、创业要素

（一）创业团队

1. 团队的概念

创业团队是由具有互补才能、共同承担企业责任、致力于实现共同创业目标的多个个体所构成的工作团体。在对创业团队的理解上，存在两种层次：狭义上，创业团队专指拥有企业所有权、担任管理角色且深度参与企业创业全流程的成员；广义上，则包括了狭义上的团队成员，以及所有参与创业进程的利益相关方，涵盖核心雇员、风险投资人士及专业顾问等。

2. 组建原则

目标明确且合理：确立清晰、合理的目标是组建创业团队的首要原则。明确的目标能够为团队指明任务方向，避免方向迷失或成员间目标不一致的情况。合理的目标应基于团队整体能力，确保通过成员的努力协作能够达成，既不过高以致挫伤士气，也不过低而缺乏挑战性。在创业初期，尤其需要平衡目标的现实性与激励性，以激发团队的信心与斗志。

计划切实可行：制订详细、具体的计划，确保每项任务都有明确的责任人、时间节点、所需资源、控制指标及改进措施。计划的可行性是执行效率与成果质量的保障，有助于团队成员明确自身职责，有序推进工作进程。

分工明确，职责清晰：由于创业工作的复杂性与个人能力的差异性，合理的分工是团队高效运作的基础。应根据成员的专业技能、性格特点等因素进行任务分配，确保每位成员都能在其擅长领域发挥最大效用，同时避免工作交叉重复。明确的职责划分有助于成员清晰认知自身职责范围，减少沟通成本，提升组织效率。

团队动态调整机制：创业过程中，团队需根据内外部环境的变化适时调整规模与人员构成。对于不适应团队文化或无法达成既定标准的成员，应采取妥善措施进行调整，以防团队凝聚力受损。同时，应建立灵活的退出与加入机制，以便在必要时引进更合适的人才，保持团队的活力与竞争力。

人员互补与匹配：从人力资源管理视角出发，构建优势互补的创业团队是确保团队稳定与持续发展的关键。在团队组建时，除考虑成员间的人际关系外，更应重视其能力与技术上的互补性。通过合理配置资源，实现团队成员在知识、技能、经验等方面的相互补充，共同推动创业项目的成功实施。

3. 团队类型

从多元化的视角、层次及结构维度出发，创业团队可细分为多种类型。依据其组成结构特征，创业团队主要可归类为：星状创业团队、网状创业团队及虚拟星状创业团队。

星状创业团队：此类团队围绕一个核心人物构建，该人物担任领队角色，引领团队方向。团队形成前，核心人物已持有明确的创业构想，并据此组织团队，成员可能为核心人物的旧识或新识，但在团队内部，他们更多地扮演着支持者的角色，协助核心人物实现创业愿景。

网状创业团队：该类型团队的成员在创业前便已建立了深厚的联系，如同学、亲友、同事等,他们因共同的兴趣或认可某一创业理念而聚集,形成团队。在团队组建过程中,缺乏明确的领导核心,成员依据个人特长自发承担相应角色,彼此间以协作伙伴的身份共同参与创业初期的各项活动。

虚拟星状创业团队:此类型团队可视为网状创业团队向星状创业团队过渡的中间形态。团队中虽存在一个核心成员,但其地位的确立是团队成员间协商的结果,而非自然形成。因此,该核心成员更多地扮演着团队代言人的角色,而非绝对的主导者。其在团队中的决策需充分考虑并尊重其他成员的意见,相较于星状创业团队中的核心主导人物,其权威性与决策影响力相对较弱。

4. 组建策略

诚信原则:诚信是创业团队的基石。团队成员间的诚实守信不仅是道德上的要求,更是确保企业稳健运作的重要保障。合伙人之间的互信有助于降低运营风险,尤其在初始阶段,创业者应注重选择那些经济实力可靠、信誉良好的合作伙伴,以支持公司的健康成长。

共同愿景:团队成员需共享一致的目标和愿景。在组建团队之初,创业者应与潜在合作伙伴进行深入沟通,确保大家对创业的目的和预期有共鸣。志同道合的团队能够在初创阶段紧密团结,形成抵御外界压力的强大合力。

优势互补:每位团队成员均应发挥各自的长处,弥补其他成员的短板。理想的合作伙伴关系建立在能力和资源互补的基础上,这不仅提升了团队的整体效能,也增强了创业者对彼此价值的认可,进而增加成功的可能性。

角色分工:理想的团队结构是成员根据个人特质明确分工的。例如,内向型成员更适合内务工作,如设计和生产,而外向型成员则更适合对外销售和联络。创业者应明智地选择合作伙伴,避免因控制权争夺而产生冲突。

权责分明:创业团队成员之间应有明确的权责界定,包括利润分配、股权分配等关键议题,确保团队成员间的利益和职责被准确界定。创业协议应详尽记载所有条款,避免未来的争议。

理性选择:在择侣过程中,创业者应避免仅凭个人情感选择合作伙伴。创业者需要从专业和理性角度考虑合作伙伴的资格和潜力,而非仅仅基于情感联系。长期合作中建立默契和信任,是真正的合作伙伴关系的基础。

(二)创业分类

1. 资源分类

创业资源,作为新创企业在价值创造过程中不可或缺的要素集合,其定义涵盖广泛且具有层次性。广义而言,创业资源指的是支撑创业者顺利推进创业活动的所有必要资源;而狭义上,则特指那些构成企业盈利模式的核心,推动创业活动启动并持续发展的关键优势资源,此类资源因企业而异,各具特色。

创业者需确保必要资源的充足性与关键优势资源的持续增长性,依据自身独特的优势精准选择创业项目,并围绕项目需求有效整合这些优势资源。

不同的创业活动对资源的需求各有侧重,大致可划分为有形资源与无形资源两大类。

(1)有形资源

金融资源:作为企业物质与非物质要素的货币化体现,金融资源涵盖资金、债权等一切能以货币计量的经济资源,它们通过会计方式记录在账,构成了企业运营的基础。

实物资源：涉及企业生产经营所需的一切生产资料，依据其在生产过程中的作用，可细分为劳动对象和劳动手段两大类。

组织资源：指为实现企业目标而构建的多层次岗位体系及其人员隶属关系、权责分配结构，涵盖战略规划、员工发展、绩效评价体系及薪酬制度等关键要素。

（2）无形资源

人力资源：作为企业资源体系中的核心要素，人力资源不仅是技术资源与信息资源的载体，更是所有资源效能发挥的关键。其涵盖了企业内部具备专业技能、经验丰富并被有效激励的员工，以及企业可利用的外部人才资源。

科技资源：包含两方面内容：一是解决实际问题的软件资源，二是实现这些解决方案所需的硬件设备与工具等硬件资源。

品牌资源：以名称、名词、符号或设计等形式存在，旨在区分企业与竞争对手的产品或服务，建立独特的市场识别度。

市场资源：涵盖营销网络、客户资源、行业经验及人脉关系，是企业拓展市场、增强竞争力的关键要素。

政策资源：指政府为鼓励创业而实施的一系列扶持政策，包括创业教育与培训、资金扶持、税费减免、财政补贴、社会保障支持、信息咨询与专业化服务、金融支持及项目支持等。

信息资源：指在信息活动中积累形成的，以信息为核心，涵盖信息技术、设备、设施、信息生产者等要素的综合体，为企业决策提供重要依据。

2. 资源内容

创业者资源的丰富性对创业成功至关重要，可分为以下几类。

（1）内部资源

物质资产：如现金储备、房产、交通工具等，构成创业初期的重要经济基础。

技术专长：分为有形与无形两类。有形技术包括已获授权的发明专利、实用新型专利、外观专利，或专业领域内广受认可的资质，如注册会计师、律师等；无形技术则涉及专有技术、科研成果及特定行业的深入研究成果。

信用资源：基于长期积累的个人信誉，能够吸引投资、获得无息资金支持等，是创业者重要的无形资产。

商业经验：对市场经济规律及行业规则的深刻理解，尤其是对目标行业的深入洞察，是创业成功不可或缺的要素。各行业间差异显著，关键成功因素各异，需通过深入研究与实践积累。

家族资源：涵盖经济援助、创业指导、学习平台、社交网络及客户资源，为创业者提供多维度的支持。

（2）职业资源

职业资源是指创业者在职业生涯中积累的项目经验与人际网络。利用职业资源创业，不仅符合"不熟不做"的原则，更是众多创业者成功的捷径。据调研，绝大多数离职创业者均利用了原有职业中的资源与关系。

大学生应积极与高校教师建立良好关系，特别是技术型专家与创业型专家，前者可提供技术指导与研发支持，后者则可在商业策略上给予宝贵建议。

（3）人脉资源

同学资源：基于共同学习与成长的背景，同学间关系紧密且较为纯粹，是创业者宝贵的外部资源。EMBA等高端教育项目更是人脉拓展的高效平台，为创业者构建了高质量的社交网络。此外，战友、同乡等资源同样重要，可视为创业者外部资源的重要组成部分。

朋友资源："在家靠父母，出门靠朋友"的道理在创业领域尤为显著。高质量的朋友圈如同资本金，对创业者的发展至关重要。大学生创业者应重视创业团队与"贵人"的积累，构建广泛而有力的人脉网络。

3. 资源获取

（1）技术资源的获取

技术作为创业发展的核心驱动力，直接决定了企业的竞争力和成长前景。拥有核心技术，即意味着拥有了吸引资金、拓展市场的关键筹码。在创业过程中，技术资源无疑是最为关键的资源之一，是企业获利能力的根本保障。获取技术资源的途径多样，包括但不限于：吸引技术领域的专业人才加入创业团队，共同推动技术创新；购买具有广阔市场前景的技术，并进行后续的研发与完善；直接购买成熟技术，进行深入分析与应用；同时，也可采取技术购买与技术人才聘请相结合的方式，加速技术转化；此外，自主研发亦是企业技术积累与创新的重要途径。

（2）人力资源的获取

人力资源是企业持续健康发展的基石。创业者及其团队需不断吸纳并培养具备知识、技能、经验、良好人际关系及广泛商务网络的高素质人才。为此，创业者应积极投身于社会实践中，广泛接触各类人群，积累经验，拓展人脉网络。其中，同学、朋友及"贵人"是获取人力资源的重要来源。同学资源因共同的学习经历而具有深厚的情感基础，是创业初期的重要支持力量；朋友资源则如同资本金，多多益善，能为创业者提供多元化的帮助；而"贵人"资源，不以数量取胜，但其关键时刻的助力往往能决定企业的命运。

（3）创业资金的获取

资金是创业活动的生命线，其获取途径多种多样。自备资金是创业者启动项目的首要选择，通过积累个人积蓄，为创业奠定经济基础；亲情融资则是利用家庭及朋友圈资源，筹集初期资金的有效方式；合伙融资则通过集合多人的力量，分担资金压力，共同推进项目发展；创业基金由政府机构、创业园区及知名投资机构提供，通过参加创业大赛、Demo活动等方式争取，是高效可行的资金来源；投资资金则需创业者精心准备创业计划，以项目的可行性与盈利潜力说服投资人；银行贷款为创业者提供了灵活的资金周转方案，有助于缓解短期资金压力；众筹募资则借助互联网平台，将创意与产品原型直接呈现给公众，通过大众的力量筹集资金，实现创意落地。

（4）信息资源的获取

信息资源是企业决策与运营的重要依据，其来源广泛且多元。政府机构、同行创业者及企业、专业信息机构、大学创业研究机构、互联网、新闻媒体及相关会议等，均为信息资源的重要渠道。创业者应保持敏锐的市场洞察力，积极收集并分析各类信息，以便为企业的战略规划与日常运营提供有力支持。

4. 资源整合策略

资源整合是贯穿创业活动始终的核心任务，其成效直接关乎大学生创业的成败。在创业的不同阶段与环节中，通过精心筛选、合理取舍、科学管理及优化配置资源，方能充分释放创业资源的潜力，实现资源效能的最大化。

（1）探索式资源整合

此策略主要适用于创业初期，其核心在于结合创业团队现有的资源状况，深入剖析资源储备的短板，进而设计并实施整合外部资源的方案。此阶段要求创业者具备敏锐的预见力和深刻的洞察力，能够主动出击，积极搜寻并整合一切可利用的创业资源，为企业的初步构建奠定坚实基础。

（2）累积式资源整合

随着企业步入初创期的发展轨道，累积式资源整合策略显得尤为重要。在此阶段，创业者需进一步深入理解创业资源的特性，对既有资源进行全面而精准的分析与定位，并在此基础上实施进一步的整合与利用，旨在最大化发挥资源的效能。此策略强调对资源现状的精准把握与深度挖掘，以推动企业的持续成长。

（3）开拓式资源整合

当企业初步实现发展后，开拓式资源整合策略便成为关键。此策略倡导将创新思维融入资源整合过程，以新颖的视角探索并挖掘具有创新潜力的创业资源。尤为重要的是，创业者需持续关注并寻找企业新的增长点，在这些新兴领域充分开拓并整合利用资源，以创新驱动发展，实现企业的跨越式成长。对于创业基础相对薄弱的大学生创业者而言，此阶段的资源整合尤为关键，不仅是提升企业竞争力的有效途径，更是实现创业梦想的保障。

（三）创业机会

1. 内涵与特征

创业机会，亦称市场机会或商业机会，是指那些具有吸引力、相对持久且适时的活动。对于大学生创业者而言，成功实现创业梦想的关键在于敏锐地发现、精准地捕捉并高效地利用这些创业机会。具备出色的市场需求洞察力和创业机会把握能力，能够正确识别并评估创业机会，是通往创业成功的重要途径。创业机会展现出以下显著特征。

隐藏性：市场机会往往潜藏于日常生活的细微之处，要求创业者拥有敏锐的"慧眼"，通过深入的社会观察、全面的信息了解、严谨的分析调查，方能发掘其真实面貌。同时，实践是检验机会可靠性的试金石，只有通过实际行动的验证，才能确保机会的可行性与价值。

易逝性：在激烈的市场竞争环境中，创业机会如同稍纵即逝的流星，其存在具有高度的时效性。对于每位创业者而言，市场机会都是公平的，但唯有迅速响应、果断抓住机会的创业者，方能在竞争中脱颖而出，占据先机。

偶然性：尽管市场机会普遍存在于创业者的周围，但其显现往往带有一定的偶然性。许多创业机会是在不经意间悄然形成的，刻意追求反而难以触及。因此，创业者应注重日常知识与经验的积累，提升个人素养与敏感度，以免错失那些不期而遇的良机。

时效性：创业机会的时代特征鲜明，其产生与发展深受当时社会政治、经济制度的影响。在不同的历史时期与社会背景下，创业机会的选择与把握需顺应时代潮流，遵循制度规律。因此，创业者需具备高度的历史意识与时代洞察力，方能准确把握时代脉搏，为创业之路赋予鲜明的时代色彩。

2. 识别途径

（1）现有市场机会与潜在市场机会

现有市场机会是指那些在市场上未得到满足的需求。相对而言，潜在市场机会指的是那些隐藏在现有需求背后、不太容易被发现的需求。现有市场机会因其明显特征而可能面临较为激烈的竞争。而潜在市场机会，虽难以识别，一旦挖掘出来，往往具有极高的商业价值，要求创业者进行深入的分析和研究。

（2）行业市场机会与边缘市场机会

行业市场机会发生在特定行业的内部。边缘市场机会则源于不同行业之间的交叉点。尽管行业市场机会相对易识别，但竞争也更为激烈。边缘市场机会可能较少人涉足，对创业者而言，需要具备知识、经验和创新精神，一旦识别和开发成功，将有较高的成功概率。

（3）当前市场机会与未来市场机会

当前市场机会已经显现，而未来市场机会则是基于前期的调研和对未来的预测中发现的。具有前瞻意识的创业者可以通过对市场动态的敏锐观察，提前准备和部署，从而在未来市场机会出现时占据优势。

（4）全局市场机会与局部市场机会

全局市场机会是指在整个市场中存在的需求，可能涉及国际或全国范围。而局部市场机会存在于特定的区域或细分市场中。创业者若能在市场中发现并专注于具有潜力的细分市场，将能够集中资源，提高业务的主动性和成功率。

一般而言，对于资源有限的大学生创业者群体，识别创业机会应侧重能够发挥自身优势的领域，并在所选经营范围内寻求立足点后再谋发展。这要求创业者善于发现并利用市场空白，借助外部市场力量，从而有效地把握创业机会。

3. 把握机会

抓住创业机会始于对问题的敏锐洞察。问题往往是现实与理想差距的产物，而成功的企业往往以其核心问题解决策略为出发点。当顾客需求尚未得到满足时，这就构成了一个亟待解决的问题；而能够创造性地满足这些需求的企业，就能并把握市场机会。

（1）利用环境变化发现机会

变化带来新机遇。市场的不稳定性往往孕育着潜在的商业机会，使得创业者可以通过关注产业结构调整、消费模式变化、社会观念更新、政策调整和居民收入水平提高等宏观或微观层面的变化来察觉并利用这些机会。

（2）紧跟技术创新的步伐

技术创新是产业发展的核心驱动力。历史告诉我们，技术革新直接催生新的产业和产品，这些创新不仅能满足市场新需求，也在为创业者带来前所未有的机会。

（3）在市场空白中寻求机会

市场缝隙中往往隐藏着商机。创业者需要敏锐地发现并深入研究消费者的独特需求，挖掘市场中的未被发现或未被充分满足的细分市场，从而实现机会的捕捉。

（4）把握政策变动带来的机遇

政策对市场具有深远的影响。新政策的出台往往预示着商业机遇的变革。创业者应充分理解并对政策变动及时反应，以此来把握并利用由此带来的新兴商机。

（5）从竞争对手的缺陷中获益

市场中的每个缺陷都有其潜在价值。如果创业者能够及时发现并利用竞争对手的不足，提供更为迅速、可靠和成本效益更高的产品或服务，这将成为一种有效的竞争策略。

第二节　创立企业

一、了解企业的创办

（一）企业组织形式概览

企业作为市场经济的独立经济实体，需遵循法律法规建立。根据国家法规和实际状况，创业企业可采取以下三种主要组织形式。

1. 单一业主模式

个体工商户：指在法律允许的范围内，通过核准登记的个体或家庭所经营的工商户。其设立流程涉及名称预先登记、申请材料提交及领取营业执照。

个人独资企业：由单一自然人投资的经营实体，投资人承担无限责任。设立时需满足一系列条件，包括投资人资质、企业名称、出资证明等，并向登记机关提交相应的设立申请文件。

2. 合伙经营模式

合伙企业：由两位以上合伙人基于书面合伙协议共同出资、经营的营利组织。合伙人对企业债务承担无限连带责任。设立合伙企业时，需具备合伙人、合伙协议、出资、企业名称、经营场所等条件。

3. 公司模式

有限责任公司：由2～50名股东出资的法人组织，股东以出资额为限对公司承担责任，公司以其资产对债务承担责任。设立需满足法定条件，如股东人数、注册资本、公司章程等。

一人有限责任公司：仅有一个自然人或法人股东的有限责任公司，需明确独资性质，并满足注册资本等相关要求。该类公司的股东若不能证明公司财产独立性，需承担公司债务的连带责任。

股份有限公司：资本等额分割的股份形式，股东责任限于所持股份。设立程序较为复杂，对注册资本有较高要求，通常适合更大规模的创业行为。

（二）企业选址

企业选址是一个复杂而关键的过程，不仅直接关系到设施建设的投资成本，还深刻影响着企业产品与服务的成本结构，进而对企业的市场竞争力及经济效益产生重大影响。在选址过程中，需综合考虑多种因素，包括市场、商圈、物业条件、区域特性、个人偏好及价格因素等。成功的选址往往是基于对这些因素全面而深入的分析。因此，在具体操作时，应着重从以下几个方面进行考量。

1. 经济合理性

任何企业在选址时都应追求经济上的最优化，即力求以最小的投入实现最大的产出。这要求企业在选址过程中，必须全面考虑启动资金、初期建设费用、运营成本及长期收益，确保选址方案的经济适用性。

2. 长远规划

企业选址应具备前瞻性和战略眼光，需评估布局的合理性、市场前景的广阔性，以及新能源、新材料、新技术获取的便捷性。这些因素对于企业的可持续发展至关重要。

3. 人才聚集

人才是企业发展的核心资源。在选址时，企业应充分考虑人才招募与留存的便利性，特别是对于高端产业项目而言，专业人才和复合型人才的聚集至关重要。因此，选址应倾向于人才密集区域，可以更多地获取这些人才。

4. 目标市场接近性

选址需考虑是否便于顾客消费，是否有利于吸引和留住顾客。针对不同行业，选址策略应有所差异。

制造业：应靠近原料基地，地域宽广且便于运输；同时，为保护环境和居民健康，应尽量选择远离居民区的郊区地带。

加工业：需关注资源丰富度、劳动力密集度及技术水平；同时，了解当地消费水平和消费习惯，以便精准定位市场。

餐饮业：需关注固定消费群体、周边居民的消费习惯与水平，以及环境卫生状况，确保店铺既能满足顾客口味需求，又能提供舒适的就餐环境。

文化娱乐业：应选择与人群聚集地保持适当距离的位置，确保环境优雅、停车便利，以满足人们的精神文化需求。

教育培训业：应远离不利于学生或学员安全与身心健康的场所，如公共娱乐场所、农贸市场等；同时，选址应交通便利、停车方便，以吸引稳定生源。

二、企业注册流程

企业注册是设立公司的法定程序，其流程及所需文件概述如下。

1. 准备文件资料

- 由公司法定代表人签署的公司设立登记申请书。
- 全体股东一致签署的公司章程。
- 法人股东的资质证明文件或自然人股东的身份证及其复印件。
- 董事、监事和经理的任职文件及相关身份证复印件。
- 指定代表或代理人的授权证明文件。
- 代理人的身份证明及复印件。
- 公司住所使用的合法证明。

2. 具体注册步骤

核准公司名称：确定公司名称、类型、注册资本、股东及其出资比例后，可向工商管理局提出名称核准的申请，可以通过现场或在线方式提交。

提交注册资料：名称核准通过后，核实地址信息、高管人员信息及经营范围，通过在线系统提交预申请。预审通过，按照预约时间向工商管理局递交正式申请材料。

领取营业执照：凭准予设立登记的通知书和办理人身份证原件，至工商管理局领取营业执照的正本和副本。

3. 后续事项

拿到营业执照后，至公安机关指定地点制作和刻制公司所需的印章，包括公司公章、财务章、合同章、法定代表人章及发票章等。

根据现行政策，新公司注册实施"五证合一"制度。企业提交工商审核通过新设企业五证合一登记申请表至指定窗口，工商管理局工作人员将根据材料将申请表流转至质量监督、税务、社保、统计等相关机构进行信息录入，最终由工商管理局印发合并后的营业执照。

三、防范风险

（一）创业风险解析

1. 创业风险的定义

在创业过程中，创业者需倾注大量的人力资源、财务资本及物质资源，同时需积极引入并融合各类新颖的生产要素与市场资源。此外，创业者还需构建或优化组织结构、管理体系及工作方法，以适应创业需求。然而，由于创业环境固有的不确定性、创业机会与企业本身的复杂性，以及创业者、创业团队与创业投资者在能力与实力上的局限性，这些因素共同作用，可能导致创业活动的实际成果与预期目标产生偏差，这些就是创业风险所在。

2. 创业风险的分类

（1）按风险影响的程度分类

依据风险对创业活动的影响范围和深度，可分为系统性风险与非系统性风险。系统性风险通常由宏观经济环境，如政治、经济、社会变迁引发，影响广泛。此类风险通常超出个体控制范围，需要政府层面的宏观调控。非系统性风险则为个别企业内部风险，包括财务、技术、管理、生产等方面，可通过企业管理和策略进行一定程度的应对和缓解。

（2）按风险产生的原因分类

根据风险的来源，区分为主观风险与客观风险。主观风险源于创业者的身体素质和心理素质等个人因素，而客观风险受外部环境、市场、资金、技术等因素制约。

（3）按风险内容的表现形式分类

按照风险的具体类型，可分为环境风险、市场风险、技术风险、管理风险和财务风险。环境风险涉及社会政治、经济、法律变化及自然灾害等；市场风险指市场变动带来的不确定性；技术风险关注技术不稳定性和创新预测的准确性；管理风险涉及企业日常运营中的组织和决策问题；财务风险则关注资金流动和财务结构的稳定性。

（4）按创业过程阶段分类

按照创业的不同阶段，风险可分为机会识别与评估风险、团队组建风险、资源获取风险、计划书准备风险及企业运营风险。机会识别风险涉及创业方向和决策的准确性；团队组建风险关注团队成员的适配性；资源获取风险指资源的可用性和成本；计划书准备风险关联计划书的质量和可执行性；企业运营风险则覆盖企业在战略、组织、运营等方面的风险。

（二）常见风险

在大学生创业实践的过程中，常面临以下几类主要风险。

1. 组织管理风险

组织管理不善是导致新企业创业绩效下降的关键因素。此类风险常表现为管理体制不规范、人员配备不合理、责任体系不明确等。在创业失败案例中，管理问题尤为突出，包括决策随意、信息闭塞、理念模糊、犹豫不决、用人失当、忽视创新、急功近利、盲目跟风及意志薄弱等。尤其对于大学生而言，其知识结构相对单一、经验匮乏、资金实力有限，心理素质尚需加强，这些因素加剧了管理上的风险。

2. 资源缺乏风险

创业活动深嵌于社会关系之中，资源的充足与否直接影响创业的成功与否。大学生初涉社会，往往缺乏必要的社会资源，难以使创业项目有效融入社会并获得广泛认可，从而增加了创业失败的风险。此外，资金短缺是创业初期面临的普遍问题，包括启动资金的筹集和运营资金的保障。资金流的断裂将对企业构成严重威胁，限制业务拓展，甚至导致企业倒闭。

3. 竞争应对风险

市场竞争激烈，对初创企业尤为严峻。若创业者选择高竞争领域，将面临同行的激烈排挤，特别是大企业的低价竞争策略，可能对初创企业构成致命打击。因此，制定有效的竞争应对策略，是初创企业生存与发展的重要前提。

4. 团队分歧风险

创业团队的力量是推动初创企业成长的关键因素，但团队内部的分歧也可能成为企业发展的重大障碍。核心成员在关键问题上的意见不合，将严重影响企业的决策效率和执行力，甚至导致团队解散。因此，加强团队协作，妥善处理分歧，是创业团队必须面对的重要挑战。

5. 人才流失风险

高素质专业人才和业务骨干是企业发展的基石。对于依赖技术或专利的创业企业而言，关键人才的流失将直接威胁企业的生存与发展。因此，创业者需采取有效措施，防止人才流失，确保企业的核心竞争力不受影响。

6. 意识风险

意识风险是创业团队内在的风险源，包括投机心态、侥幸心理、试探性态度、过度依赖他人和急于求成等。这些不良心态将影响创业者的决策和行动，增加创业失败的风险。因此，创业者需保持清醒的头脑，树立正确的创业观念。

7. 核心竞争力缺乏风险

对于追求长远发展的创业者而言，构建企业的核心竞争力至关重要。缺乏核心竞争力的企业难以在市场中立足，更无法实现可持续发展。因此，创业者需从创业之初就注重培育企业的核心竞争力，确保企业在激烈的市场竞争中立于不败之地。

（三）风险规避策略

1. 谨慎选择创业市场，全面论证项目

大学生在踏上创业征程之前，精准选择创业项目显得尤为关键。因此，创业者需深入市场进行详尽调研，结合自身资源与市场环境，敏锐洞察并挖掘适宜的创业市场，确保所选目标市场与自身资源和环境条件高度契合，从而有效规避因盲目进入市场而引发的风险。同时，应对项目进行全方位、多角度的利弊分析，涵盖投资成本、产品竞争力、市场潜力、团队成员背景与能力、企业财务状况及运营管理策略等方面，通过理论分析与实践考察相结合，科学评估项目的可行性，为创业投资奠定坚实基础。

2. 积极学习管理经验，提升企业管理效能

尽管大学生创业者怀揣理想与抱负，拥有扎实的专业知识，但实践经验的匮乏往往成为其创业路上的绊脚石。为弥补这一短板，创业者应虚心向学，广泛汲取企业管理与市场运营知识，通过参与大学社团、科研项目及小型创业实践等方式，不断积累实战经验，提升资源整合与管理执行能力。此外，还需培养良好的社会交往能力，增强社会适应性，提高创业成功率。

3. 强化团队协作精神，构建高效创业团队

创业团队是企业成长的核心驱动力。一个团结协作、优势互补的团队能够显著降低创业风险。因此，在组建团队时，应注重成员间的性格匹配与专业能力互补，并建立健全激励机制，激发团队活力与创造力。面对团队内部可能出现的分歧，应及时沟通协调，确保团队决策的统一性与有效性，共同维护企业的稳定与发展。

4. 加强财务风险管理，精准施策化解危机

企业财务风险具有高度的连锁反应，一旦失控将对企业造成致命打击。为此，必须构建科学严谨的财务会计控制体系，明确职责分工，强化监督制约，确保财务信息的准确性与安全性。同时，建立财务预算与风险评估模型，运用科学方法预测潜在财务风险，并制定相应的预防与应对措施，确保企业在复杂多变的市场环境中稳健前行。

创业意义

创业是中华民族的传统美德

获取第一桶金的方式

创业风险规避策略

第九章 选择考公考编

第一节 参加公务员招考

一、了解政策

国家公务员录用考试是我国国家机关录用国家工作人员的重要途径,公务员系统通过向社会公众招考,从社会环境中汲取"新鲜血液",实现人员更新和素质提升的双重功能,提高了政府运转效能。近年来,公务员报考持续升温,竞争也愈发激烈。

（一）认识公务员

公务员是指依法履行公职、纳入国家行政编制、由国家财政负担工资福利的工作人员。我国公务员的任用,坚持任人唯贤、德才兼备的原则,注重工作实绩。

建立和推行公务员制度,是党和国家的重大决策。我国公务员制度走过了从建立到完善的过程,有中国特色的公务员管理制度体系基本形成。2005 年 4 月 27 日,第十届全国人大常务委员会第十五次会议审议通过了《中华人民共和国公务员法》（以下简称《公务员法》）。《公务员法》坚持党管干部原则,依据宪法,结合干部人事制度建设的实践,以法律的形式明确了公务员管理方面的一系列重大问题,是我国干部人事管理方面第一部总章程性质的法律。2018 年 12 月 29 日第十三届全国人民代表大会常务委员会第七次会议进行了修订。

《公务员法》中指出,国家对公务员实行分类管理,提高管理效能和科学化水平。中央公务员主管部门负责全国公务员的综合管理工作。县级以上地方各级公务员主管部门负责本辖区内公务员的综合管理工作。上级公务员主管部门指导下级公务员主管部门的公务员管理工作。各级公务员主管部门指导同级各机关的公务员管理工作。国家实行公务员职位分类制度。公务员职位类别按照公务员职位的性质、特点和管理需要,划分为综合管理类、专业技术类和行政执法类等类别。

公务员应当履行下列义务：忠于宪法,模范遵守、自觉维护宪法和法律,自觉接受中国共产党领导；忠于国家,维护国家的安全、荣誉和利益；忠于人民,全心全意为人民服务,接受人民监督；忠于职守,勤勉尽责,服从和执行上级依法作出的决定和命令,按照规定的权限和程序履行职责,努力提高工作质量和效率；保守国家秘密和工作秘密；带头践行社会主义核心价值观,坚守法治,遵守纪律,恪守职业道德,模范遵守社会公德、家庭美德；清正廉洁,公道正派；法律规定的其他义务。

公务员享有下列权利：获得履行职责应当具有的工作条件；非因法定事由、非经法定程序，不被免职、降职、辞退或者处分；获得工资报酬，享受福利、保险待遇；参加培训；对机关工作和领导人员提出批评和建议；提出申诉和控告；申请辞职；法律规定的其他权利。

（二）选拔录用政策

1. 报考基本条件

（1）具有中华人民共和国国籍；

（2）拥护中华人民共和国宪法，拥护中国共产党领导和社会主义制度；

（3）具有良好的政治素质和道德品行；

（4）年龄18周岁以上、35周岁以下，当年应届毕业硕士研究生和博士研究生（非在职）年龄可放宽到40周岁以下；

（5）具有正常履行职责的身体条件和心理素质；

（6）具有符合职位要求的工作能力；

（7）具有大学专科及以上文化程度；

（8）具备中央公务员主管部门规定的拟任职位所要求的其他资格条件。招考职位明确要求有基层工作经历的，报考人员必须具备相应的基层和生产一线工作经历。

2. 考试录用政策

公务员考试录用，是指机关按照规定的条件和程序，面向社会采用公开考试、严格考察的办法选拔公务员的制度。机关录用担任主任科员以下及其他相当职务层次的非领导职务公务员，均采取公开考试、严格考察、平等竞争、择优录取的办法。

公务员的考试录用工作，分别由中央公务员主管部门和省级公务员主管部门负责组织中央机关及其直属机构公务员录用的主管部门是中共中央组织部、人力资源和社会保障部，地方各级机关公务员录用的主管部门是省级党委组织部和政府人事行政部门或经其授权的设区的市级党委组织部和政府人事行政部门。设区的市级以下各级公务员主管部门按照省级公务员主管部门的规定，负责本辖区内公务员录用的有关工作。

中央公务员主管部门负责全国公务员录用的综合管理工作。具体包括：拟定公务员录用法规；制定公务员录用的规章、政策；指导和监督地方各级机关公务员的录用工作。中央公务员主管部门负责组织中央机关及其直属机构公务员的录用。

省级公务员主管部门负责本辖区公务员录用的综合管理工作。具体包括：贯彻国家有关公务员录用的法律、法规、规章和政策；根据公务员法和相关规定，制定本辖区内公务员录用实施办法；负责组织本辖区内各级机关公务员的录用；指导和监督设区的市级下各级机关公务员录用工作；承办中央公务员主管部门委托的公务员录用有关工作。必要时，省级公务员主管部门可以授权设区的市级公务员主管部门组织本辖区内公务员的录用。

公务员考试录用的基本原则："公开、平等、竞争、择优"。公开是指各类各级机关录用公务员必须面向社会，公开招考；平等是指公民报考公务员的法律地位平等；竞争主要是公务员录用严格按照考试成绩排列名次，并考察本人政治思想和道德品质。择优即考生是否能录用，完全取决于本人的政治、能力素质。

二、知晓程序

公务员的选拔录用考试，有"国考"和"省考"两种形式，下面重点介绍省考，省考的流程与国考基本相同，但各省考试时间、考题难易程度等有所不同。

（一）发布招考公告

每年，招录机关根据职位空缺情况和职位要求，提出招考的职位、名额和报考资格条件，拟订录用计划。

省级以上公务员主管部门依据有关法律、法规、规章和政策，制订招考工作方案。公务员主管部门依据招考工作方案，制定招考公告，面向社会发布。招考公告一般包括以下内容：招录机关、招考职位、名额和报考资格条件，报名方式方法、时间和地点，报考需要提交的申请材料，考试科目、时间和地点，其他须知事项。

中央机关及其直属机构每年考试录用公务员的招考简章可以通过中国政府网、人民网、新华网、国家公务员局网等网站查阅，各个省级公务员招考简章可以从各个省的公务员考试网查阅。

对招考简章中的专业、学历、学位、资格条件、基层工作经历及备注的内容等信息需要咨询时，报考人员可以直接与招录机关联系，招录机关的咨询电话可以通过上述网站查询。有关报考政策、报名网络流程和考场考务安排等事宜的详细情况，需参阅当年的报考指南。

（二）报名与资格审查

1. 网上报名

公务员考试报名主要采取网络报名的方式。报考人员可登录每年的考录专题网站进行网上报名，也可以通过人力资源和社会保障部门户网站或国家公务员局门户网站上的相关链接登录考录专题网站。网上报名按以下程序进行。

第一，提交报考申请。报考人员可在规定时间内登录考录专题网站，提交报考申请。报考人员只能选择一个部门（单位）中的一个职位进行报名。报名时，要仔细阅读诚信承诺书，提交的报考申请材料应当真实、准确。

第二，查询资格审查结果。报考人员按照报考公告规定时间登录考录专题网站查询是否通过了资格审查。通过资格审查的，不能再报考其他职位。规定时间内，报考申请尚未审查或未通过资格审查的，可以改报其他职位。

第三，查询报名序号。通过资格审查的人员，登录考录专题网站查询报名序号。报名序号是报考人员报名确认和下载打印准考证等事项的重要依据和关键字，务必牢记。

2. 报名确认

通过资格审查的报考人员需要进行网上报名确认。未按期参加报名确认并缴费者视为自动放弃考试。

3. 网上打印准考证

报名确认成功后，报考人员在规定时间内，登录所选考区机构网站下载打印准考证。打印中如遇问题，可与当地公务员考试机构联系解决。

（三）参加录用考试

公务员录用考试采取笔试和面试的方式进行，考试内容根据公务员应当具备的基本能力和不同职位类别分别设置。

1. 笔试

笔试包括公共科目和专业科目。公共科目由中央公务员主管部门统一确定，包括行政职业能力测验和申论两科。专业科目由省级以上公务员主管部门根据需要设置。

报考中共中央对外联络部、外交部等部门日语、法语、俄语、西班牙语、阿拉伯语、德语、朝鲜语（韩语）、葡萄牙语等 8 个非通用语职位的人员，还将参加外语水平考试。部分招录机关会根据职位特点设置专业科目考试，专业科目考试设置情况及相关事项将在考录专题网站及招录机关网站上统一公布。

考试一般在全国各省会城市、自治区首府、直辖市和个别较大城市设置考场。报考人员应按照准考证上确定的时间和地点参加考试。公共科目笔试成绩及最低合格分数线可登录考录专题网站查询。对西部地区和艰苦边远地区职位、基层职位和特殊专业职位，在划定最低合格分数线时将予以政策倾斜。

2. 面试

笔试结束后，招录机关按照省级以上公务员主管部门的规定，根据笔试成绩由高到低确定面试人选。面试由省级以上公务员主管部门组织实施，也可以委托招录机关或授权设区的市级公务员主管部门组织实施。

招考职位上通过公共科目笔试最低合格分数线的人数达不到计划录用人数与面试人选的比例时，招录机关通过调剂补充人选。调剂职位及调剂相关事宜，在公共科目笔试成绩公布后，通过考录专题网站面向社会统一公布。

调剂结束后，报考人员可登录考录专题网站查询各招录机关的面试公告。面试时，报考人员须提供本人身份证件、所在单位出具的同意报考证明或所在学校盖章的报名推荐表、报名登记表等材料。大学生村干部、"农村义务教育阶段学校教师特设岗位计划""三支一扶"计划、"大学生志愿服务西部计划"等服务基层项目人员的认定由相应的主管部门出具证明。凡有关材料主要信息不实，影响资格审查结果的，招录机关有权取消该报考人员参加面试的资格。

（四）考察与体检

面试和专业科目考试结束后，将按照综合成绩从高到低的顺序确定进入体检和考察的人选。一般来说，综合成绩的计算方法为：公共科目笔试总成绩占 50%，面试成绩和专业科目考试成绩共占 50%，以百分制计算总成绩。招录机关根据报考者的考试成绩由高到低的顺序确定考察人选，并对其进行报考资格复审和考察。

报考资格复审主要核实报考者是否符合规定的报考资格条件，确认其报名时提交的信息和材料是否真实、准确。考察内容主要包括报考者的政治思想、道德品质、能力素质学习和工作表现、遵纪守法、廉洁自律及是否需要回避等方面的情况。

体检工作由设区的市级以上公务员主管部门负责组织，招录机关实施。体检的项目和标准依照国家统一规定执行，在设区的市级以上公务员主管部门指定的医疗机构进行。

（五）公示、审批及备案

拟录用人员由招录机关按规定的程序和标准从考试成绩、考察情况和体检结果合格的人员中综合考虑，择优确定，并在考录专题网站上公示。公示内容包括拟录用人员姓名和性别、准考证号、所在工作单位或毕业院校，同时公布举报电话，接受社会监督，公示期为 7 天。

公示期满，对没有问题或反映问题不影响录用的，按照规定程序办理审批或备案手续；对有严重问题并查有实据的，不予录用；对反映有严重问题，但一时难以查实的，暂缓录用，待查实并做出结论后再决定是否录用。

新录用的公务员试用期为一年。试用期内，由招录机关对新录用的公务员进行考察，并安排必要的培训。试用期满合格的，予以任职；试用期不合格的，取消录用。

三、应试技巧

近几年，我国的公务员报考人数居高不下，大学生报考人数也逐年递增。面对激烈的竞争，应认真复习基础知识，掌握一定的应考方法和技巧，对提高考录成功率也有着不可忽视的作用。

（一）合理选择报考职位

每年，无论是国考还是省考，招录机关所发布的职位有很多，面对如此庞大复杂的职位表，选择合适的职位进行报考，是提高报考成功率及最终录取率的关键之一。

第一，筛选职位表，形成备选职位数据库。报考条件、职位、专业要求、性别、特殊要求等信息都会在招考简章里详细说明，招考简章公布以后，要认真研读，将自己的专业、学历、学位、政治面貌等各项条件逐一列出，把对于自己的完全限制项排除掉，利用 Excel 中的筛选功能，将符合报考条件的职位从庞大的职位信息中筛选出来。一般情况下经过初步筛选后，职位表中就剩下符合自身条件的岗位了。

第二，结合职位特点和个人兴趣、性格、能力、愿望等因素，进一步缩小报考范围。一般来说，综合管理类职位对任职者的能力要求比较全面，除了具备丰富的知识，在工作中还需要具有很强的信息收集、整理、加工能力，对任职者的思维能力、判断能力要求较高。报考此类的考生，性格最好不要过于内向，要喜欢挑战，乐于接受新事物。行政执法类职位最为强调贯彻执行能力，政治素质要高，能够准确地理解组织的目标、上级的工作意图。报考此类的考生，需要具备果敢、坚强的性格，能与群众很好地交流，乐于奉献。当然，两者都需要具备一些基本的知识、能力，比如良好的沟通能力、分析判断能力、计划组织协调能力、自我情绪控制能力等。

第三，合理选择工作地点，形成拟报考职位。根据近几年的报考数据统计，公务员考试中，工作地点在经济欠发达城市的职位参加面试的分数线通常要低于经济发达城市的职位。因此，考生要结合自身的实力慎重考虑报考岗位的工作地点。如果自身实力不是特别出众，建议尽量避开省会城市及经济发达城市，选择地级市或二线城市的职位报考，从而提高报考成功率。在职位选择过程中，考生尽量选择 2～3 个拟报考职位，避免报名审核没通过，再花费时间和精力重新筛选。

第四，合理把握报考节奏，适时调整。公务员考试的报名时间一般都会持续几天。考生不必急于报名，每天报名结束之后，报名网站上一般会公布各个职位的报名情况和缴费情况。考生可对自己拟报考职位的报考情况进行追踪，如果某个拟报考职位的报名人数过多，竞争激烈，也可以随时调整，留给自己更多的选择机会，减小竞争难度。但也不要等到最后一刻才去报名，万一资格审查未能通过，如果没有充足的时间更换职位，将会影响再次报名。

（二）合理安排备考时间

第一，做好知识储备。一般应该在公务员考试前一年或至少半年就开始准备。在这段时间里，要注意听新闻、看报纸，时刻关注国家各个方面的动态，着手进行申论热点资料的搜集与整理，为申论备考打下基础。

第二，制订备考计划。根据自身基础条件，制订出一个适合自己的、科学合理的备考计划。尤其是从 7 月开始至考试前的阶段性计划，要根据自己的复习情况，科学、严谨地制订，以求达到最好的复习效果。

第三，夯实基础，科学复习。第一轮复习一般安排在 9 月下旬之前。挑选一套好的公务员考试教材后，第一轮通读教材，大概了解公务员考试有哪些内容要考。同时，通过做近两年的真题，感性认识公务员考试的题型、命题风格、分值分布、考查的重点及难易程度；掌握解题思路，培养解题技巧，领悟公务员考试的命题侧重点和命题技术的变化。第二轮精读教材，全面打基础。以系统阶段式学习模式为基础，复习进度讲究由浅入深、循序渐进、系统不间断，仔细按照教材复习行政职业能力测验与申论，全面、深入地掌握知识，将基础打牢。

第四，查漏补缺，总结方法。第二轮复习一般安排在 9 月下旬至 10 月上旬。运用学到的各种方法、思路和技巧去做题，仔细揣摩，查找自己的弱点，将漏洞补上。

第五，巩固提高，提升考试水平。10 月中旬至 11 月中旬，进行第三轮复习。通过做大量的练习题、模拟题、历年真题等，归纳解题思路、方法和技巧，梳理知识；对前两个阶段所学的知识进行系统的总结，巩固相关知识，做到学与思的结合。

第六，模拟实训，调整心态。考前 20 天主要任务是模拟实训，调整心态。考生通过做一定量的全真预测题对之前的复习加以巩固。按照考试的时间进行实战演练，锻炼自己的考试能力，让自己适应考试环境。另外，可以适当休息，调节身心，准备至应考的最佳状态。

（三）掌握笔试答题技巧

所有参加公务员考试的报考人员均需参加行政职业能力测验和申论两科考试。行政职业能力测验为客观性试题，考试时限为 120 分钟，主要测试与公务员职业密切相关的、适合通过客观化纸笔测验方式进行考查的基本素质和能力要素，包括言语理解与表达、数量关系、判断推理、资料分析和常识判断等部分。申论为主观性试题，考试时限为 150 分钟，主要测查从事机关工作应当具备的基本能力。从 2010 年开始，申论考试按照综合管理类和行政执法类职位的不同要求，设置两类试卷。其中，综合管理类职位的申论考试主要考查报考者的阅读理解能力、综合分析能力、提出和解决问题能力、文字表达能力。

（四）掌握面试测评技巧

公务员面试主要测评考试人员适应职位要求的基本素质和实际工作能力，包括与拟任职位有关的知识、经验、能力、性格和价值观等基本情况。面试内容包括语言表达能力、应变能力、综合分析能力、相关实际工作能力、交往能力和某些性格特征。需注意的是，面试侧重于对考生进行素质评定，依据现场的全部表现，对其素质状况做出评定，不把考生阐述观点的正确与否作为第一位的考查指标。

1. 充分做好面试前的准备

知识准备。面试试题有多种题型，考查要素是多方面的，涉及的知识面也是非常广泛的。因此，在日常的工作、学习中要开阔眼界，关注社会热点，并收集相关材料进行分析和加工，丰富自己的社会信息储备。要反复实战练习，克服过度紧张、语言表达不流畅等问题，控制好答题时间节奏。

— 159 —

形象准备。在着装上要和公务员职务的严肃性、庄重性相适应，穿着打扮要选择简约得体的套装，配合整洁自然的妆容，体现成熟、干练、稳重的气质。留给对方的印象是严谨而不失活泼，青春而不失稳重。

证件准备。公务员面试时准备的证件分两部分：一是在资料审核阶段需要本人提供的各种证件（需提前准备，以免延误审核）；二是在面试当天进入考场时的证件，应避免考试前遗漏证件，而错失面试机会。

2. 了解面试程序

对面试程序做到心中有数。面试一般需要提前 10~30 分钟到达指定地点报到，考试工作人员核对应试者身份证件和面试通知书等相关证件。之后，应试者抽签确定分组和进场顺序，抽签完毕后进入候考区等待考试。考试未结束时不能随便离开，有考场工作人员监督，防止已经考试完毕的应试者将情况透露给未考试的应试者。应试者按顺序进入考场进行面试答题，考桌上会提供纸笔。思考时把回答要点列好，注意要分清主次、轻重、缓急。特别要写清一、二、三、四……这样会更加有条理。回答完所有题目后，主考官宣布请应试者退场，到候分室等候分数。记分员核算分数后，应试者在候分室得到分数通知后即可离开考场。

3. 了解面试形式，掌握面试技巧

通常公务员面试采用的是结构化面试，随着公务员考试不断科学化、深入化、系统化，逐渐出现了无领导小组讨论这一测评方式。结构化面试和无领导小组讨论两者之间最明显的区别是，前者是逐一面试，后者是群体面试。无领导小组讨论相比于结构化更为科学、客观，并且效率极高。

在结构化面试时应注意，第一印象非常关键。面试者要通过自身的体态、气质、神情、衣着、音调、语气、语速、节奏，给考官留下良好的第一印象。回答问题要口齿清楚、思路清晰、条理分明。注意加强对时间的掌控，不要超时。另外，如果是多道题集中回答，则要注意扬长避短。对自己擅长回答的题可以详细阐述，对自己没有把握的题目可以少说一点，但不要相差悬殊。

无领导小组讨论是近些年公务员面试的常用方法之一，采用情景模拟的方式对考生进行集体面试。5~7 名考生为一组，围绕一个主题进行讨论。讨论进程由面试者自行安排，不指定谁是领导，考官以此来检测面试者的组织协调、口头表达能力、情绪稳定性、处理人际关系的技巧、非言语沟通（如面部表情、身体姿势、语调语速和手势等）等方面的能力，素质和个性特点是否达到拟任岗位的相关要求，由此来综合评价面试者的优劣。

一般而言，在无领导小组讨论中，考官评价的依据标准主要是受测者参与有效发言次数的多少；受测者是否有随时消除紧张气氛、说服别人、调节争议、创造积极发言气氛的能力；受测者是否能提出自己的见解和方案，同时敢于发表不同意见，并支持或肯定别人的意见等。在讨论过程中，应试者首先确定自己要担任哪个角色，是首先发言的"破冰者"还是引领全局者，是掌控时间者还是总结陈词者、组织协调者。只有根据自身条件选好角色，才能更好地展示自己的特点。其次要学会倾听，利用倾听的机会，提取他人观点中对自己有用的信息。自己发言时，要讲究技巧，一是观点明确，二是条理清晰，三是语言凝练，而且言语要真诚可信。同时，还要注意奠定良好的人际关系基础，切忌我行我素、冷落他人。

4. 举止仪表得体，精神状态饱满

穿着打扮要端庄得体、衣冠整洁，要适合公务员工作的职业特点和面试考场环境。言行举止要尽量做到神情自若、优雅大方。进入考场前要先敲门，听到请进后推门进入考场。进

入考场，会看到面试者的面前有一桌一椅。在桌旁站定后，向各位评委鞠躬，报出自己的面试顺序号。每题回答完，要说"回答完毕"，如果是集中回答，那么所有的回答结束后要说"回答完毕"。听主考官的口令指示，离开考桌，立正鞠躬，然后退场。

第二节　参加事业单位招考

一、了解事业单位招聘政策

（一）事业单位考试

事业单位考试，即事业单位公开招聘工作人员的考试，由各事业单位的人事部门委托省、市级和地级市的人社厅局所属人事考试中心命题和组织报名、考试，并交用人单位成绩名单，部分事业单位自行命题组织实施。考试的时间各地不一，大部分地区都会在每年的6~8月进行，一般由省、市级统计编制进入计划、统一组织考试、统一录用。

考试通常分为笔试和面试，通常采用笔试面试各占50%的权重，有的按笔试40%、面试60%划分，也有岗位只需参加笔试。部分地区根据参加考试的笔试情况，会设最低分数。

（二）公务员考试与事业单位考试的区别

第一，发起机构不同。公务员考试的发起机构是中央（中组部和人事部）、地方（省、市委组织部和人事厅），各用人单位上报岗位需求。事业单位考试是由各用人单位的人事部门自主招考。

第二，报名方式不同。公务员考试是网络报名。事业单位考试一般规模大的采取网络报名，规模小的采取现场报名。

第三，举办的统一性不同。公务员考试国家每年举办一次，一般在11月，各省一般每年招考一次，不同省份举办时间不同，但一般安排在国家公务员考试之后，个别类型招考，如警察招考可能单独举办。事业单位考试尚无全国招考，多为全省、市和县级统一招考，部分单位单独发公告招考。

第四，笔试考试科目不同。公务员国考一般只考行政能力测验和申论，个别省有公共基础和专业课，警察招考加心理测验和体能测试；事业单位考试一般考行政能力测验（多数包含公共基础）和申论，个别单位考公文写作，部分加专业测试。

第五，人事编制不同。公务员考试录用后为公务员编制；事业单位考试录用后为事业单位编制，若参加公务员考试并被录用后，方可转为公务员编制。

二、知晓程序

（一）制定招聘方案并发布

招聘单位根据工作需要和岗位设定情况，制订招聘方案。招聘单位主管部门审核招聘方案，同意后报省级事业单位公开招聘主管机关备案。经审核同意的招聘方案通过省人力资源社会保障厅网站平台对社会公布。

公布的招聘信息包括：公开招聘的范围、招聘岗位、招聘人数，以及相关待遇；招聘方式，包括考试方式、考试时间、考试内容、考试范围、面试人选比例等。

（二）组织相应笔试和面试

招聘初级专业技术和管理人员的岗位，笔试内容一般为综合知识或专业基础知识；招聘中级管理和中高级专业技术人员的岗位，笔试内容一般为专业知识或业务理论；招聘工勤人员的岗位，笔试内容一般为专业知识或工作技能。

笔试方式采用专业测试（专业笔试、技能测试）、结构化测试、情景模块、试讲、答辩及实际操作等。

笔试后，根据既定的面试入围比例，确定面试人选名单，进行面试；面试后，根据既定的入围比例，确定考核体检范围人选。

（三）体检和确定拟聘人员

招聘单位或其主管部门成立考核体检小组，具体负责考核体检工作。

考核根据岗位要求采用多种方式进行，侧重思想政治表现、道德品质、业务能力和工作实绩等方面的情况。

体检参照公务员录取体检通用标准执行，国家另有规定的从其规定。

考核体检合格后，确定拟聘用人员名单。

（四）公示和签订聘用合同

由省事业单位公开招聘主管机关统一公示拟聘用人员名单，公示期原则上为七个工作日。

聘用单位或其主管部门提出聘用意见，报省事业单位公开招聘主管机关办理备案手续。

发放《事业单位招聘人员备案通知书》，聘用单位和受聘人员签订聘用合同，确立人事关系。

各省、市、地方事业单位招考流程会有所相似，但招录程序同样严格和规范。应聘人员应提前查询意向城市或单位招考计划，科学选择报考职位并完成报考审核，合理安排备考时间，制定笔试和面试技巧，提高自己的整体能力和水平，努力争取求职成功。

三、应试技巧

事业单位招考和公务员招考的应试技巧和方法大致类似，在此不再赘述。

第三节　不同考生的备考策略

一、初试考生

第一次参加公务员或事业单位招考的考生，对考试不是很了解，对考试的形式、内容和难度没有较强的概念，有的部分考生甚至对于参加考试也是跟风而已，并没有以认真的态度来对待。这类考生在备考阶段必须对考公考编有一个全面而透彻的了解，整体把握考试的脉络。从考试考查的基本能力入手，有的放矢地逐步了解题型设置、难度水平等有关信息。做到对考试有一定认识后，着手进行历年真题的针对性训练，从而熟悉试题并进一步了解自身的优势和弱项，以便对症下药，进行后面的弱项强补训练。对考试熟悉之后，再进行专项训练，稳扎稳打、稳步提高。

二、经验考生

经验考生是指已经参加过一次或多次公务员或事业单位招考的考生，对于考试的考查形式及内容已经非常熟悉。此类考生需要注意的就是认真总结在历次考试当中自己没有成功的原因，正视不足和弱点。在备考阶段，经验考生一定要查找出自己失利的原因，然后强化自己的弱势。侧重了解最新热点问题，总结历年来的难点问题和考试的新变化、新趋向，一定要突破固有的复习模式，广泛接触最新的考试题型，掌握新的方法技巧。避免重蹈覆辙，在新一轮的考试中力争有新的进展、新的突破。

三、基础薄弱型考生

基础薄弱的考生，首要任务就是对基础知识的掌握和运用，包括数学的基本公式、基本理论、基本规律、基础常识，以及言语理解与表达中词的使用、病句修改、语句连贯等。这类考生还可以参考一些内容丰富全面、难度贴近考试、方法易懂易学、技巧新颖实用的复习资料，然后进行更有针对性的专项训练，如言语理解与表达的专项，数量关系的专项，判断推理专项，在训练中加固基础知识的掌握，多做多练，必定熟能生巧。

四、基础扎实型考生

对于基础比较扎实的考生，在对基础知识做到"温故知新"的基础上，一定要针对最新的考试真题进行大量的训练，在训练过程中寻找做题的捷径、技巧和方法，或借鉴一些复习资料。力求在能够保证正确率的基础上提升自己的答题速度，从而做到快速、准确地答题。在基础好的情况下，所制订计划的针对性一定要强。

考公务员和考事业编区别　　　　行测备考六大步骤

第十章

选择国内考研

第一节　政策把握和应对

一、了解招生工作管理规定

每年，教育部为做好全国硕士研究生招生工作，对各省、自治区、直辖市高等学校招生委员会、教育厅（教委）、教育招生考试机构，新疆生产建设兵团教育局，有关部门（单位）教育司（局），各硕士研究生招生单位下发《202×年全国硕士研究生招生工作管理规定》（以下简称《招生工作管理规定》）。

2024年《招生工作管理规定》的主要内容如下，部分内容根据每年公布情况有所不同。

1. "总则"部分

第二条，高等学校和科学研究机构（以下简称招生单位）招收硕士研究生，旨在培养热爱祖国，拥护中国共产党的领导，拥护社会主义制度，遵纪守法，品德良好，具有服务国家服务人民的社会责任感，掌握本学科坚实的基础理论和系统的专业知识，具有创新精神、创新能力和从事科学研究、教学、管理等工作能力的高层次学术型专门人才以及具有较强解决实际问题的能力、能够承担专业技术或管理工作、具有良好职业素养的高层次应用型专门人才。

第四条，招生学科（类别）、专业（领域）必须经国务院学位委员会或其授权单位批准。

第五条，招生对象主要为国家承认学历的应届本科毕业、本科毕业以及具有与本科毕业同等学力的中国公民。

第六条，全国硕士研究生招生考试分初试和复试两个阶段进行。初试和复试都是硕士研究生招生考试的重要组成部分。初试由国家统一组织，复试由招生单位自行组织。

初试方式分为全国统一考试、单独考试以及推荐免试。初试科目分全国统一命题科目和招生单位自命题科目。

开展单独考试招生、推荐免试招生中推荐工作的单位，应具备相应资格。

第八条，硕士研究生学习方式分为全日制和非全日制。全日制和非全日制研究生考试招生依据国家统一要求，执行相同的政策和标准。

硕士研究生就业方式分为定向就业和非定向就业。

2. "管理机构及其职责"部分

第十一条，教育部负责宏观管理全国硕士研究生招生工作。

第十二条，省（区、市）高等学校招生委员会负责本行政区域内研究生考试招生工作，统一领导协调本地各级教育行政部门、教育招生考试机构等部门和招生单位开展考试招生相关工作。

第十三条，招生单位主管部门的主要职责：根据国家的有关规定和国家下达的招生规模，拟定本部门所属各招生单位的招生计划，对所属招生单位的考试招生工作进行监督管理，根据有关规定调查处理本部门所属招生单位招生工作中发生的问题，并依法依规追究相关部门和人员的责任。

第十四条，招生单位是本单位研究生考试招生工作的责任主体。

3. "招生计划和奖助政策"部分

第十五条，国家根据经济、社会发展需要确定年度招生计划。招生单位根据国家下达的招生计划、社会需求和办学条件，确定各学科（类别）、各专业（领域）的招生人数。

第十六条，国家对所有纳入招生计划的全日制硕士研究生均安排生均拨款，所有纳入招生计划的硕士研究生都要缴纳学费。国家和招生单位通过设立奖学金、助学金、助学贷款、三助岗位、绿色通道等制度，建立多元奖助体系，支持硕士研究生完成学业，提高硕士研究生待遇水平。

4. "报名"部分

第十七条，报名参加全国硕士研究生招生考试的人员，须符合下列条件：
（1）中华人民共和国公民。
（2）拥护中国共产党的领导，品德良好，遵纪守法。
（3）身体健康状况符合国家和招生单位规定的体检要求。
（4）考生学业水平必须符合下列条件之一：
① 国家承认学历的应届本科毕业生（含普通高校、成人高校、普通高校举办的成人高等学历教育等应届本科毕业生）及自学考试和网络教育届时可毕业本科生。考生录取当年入学前（具体期限由招生单位规定，下同）必须取得国家承认的本科毕业证书或教育部留学服务中心出具的《国（境）外学历学位认证书》，否则录取资格无效。
② 具有国家承认的大学本科毕业学历的人员。
③ 获得国家承认的高职高专毕业学历后满 2 年（从毕业后到录取当年入学前，下同）或 2 年以上的人员，以及国家承认学历的本科结业生，符合招生单位根据本单位的培养目标对考生提出的具体学业要求的，按本科毕业同等学力身份报考。
④ 已获硕士、博士学位的人员。
在校研究生报考须在报名前征得所在培养单位同意。

第十八条，报名参加以下专业学位全国硕士研究生招生考试的，按下列规定执行。
（1）报名参加法律（非法学）专业学位硕士研究生招生考试的人员，须符合下列条件：
① 符合第十七条中的各项要求。
② 报考前所学专业为非法学专业。
（2）报名参加法律（法学）专业学位硕士研究生招生考试的人员，须符合下列条件：
① 符合第十七条中的各项要求。
② 报考前所学专业为法学专业（获得法学第二学士学位的人员可报考）。
（3）报名参加工商管理、公共管理、工程管理硕士中的工程管理［代码为125601］和项目管理［代码为125602］、旅游管理、教育硕士中的教育管理、体育硕士中的竞赛组织专业学位硕士研究生招生考试的人员，须符合下列条件：

①符合第十七条中第（一）、（二）、（三）各项的要求。

②大学本科毕业后有 3 年以上工作经验的人员；或获得国家承认的高职高专毕业学历或大学本科结业后，符合招生单位相关学业要求，达到大学本科毕业同等学力并有 5 年以上工作经验的人员；或获得硕士、博士研究生学历或学位后有 2 年以上工作经验的人员。

工商管理硕士专业学位研究生相关考试招生政策同时按照《教育部关于进一步规范工商管理硕士专业学位研究生教育的意见》（教研〔2016〕2 号）有关规定执行。

第二十一条，具有推荐免试资格的考生，须在国家规定时间内登录"全国推荐免试攻读研究生（免初试、转段）信息公开暨管理服务系统"填报志愿并参加复试。

推免生推荐和接收办法由推荐学校和接收单位根据教育部有关规定制定并公布。

第二十二条，报名包括网上报名和网上确认两个阶段。所有考生均须在规定时间内参加网上报名和网上确认，逾期不再补办。

5. "命题"部分

第二十六条，全国统一命题科目的命题工作由教育部教育考试院统一组织，考试大纲由教育部教育考试院统一编制或教育部指定相关机构组织编制；自命题科目的命题工作由招生单位自行组织。积极推进专业学位与学术学位硕士研究生招生考试分类命题。

第三十一条，单独考试初试科目设置与相应学科专业全国统一考试初试科目设置相同，单独考试的各考试科目可由招生单位命题、委托其他招生单位命题，也可以选用全国统一命题科目。

6. "初试"部分

第三十三条，初试时间为 2023 年 12 月 23 日至 24 日（每天上午 8:30—11:30，下午 14:00—17:00）。考试时间超过 3 小时或有使用画板等特殊要求的考试科目在 12 月 25 日进行（起始时间 8:30，截止时间由招生单位确定，不超过 14:30）。

考试时间以北京时间为准。不在规定日期举行的硕士研究生招生考试，国家一律不予承认。

第三十四条，硕士研究生招生初试一般设置四个单元考试科目，即思想政治理论、外国语、业务课一和业务课二，满分分别为 100 分、100 分、150 分、150 分。

第三十五条，教育学、历史学、医学门类学术硕士研究生初试设置三个单元考试科目，即思想政治理论、外国语、专业基础综合，满分分别为 100 分、100 分、300 分。

体育、应用心理、博物馆、药学、中药、临床医学、口腔医学、中医、公共卫生、护理、医生技术、针灸等专业学位硕士研究生初试设置三个单元考试科目，即思想政治理论、外国语、专业基础综合，满分分别为 100 分、100 分、300 分。

会计、图书情报、工商管理、公共管理、旅游管理、工程管理和审计等专业学位硕士初试设置两个单元考试科目，即管理类综合能力、外国语，满分分别为 200 分、100 分。

第三十六条，硕士研究生招生考试的全国统一命题科目为思想政治理论、英语（一）、英语（二）、俄语、日语、数学（一）、数学（二）、数学（三）、教育学专业基础、心理学专业基础、历史学专业基础、临床医学综合能力（中医）、临床医学综合能力（西医）、数学（农）、化学（农）、植物生理学与生物化学、动物生理学与生物化学、计算机学科专业基础、管理类综合能力、法律硕士专业基础（非法学）、法律硕士综合（非法学）、法律硕士专业基础（法学）、法律硕士综合（法学）、经济类综合能力、教育综合。其中，教育学专业基础、心理学专业基础、历史学专业基础、数学（农）、化学（农）、植物生理学与生物化学、动物生理学与生物化学、计算机学科专业基础、经济类综合能力、教育综合等科目由招生单位统筹考虑本单位实际情况自主选择使用。

医学学术学位硕士研究生初试业务课科目由招生单位按一级学科自主命题。口腔医学专业学位既可选用统一命题的临床医学综合能力科目，也可由招生单位自主命题。

（注意：从2024年全国硕士研究生招生考试起，教育专业学位硕士业务课考试科目增设全国统一命题科目，供相关招生单位自主选择使用。）

第三十七条，招生单位必须按教育部的有关规定确定考试科目并使用相关试题。

第三十八条，初试方式均为笔试。每科考试时间一般为3小时。详细考试时间、考试科目及有关要求等由报考点和招生单位予以公布。

7. "评卷"部分

第四十二条，全国统一命题科目的评卷工作由省（区、市）高等学校招生委员会在教育部教育考试院指导下统一组织，具体的评卷细则、工作程序、要求和纪律，由省级教育招生考试机构根据教育部的要求制订。

第四十三条，全国统一命题科目评卷工作实行省（区、市）高等学校招生委员会统一领导、省级教育招生考试机构统一组织、评卷工作承办单位具体实施的管理体制。招生单位有承担当地全国统一命题科目评卷的责任和义务。

第四十八条，招生单位应当在规定时间内向考生公布成绩。考生对评卷结果有异议，可以依程序申请成绩复查，具体的复查办法按照教育部相关考务文件执行。

8. "复试"部分

第五十条，复试是硕士研究生招生考试的重要组成部分，用于考查考生的创新能力、专业素养和综合素质等，是硕士研究生录取的必要环节，复试不合格者不予录取。

第五十一条，复试时间、地点、内容、方式、成绩使用办法、组织管理等由招生单位按教育部有关规定自主确定。复试办法和程序由招生单位公布。招生单位原则上采用命制多套试题、安排考生随机抽取试题等方式加强复试过程管理。招生单位全部复试工作一般应在录取当年4月底前完成。

第五十二条，教育部按照一区、二区制定并公布参加全国统一考试考生进入复试的初试成绩基本要求。一区包括北京、天津、河北、山西、辽宁、吉林、黑龙江、上海、江苏、浙江、安徽、福建、江西、山东、河南、湖北、湖南、广东、重庆、四川、陕西等21省（市）；二区包括内蒙古、广西、海南、贵州、云南、西藏、甘肃、青海、宁夏、新疆等10省（区）。原则上按学科门类分别划线，工商管理等管理类专业学位将根据情况单独划线。

报考地处二区招生单位且毕业后在国务院公布的民族区域自治地方定向就业的少数民族普通高校应届本科毕业生；或者工作单位和户籍在国务院公布的民族区域自治地方，且定向就业单位为原单位的少数民族在职人员考生，可按规定享受少数民族照顾政策。

第五十三条，招生单位应确定并公布报考本单位的考生进入复试的初试成绩要求（分学科门类或专业的总成绩、单科成绩要求，下同）等。

（1）在教育部划定的初试成绩基本要求基础上，结合生源、招生计划、复试比例等情况，自主确定本单位考生进入复试的初试成绩要求及其他学术要求，但不得出台歧视性或其他有违公平的规定。

经教育部批准的部分招生单位可直接自主划定考生进入复试的初试成绩要求，并报省级教育招生考试机构备案，未经备案的不得公布执行。

相关招生单位自主确定并公布报考本单位临床医学、口腔医学和中医（以下简称临床医学类）专业学位硕士研究生进入复试的初试成绩要求。教育部划定的临床医学类专业学位硕士研究生初试成绩基本要求供招生单位参考。

招生单位自主划定或确定的总分要求低于教育部划定的初试成绩基本要求的专业，下一年度不得扩大该专业招生规模（不含"退役大学生士兵"专项计划）。

（2）自主确定"退役大学生士兵"专项计划考生进入复试的初试成绩要求、该计划接受考生调剂的初试成绩要求。

（3）自主确定参加单独考试的考生进入复试的初试成绩要求。

第五十四条，对初试公共科目成绩略低于全国初试成绩基本要求，但专业科目成绩特别优异或在科研创新方面具有突出表现的考生，可允许其破格参加第一志愿报考单位第一志愿专业复试（以下简称破格复试）。

破格复试应优先考虑基础学科、艰苦专业以及国家急需但生源相对不足的学科、专业。对一志愿合格生源不足的专业，招生单位要积极做好调剂工作，不得单纯为完成招生计划或保护一志愿生源而降低标准进行破格复试。合格生源（含调剂生源）充足的招生专业一般不再进行破格复试。破格复试考生不得调剂。

第五十五条，复试应采取差额形式，招生单位自主确定复试差额比例并提前公布，差额比例一般不低于120%，合格生源比例不足的，按实际合格生源数组织复试。

招生单位要按照教育部有关规定制定本单位的复试录取办法和各院系实施细则，提前在本单位网站向社会公布并严格执行。复试录取办法中应当明确考生进入复试的初试成绩和其他学术要求，以及复试、调剂、录取等各环节具体规定，特别要明确破格复试条件和程序。未按要求提前公布的复试录取规定一律无效。

第五十六条，招生单位在复试前应当严格采取人证识别及相关信息库数据比对等措施，加强对考生的身份审核及报考专项计划、享受照顾（含加分）政策的资格审核，对不符合规定条件者，不予复试。

少数民族考生身份以报考时查验的身份证为准，复试时不得更改。少数民族地区以国务院有关部门公布的《全国民族区域自治地方简表》为准。

第五十八条，以同等学力参加复试的考生，在复试中须加试至少两门与报考专业相关的本科主干课程。加试科目不得与初试科目相同。加试方式为笔试。报考法律硕士（非法学）、工商管理硕士、公共管理硕士、工程管理硕士或旅游管理硕士的同等学力考生可以不加试。对成人教育应届本科毕业生及复试时尚未取得本科毕业证书的自考和网络教育考生，招生单位可自主确定是否加试，相关办法应在招生章程中提前公布。

第五十九条，会计硕士、图书情报硕士、工商管理硕士、公共管理硕士、旅游管理硕士、工程管理硕士和审计硕士的思想政治理论考试由招生单位在复试中进行，成绩计入复试总成绩。

第六十条，外国语听力及口语测试均在复试中进行，由招生单位自行组织，成绩计入复试总成绩。

第六十一条，招生单位认为有必要时，可对考生再次复试。

第六十二条，参加"大学生志愿服务西部计划""三支一扶计划""农村义务教育阶段学校教师特设岗位计划""赴外汉语教师志愿者"等项目服务期满、考核合格的考生，3年内参加全国硕士研究生招生考试的，初试总分加10分，同等条件下优先录取。

退役大学生士兵达到报考条件后，3年内参加全国硕士研究生招生考试，初试总分加10

分，同等条件下优先录取。报考（含调剂）"退役大学生士兵"专项计划的，不享受退役大学生士兵初试加分政策。在部队荣立二等功以上的退役人员，符合全国硕士研究生招生考试报考条件的，可申请免初试攻读硕士研究生。

参加"选聘高校毕业生到村任职"项目服务期满、考核称职以上的考生，3年内参加全国硕士研究生招生考试的，初试总分加10分，同等条件下优先录取，其中报考人文社科类专业研究生的，初试总分加15分。

加分项目不累计，同时满足两项以上加分条件的考生按最高项加分。各省级教育招生考试机构、各招生单位应严格规范执行硕士研究生招生考试的初试总分加分政策，除教育部统一规定的范围和标准外，不得擅自扩大范围、另设标准。

第六十三条，考生体检工作由招生单位在考生拟录取后组织进行。招生单位根据《残疾人教育条例》和《教育部办公厅、卫生部办公厅关于普通高等学校招生学生入学身体检查取消乙肝项目检测有关问题的通知》（教学厅〔2010〕2号）等文件规定，参照《教育部、卫生部、中国残疾人联合会关于印发〈普通高等学校招生体检工作指导意见〉的通知》（教学〔2003〕3号）要求，结合招生专业实际情况，提出本单位体检要求。

9. "调剂"部分

第六十四条，招生单位在第一志愿合格生源不足时，可组织开展调剂工作。招生单位接收所有调剂考生（含报考"退役大学生士兵"专项计划与普通计划之间调剂的考生等）均须通过教育部"全国硕士生招生复试调剂服务系统"进行，严禁通过其他渠道接收调剂考生。

第六十六条，第一志愿报考以下专业（或专项计划）应遵循相关调剂要求。

（1）报考照顾专业（指工学照顾专业、中医学、中西医结合、中医硕士、体育学、体育硕士，教育部将根据国家战略需要、社会发展需求、考生报考情况等因素适时调整，下同）的考生若调剂出本类照顾专业，其初试成绩必须达到调入地区该照顾专业所在学科门类的全国初试成绩基本要求。

报考非照顾专业的考生若调入照顾专业，其初试成绩必须符合调入地区对应的非照顾专业所在学科门类的全国初试成绩基本要求。

工学照顾专业之间，中医学、中西医结合与中医硕士之间，体育学与体育硕士之间调剂，按本类照顾专业全国初试成绩基本要求执行。

（2）报考工商管理、公共管理、旅游管理、工程管理、会计、图书情报、审计专业学位硕士的考生，在满足调入专业报考条件且初试成绩同时符合调出专业和调入专业在调入地区的全国初试成绩基本要求的基础上，可申请相互调剂，但不得调入其他专业；报考其他专业的考生不得调入以上专业。

（3）报考"退役大学生士兵"专项计划的考生，申请调剂到普通计划，其初试成绩须达到调入地区相关专业所在学科门类的全国初试成绩基本要求。符合条件的，可按规定享受退役大学生士兵初试加分政策。

报考普通计划的考生，若符合"退役大学生士兵"专项计划报考条件，可申请调剂到该专项计划，其初试成绩须符合相关招生单位确定的接受"退役大学生士兵"专项计划考生调剂的初试成绩要求。对于"退役大学生士兵"专项计划和普通计划之间的调剂，招生单位须严格按照调剂程序和要求组织，不得直接改变考生志愿、调整计划类型进行复试录取。

（4）招生单位自主确定并公布本单位接受报考其他单位临床医学类专业学位硕士研究生调剂的成绩要求。教育部划定临床医学类专业学位硕士研究生初试成绩基本要求作为报考临床医学类专业学位硕士研究生的考生调剂到其他专业的基本成绩要求。

报考临床医学类专业学位硕士研究生的考生可按相关政策调剂到其他专业，报考其他专业（含医学学术学位）的考生不可调剂到临床医学类专业学位。

（5）报考法律（非法学）专业学位硕士的考生不得调入其他专业，其他专业的考生也不得调入该专业。

（6）报考"少数民族高层次骨干人才计划"的考生不得调剂到该计划以外录取；未报考的不得调剂入该计划录取。

（7）参加单独考试（含强军计划、援藏计划）的考生不得调剂。

第六十七条，招生单位应充分利用"全国硕士生招生复试调剂服务系统"、咨询电话等渠道为调剂考生做好政策宣传解读、咨询答复等服务保障工作。

招生单位应根据本单位复试录取情况，通过本单位官方网站和"全国硕士生招生复试调剂服务系统"及时、准确发布招生计划余额信息。严禁招生单位任何工作人员和学生未经单位授权擅自发布调剂信息。

招生单位通过"全国硕士生招生复试调剂服务系统"自主设定调剂系统持续时间、考生调剂志愿锁定时间等，并在时间安排上为考生提供合理便利。其中，每次开放调剂系统持续时间不得低于12小时，考生调剂志愿锁定时间不得超过36小时。锁定时间到达后，如招生单位未明确受理意见，系统自动解除锁定，考生可继续填报其他志愿。

招生单位发布需考生确认拟录取或复试通知时，需充分考虑考生学习、工作、休息时间等因素作出合理安排，给考生预留充裕的确认时间。对于没有按时确认的考生，招生单位应通过电话、短信、邮件等方式逐一联系确认，不得简单以"逾期不接受视为自行放弃"对待。

10. "思想政治素质和品德考核"部分

第六十八条，思想政治素质和品德考核是保证入学新生质量的重要工作环节，招生单位必须严格遵循实事求是的原则认真做好考核工作，对于思想品德考核不合格者不予录取。

第六十九条，思想政治素质和品德考核主要是考核考生本人的现实表现，内容应当包括考生的政治态度、思想表现、道德品质、遵纪守法、诚实守信等方面。

招生单位要强化对考生诚信的要求，充分利用《国家教育考试考生诚信档案》记录，对考生在报考时填写的考试作弊受处罚情况进行认真核查，将考生诚信状况作为思想品德考核的重要内容和录取的重要依据。凡有违反国家教育考试规定、情节严重受到停考处罚，在处罚结束后继续报名参加研究生招生考试的，由招生单位决定是否予以录取。

第七十条，招生单位在复试的同时应当组织思想政治工作部门、招生工作部门、导师与考生面谈，直接了解考生思想政治情况。招生单位还可采取"函调"或"派人外调"的方式对考生的思想政治素质和品德考核。

拟录取名单确定后，招生单位应向考生所在单位函调人事档案（或档案审查意见）和本人现实表现等材料，全面考查其思想政治和品德情况。函调的考生现实表现材料，须由考生本人档案或工作所在单位的人事、政工部门加盖印章。

11. "录取"部分

第七十一条，招生单位要在研究生招生工作领导小组的统一领导下，按照教育部有关招生录取政策规定及各省级高等学校招生委员会的补充规定，根据本单位招生计划、复试录取办法以及考生初试和复试成绩、思想政治表现、身心健康状况等择优确定拟录取名单。录取工作要依法保护残疾考生的合法权益。

第七十二条，招生单位要严格按照教育部下达的招生计划（含各专项计划）及相关要求开展招生录取工作，录取人数不得超过本单位招生计划。招生单位承担的各类专项计划均包含在本单位的招生总规模以内，专项计划专项使用，不得挪用。

各招生单位破格复试录取人数原则上不超过本单位全日制硕士生招生计划的3%。

单独考试录取人数不得超过教育部下达的单独考试招生限额，且录取要符合有关要求。

在本招生单位内，学术学位招生计划可调整到专业学位使用，但专业学位招生计划不得调整到学术学位专业使用。全日制招生计划与非全日制招生计划不得相互调整使用。

第七十三条，定向就业的硕士研究生应当在被录取前与招生单位、用人单位分别签订定向就业合同。参加单独考试的考生，只能被录取为回原单位定向就业的硕士研究生。报考非定向就业研究生录取为定向就业的，招生单位须严格审核定向就业合同，从严掌握。

考生因报考硕士研究生与所在单位产生的问题由考生自行处理。若因此造成考生不能复试或无法录取，招生单位不承担责任。

第七十四条，经考生确认的报考信息在录取阶段一律不作修改，对报考资格不符合规定者不予录取。各招生单位不得将未通过或未完成学历（学籍）审核的考生列入拟录取名单公示或上报。

第七十六条，应届本科毕业生及自学考试和网络教育届时可毕业本科生考生，录取当年入学时未取得国家承认的本科毕业证书者，录取资格无效。

第七十七条，被录取的新生（录取资格无效的除外），可以申请保留入学资格，保留入学资格的条件、期限等由招生单位规定。经招生单位同意保留入学资格的新生纳入招生单位录取当年的招生计划管理。

12. "信息公开公示"部分

第七十九条，教育部建立"全国硕士研究生招生信息公开平台"，作为招生单位研究生招生信息公开平台。

招生单位是研究生招生信息公开工作的责任主体，招生单位在"全国硕士研究生招生信息公开平台"公开的所有招生信息，均须符合招生政策并按教育部有关规定事先在本单位网站进行公开公示。各省级教育行政部门、教育招生考试机构对本地区所有研究生招生单位的招生信息公开工作负有监管责任，对招生单位上报公开的信息要认真审核。

第八十一条，招生单位要提前在本单位网站上公布硕士研究生招生章程、招生政策和规定、招生专业目录和分专业（临床医学、口腔医学、中医专业学位按领域或方向）招生计划。招生章程中应按相关规定公布本单位各专业硕士研究生报考条件、学习方式、学制、学费标准、奖助办法、毕业就业、住宿情况以及培养所在校区等内容。原则上招生单位非全日制硕士研究生招收在职定向就业人员。招生章程应报当地省级教育招生考试机构备案。

第八十三条，招生单位的研究生招生管理部门应当统一公示拟录取名单，公示时间不少于10个工作日，公示期间名单不得修改；名单如有变动，须对变动部分作出说明，并对变动内容另行公示10个工作日。未经招生单位公示的考生，一律不得录取，不予学籍注册。

公示结束后，招生单位应将拟录取名单报省级教育行政部门、教育招生考试机构进行政策审核，省级教育行政部门、教育招生考试机构应将审核意见及时反馈招生单位。招生单位应按要求将审核通过的录取名单报"全国硕士研究生招生信息公开平台"。最终录取名单及新生学籍注册均以招生单位上报平台的信息为准。

第八十四条，省级教育行政部门、教育招生考试机构及招生单位在公示有关信息时，应畅通考生咨询及申诉渠道（包括联系部门、电子信箱、电话号码和通讯地址等），建立完善接诉即办机制，对相关申诉和举报及时调查处理。

13. "违规处理"部分

第八十五条，招生单位和省级教育招生考试机构要教育引导考生遵章守纪、诚信考试。对在研究生考试招生中违反考试管理规定和考场纪律，影响考试公平、公正的考生、考试工作人员及其他相关人员，一律按《中华人民共和国教育法》及《国家教育考试违规处理办法》（教育部令第33号）严肃处理。对在校生，由其所在学校按有关规定给予处分，直至开除学籍；对在职考生，应通知考生所在单位，由考生所在单位视情节给予党纪或政纪处分；对考试工作人员，由教育招生考试机构或其所在单位视情节给予相应的行政处分；构成违法的，依法追究法律责任，其中构成犯罪的，依法追究刑事责任。

第八十六条，相关单位应当将考生在硕士研究生招生考试中的违规或作弊事实记入《国家教育考试考生诚信档案》，并将考生的有关情况通报其所在学校或单位，记入考生人事档案，作为其今后升学和就业的重要参考依据。

14. "附则"部分

第九十一条，现役军人报考硕士研究生及军队系统的招生单位招收硕士研究生的办法由军队相关部门参照本规定另行制订。

第九十二条，推荐免试工作相关管理办法由教育部另文规定。

二、考研准备全流程解析

准备考研的学生通常从大三第一学期初就应启动规划，以下是从大三第一学期至大四考研期间，部分关键事项的详细解析。

（一）大三第一学期初期

1. 外部重要事件

社会考研辅导机构面向大三学生，在校园内举办考研交流会和导学班，提供考研信息咨询服务。

2. 考生对应步骤

积极参加各类考研讲座，广泛收集考研信息，可以咨询多家辅导机构，制订系统的考研复习计划。

在经济条件允许的情况下，可以选择适合的考研辅导机构，报名参加英语、数学导学课程，以专家指导为起点，或者开始自学规划，高效启动复习。

（二）大三第一学期至寒假期间

1. 外部重要事件

上一届全国硕士研究生入学统一考试初试结束，进入阅卷阶段。

2. 考生对应步骤

观察并学习身边大四学生的备考状态，尝试前往考试现场体验氛围，了解初试流程。

利用寒假时间，进行初步的自我评估，调整复习计划。

（三）大三第二学期初期至中期（当年 4 月）

1. 外部重要事件

新学期开始后，一些考研辅导机构继续举办考研交流活动。2 月中旬至 3 月初，院校将陆续公布上一年考研初试成绩。3 月中上旬，自主划线院校公布考研复试分数线。3 月中下旬，国家线公布。

3 月底，自主划线院校开始复试，其他研究生招生单位也陆续启动复试流程，并依据招生情况组织调剂工作。多数社会考研辅导机构开设春季基础班，主要针对考研公共课进行辅导。

2. 考生对应步骤

密切关注目标院校及专业的初试成绩、复试分数线，评估自身竞争力。分析目标院校的考试难度，制订针对性的复习策略，结合个人情况，全面启动公共课的基础复习计划。尽可能前往目标院校复试现场，了解复试详情，并尝试建立与成功考取目标院校考生的联系。根据个人政治基础及目标院校要求，决定是否参加考研政治导学课程，同时继续深化英语、数学的复习，确保复习进度与效果。

在考研机构老师及前辈的指导下，搜集目标专业的历年招生信息，明确专业课复习资料，制订专业课复习初步规划，特别是跨专业考生需尽早开始专业课基础学习。

根据个人基础与经济状况，理性选择是否参加春季基础班课程，特别是英语、数学、政治等科目。

（四）大三第二学期中期至末期（当年 6 月）

1. 外部重要事件

5 月中旬，教育部考试中心召开年度硕士研究生入学考试工作会议，总结上一年考试情况，并初步讨论下一年考试大纲修订方向，邀请各学科专家讨论并确定下一年考试大纲细节。

2. 考生应对策略

持续深化公共课基础复习，评估是否需要参加春季强化课程。全面开展专业课基础复习，构建专业知识体系框架。借助多方资源精准收集目标院校专业的核心复习材料，包括教师讲义、研究成果、专业课真题等，以增强复习的针对性。

完成英语、数学的第一轮基础复习，顺利过渡到第二轮综合强化阶段，提升解题能力与应试技巧。

制订下一阶段的详细复习计划，平衡好四六级、期末考试与考研复习的时间分配，确保各项任务有序进行。

（五）大三暑假（当年 7、8 月）

1. 外部重要事件

全国各研究生招生单位依据教育部指导及上一年度的招生情况，上报下一年度研究生招生计划（含推免生名额），教育部综合后制定全国硕士研究生招生计划。社会考研辅导机构开设暑期公共课与专业课强化班，助力考生备考。

2. 考生对应步骤

可以跟随暑期强化班课程节奏或自主规划，深入强化公共课学习，同时专业课由基础学习向系统强化过渡。

（六）大四第一学期初期至中期（当年10月）

1. 外部重要事件

教育部考试中心发布全国硕士研究生招生考试政治、英语、数学及部分统考专业课考试大纲及解析。教育部公布全国硕士研究生招生简章，各招生单位随后公布本机构招生简章及专业目录。

9月初，应届本科毕业生可参与网上预报名。

10月，全国硕士研究生招生考试正式开启网上报名。社会考研辅导机构推出非统考专业课强化课程。

2. 考生对应步骤

购置考试大纲及解析资料，深入研究大纲内容及其变化。关注招生政策变动，完成网上预报名流程。分析目标院校及专业的招生计划、考试科目等变化，调整复习资料与计划。公共课进入强化复习收尾阶段，专业课继续深化。

利用国庆假期集中学习或参与特训计划，提升复习质量。完成网上正式报名手续。公共课与专业课全面进入综合提升阶段，注重知识整合与模拟练习。克服"心理怀疑期"，调整心态，保持积极向上的学习状态。

（七）大四第一学期中期至末期（当年12月）

1. 外部重要事件

11月，全国硕士研究生招生考试报名信息确认，包括现场确认、缴费及拍照。非统考专业课命题工作启动。社会考研辅导机构推出秋季冲刺课程及政治"形势与政策"精讲班。

教育部考试中心召开命题会议，明确统考科目命题工作。

12月初，教育部联合相关部门全面部署研究生入学考试的各项安排。

12月底，全国硕士研究生入学统一考试初试举行。

2. 考生对应步骤

按时完成现场报名确认流程。参加秋季冲刺课程或自主复习，紧跟考研最新命题趋势，提高复习效率。可以借助"形势与政策"精讲班，精准掌握时政热点，为政治科目加分。

公共课与专业课同步进入最终冲刺阶段，强化模拟练习。

调整心态，保持积极向上的复习状态，确保冲刺效率。保持高度紧张与专注，为即将到来的冲刺阶段做好充分准备。合理安排作息时间，保持平和心态，全力以赴迎接考试。

（八）大四寒假期间至大四第二学期初期（次年3月）

1. 外部重要事件

招生单位启动阅卷工作。春节后，考研初试成绩陆续公布。

3月初，自主招生院校公布复试分数线。3月中旬，国家复试分数线正式发布。

2. 考生对应步骤

通过目标院校官网、论坛等平台，获取最新复试资讯，积极备战复试。密切关注个人初试成绩及目标院校复试分数线，为复试或调剂做好心理准备。

（九）大四第二学期初至期末

1. 外部重要事件

复试：3月中下旬至4月底，自主招生院校及全国范围内复试工作陆续展开并结束。

调剂：同期进行，考生需关注调剂信息，及时申请。

体检：4月底前，各招生单位组织体检，考生须按要求完成。

政审：5月初，招生单位开展政审工作，考生需配合提交相关材料。

录取：5月中旬起，各招生单位根据综合成绩及政审结果确定录取名单，并发放录取通知书。

2. 考生对应步骤

全面搜集复试信息，精心准备复试内容，包括专业知识、面试技巧等。

密切关注调剂信息，主动出击，争取最佳调剂机会。

配合招生单位完成体检、政审等流程，确保录取顺利。

收到录取通知书后，及时办理入学手续，规划研究生生活与学习计划。

随着研究生录取工作的尘埃落定，考生应开始认真规划未来的研究生学习生活，明确学术目标，探索研究方向，并考虑未来的职业发展路径。

第二节 考研目标的选择

一、专业范围界定

考生在选择研究生专业时，须明确三大专业范围类型。

本专业深造：指考生本科所学专业对应的学术型硕士及专业硕士，是考研的直接选择。

相近专业探索：涵盖与考生本科专业所属一级学科平行的其他一级学科下的专业，为考生进一步提供了跨学科探索的空间。

跨专业挑战：指考生选择非本科专业所属学科门类的学术型硕士或专业硕士，通过拓宽选择范围，考生可规避难度过高的专业，降低考研难度。

二、意向专业选择策略

全面搜集信息：基于专业范围界定，系统收集并整理每一意向一级学科下的所有专业名单。

深度专业分析：深入剖析意向专业的内涵、培养方案、就业前景及同一学科下的其他相关专业，以全面理解并作出明智选择。

精选意向专业：建议将读研的意向专业数量控制在三个以内，以确保集中精力进行深入准备。

三、意向地区考量

就业导向：学习所在地往往成为未来就业的重要基地，选择院校时需充分考虑地区因素，以最大化利用人脉资源。

个人与家庭规划：结合个人职业规划、家庭期望及生活安排，综合评估不同地区的适宜性。

经济成本考量：学费及生活成本也是不可忽视的因素，考生应根据自身经济状况合理选择意向地区。

建议将读研的意向地区限定在三个城市以内，以便更加聚焦和高效地准备。

四、意向硕士点筛选

基于"意向专业"与"意向地区"的双重筛选条件，考生可登录中国研究生招生信息网，利用"硕士专业目录"功能，输入"所在省市"与"专业名称"，检索出符合条件的全部招生单位。随后，根据各硕士点的综合实力、研究方向及个人偏好，完成最终的意向硕士点选择。

五、意向硕士点竞争难度分析

考生需通过多元化途径搜集资料后，可以依据以下五个核心指标，对意向硕士点进行全面而细致的分析。

报名录取比例：此比例直观地反映了硕士点的竞争激烈程度。优先选择那些报名录取比例连续或超过两年稳定在可接受范围（如不低于30%）的硕士点，以降低备考风险。

总分与单科分数线：分数线是衡量考试难度的重要指标。考生应倾向于选择总分及单科分数线连续或超过两年保持在符合自身实际能力范围的硕士点。

初试参考书目分析：若无指定参考书，此类硕士点考查内容广泛，注重综合素养。考生需广泛搜集资料，咨询前辈以获取有效的复习资源。

若指定参考书，不同院校同一专业的参考书目差异显著，考生需根据自身基础及对参考书目的熟悉程度，合理评估并选择合适的硕士点。

复试环节考查：重点关注复试差额录取比例及复试内容的构成。差额比例大则竞争激烈。复试内容多样，包括专业课笔试、口语与听力测试、面试等。考生需详细了解各模块内容及其分值占比，结合初试与复试的分数权重，综合评估考试难度。

历年调剂信息：若某硕士点连续多年招收大量调剂生，可能表明第一志愿录取率较高，为考生提供了更多的录取机会。

通过上述分析，考生可更准确地把握意向硕士点的竞争态势，为最终确定目标硕士点提供坚实依据。

六、自我竞争力分析

基于考生的公共课与专业课基础，通过自我评估或借助外部指导，科学评价自身竞争力，进而合理调整院校及专业的选择。

公共课基础评估：学习计划执行成效；每月测试成绩是否达到及格线；考试科目是否包含数学；全国范围内的成绩排名情况。

专业课基础评估：是否为跨专业考研；本科专业排名情况；本科阶段是否开设过相关科目；本科教学是否涵盖除理论外的实践内容，如数理分析、案例分析、政策解析、实验操作等；是否已学习过意向院校指定的初试参考书目。

综合"意向硕士点竞争难度分析"与"自我竞争力分析"的结果，考生应对意向硕士点进行全面比较，最终确定符合自身实际情况的考研目标硕士点。

第三节 研究生招考常识

一、研究生专业目录

2022年9月，国务院学位委员会、教育部印发《研究生教育学科专业目录（2022年）》（以下简称"新版目录"）和《研究生教育学科专业目录管理办法》。新版目录有14个门类，共有一级学科117个，博士专业学位类别36个，硕士专业学位类别31个。

新版目录分为学科门类、一级学科和专业学位类别，是国家进行学位授权审核与学科专业管理、学位授予单位开展学位授予与人才培养工作的基本依据，适用于硕士博士学位授予、招生培养，学科专业建设和教育统计、就业指导服务等工作。

新版目录是在原《学位授予和人才培养学科目录（2011年颁布，2018年修订）》基础上编制形成的。新版目录体现了优化发展专业学位、支撑行业产业高质量发展，所有门类下均设置了专业学位。加强了对科技前沿和关键领域的学科支撑，新设智能科学与技术、遥感科学与技术、纳米科学与工程、水土保持与荒漠化防治学、法医学等一级学科或交叉学科，并更名部分一级学科。更好地服务国家治理体系与治理能力现代化的需要。新设中共党史党建学、纪检监察学、区域国别学等一级学科或交叉学科。此外，新版目录加强对弘扬中华优秀传统文化的学科专业支撑。

新版目录中学科门类代码为两位阿拉伯数字，一级学科和专业学位类别代码为四位阿拉伯数字，其中代码第三位从"5"开始的为专业学位类别。

除交叉学科门类外，各一级学科按所属学科门类授予学位。

专业学位类别按其名称授予学位。名称后加"*"的仅可授硕士专业学位，其他可授硕士、博士专业学位。

新版目录注明可授不同学科门类学位的一级学科，可分属不同学科门类，此类一级学科授予学位的学科门类由学位授予单位学位评定委员会决定。

新版目录的具体内容可从教育部等相关网站进行查询。

二、研究生学位类型

目前国家全日制研究生学位有学术型和专业型两类，学术硕士和专业硕士的区别如下。

（一）培养目标不同

学术硕士按学科设立，其以学术研究为导向，偏重理论和研究，培养学术研究人才。

专业硕士与学术硕士处于同一层次，培养规格各有侧重，在培养目标上有明显差异。

专业硕士教育的突出特点是与职业性紧密结合，获得专业学位的人，主要不是从事学术研究，而是从事具有明显职业背景的工作，如工程师、医师、教师、律师、会计师等。这是一种以专业实践为导向，重视实践和应用，培养在专业和专门技术上受到正规的、高水平训练的高层次人才的培养方式。

（二）培养方式不同

学术硕士的课程设置侧重基础理论的学习，重点培养学生从事科学研究创新工作的能力和素质。

专业硕士课程设置以实际应用为导向，以职业需求为目标，以综合素养和应用知识与能力的提高为核心。教学内容强调理论性与应用性课程的有机结合，突出案例分析和实践研究；教学过程重视运用团队学习、案例分析、现场研究、模拟训练等方法；注重培养学生研究实践问题的意识和能力。在具体的学习过程中，要求有为期至少半年的实践环节，实践学分比重较学术学位更大。

（三）招生专业不同

学术硕士，招生专业包括哲学、经济学、法学、教育学、文学、历史学、理学、工学、农学、医学、军事学、管理学、艺术学13大学科，及其下设的一级学科、二级学科，涵盖所有专业方向。

专业硕士，招生专业比较有针对性，根据研招网"专业知识库"显示，"专业学位硕士研究生"招生专业包括金融、应用统计、税务、国际商务、保险、资产评估、审计、法律、社会工作、警务、教育、体育、汉语国际教育、应用心理、翻译、新闻与传播、出版、文物与博物馆、建筑学、城市规划、电子信息、机械、材料与化工、资源与环境、能源动力、土木水利、生物与医药、交通运输、农业、兽医、风景园林、林业、临床医学、口腔医学、公共卫生、护理、药学、中药学、中医、军事、工商管理、公共管理、会计、旅游管理、图书情报、工程管理、艺术等，共计47个专业（类）。

具体到某一招生单位的某一具体专业是否招生，须参照招生单位当年的招生专业目录。

（四）调剂要求不同

考生调剂基本条件是初试科目与调入专业初试科目相同或相近，其中初试统考科目与调入专业统考命题科目相同。学术型硕士的考试科目一般可以涵盖专硕的初试科目，因此调剂一般为学术型硕士向专硕调剂。

详见2024《招生工作管理规定》中的"调剂"部分。

（五）入学难度不同

对于大部分专业来说，专业硕士较学术硕士难度略低。专业硕士公共课英语科目多考英语二，难度相对较小；学术硕士公共课英语科目考英语一，难度较大。专业硕士多数不考公共课数学科目或考数学三、经济类联考综合能力，难度相对较小；学术硕士公共课数学科目考数学一、数学二、数学三、数学（农）或招生单位自命题理学数学，难度较大。

（六）学费标准不同

学术硕士收费标准，从2014年秋季学期起，原则上每年硕士生不超过8000元、博士生不超过10000元。

全日制专业硕士收费标准，按不高于本校现行普通专业学术型自筹经费研究生收费标准确定（没有普通专业学术型自筹经费研究生的学校，应参照当地其他院校同类专业的有关收费标准确定）。

（七）学制年限不同

专业硕士学制一般为 2～3 年，学术硕士学制一般为 3 年。具体情况以各招生单位当年政策为准。

（八）导师制度不同

学术硕士，一般实行单导师制。在基本职能方面，研究生导师对学生进行研究生课程教学、课题研究指导与学位论文指导。在导学内容方面，研究生导师对其研究生在读研期间的全过程进行指导。研究生论文完成后，指导教师要对研究生作出客观、全面、准确的评价，并负责向导师组申请审查同意，提交院学位评定委员会，申请组织答辩。

专业硕士，一般实行双导师制。根据教育部相关文件精神，各专业学位研究生培养单位需建立健全校内外双导师制，以校内导师指导为主，校外导师应参与实践过程、项目研究、课程与论文等多个环节的指导工作。在培养过程中校内导师以教授理论知识、学术指导为主，而校外导师则以培养技能、指导实践为主。

（九）学位论文不同

学术硕士的学位论文，强调科学理论研究与原创学术创新，一般为学术性论文。

专业硕士的论文强化应用导向，形式可多种多样。鼓励采用调研报告、规划设计、产品开发、案例分析、项目管理、文学艺术作品等多种形式。

（十）读博方式不同

学术硕士可以通过自己的导师直接读博，不用参加全国统考，即所谓的直博或者硕博连读。

专业硕士一般不能硕博连读或直博，硕士毕业后若进行考博，请咨询招生单位了解相关政策。

三、研究生学习方式

全日制研究生是指符合国家研究生招生规定，通过研究生入学考试或国家承认的其他入学方式，被具有实施研究生教育资格的高等学校或其他教育机构录取，在基本修业年限或者学校规定年限内，全脱产在校学习的研究生。

非全日制研究生指符合国家研究生招生规定，通过研究生入学考试或国家承认的其他入学方式，被具有实施研究生教育资格的高等学校或其他教育机构录取，在学校规定的修业年限（一般应适当延长基本修业年限）内，在从事其他职业或者社会实践的同时，采取多种方式和灵活时间安排进行非脱产学习的研究生。

四、研究生专项计划

目前研究生专项计划包括强军计划、援藏计划、硕师计划、少数民族骨干计划和退役大学生士兵计划。

（一）强军计划

"强军计划"全称为"高层次人才强军计划"，是地方普通高校为军队定向培养硕士研究生的人才培养计划。

"强军计划"的招生对象为作战部队团职以下专业技术干部，以及军队综合大学和工程技术院校从事理工科教学的部分教员，以新武器装备较多的部队技术骨干为重点。学生毕业后，一律回入学前所在部队工作。

（二）援藏计划

研究生援藏计划是国家根据西藏地区对优秀人才的需求，从西藏地区招收培养一批高层次高水平的优秀人才，以更好地服务于西藏。

研究生援藏计划报考条件：考生必须是中华人民共和国公民；考生要拥护中国共产党的领导，品德良好，遵纪守法，自愿长期在西藏地区工作；考生的身体健康状况符合国家和招考院校规定的体检要求；具有国家承认的大学本科学历，毕业后连续工作2年以上；持有境外学历（学位）的考生，其学历证书必须通过教育部留学服务中心的认证；符合西藏自治区党委组织部及自治区教育厅规定的其他条件。

研究生援藏计划和招生院校一般每年都会有所调整与变化，具体以每年招考政策为准。

（三）硕师计划

教育部自2010年开始，进一步扩大了"农村学校教育硕士师资培养计划"（以下简称："硕师计划"）规模，并与"农村义务教育阶段学校教师特设岗位计划"结合实施。

从具有推荐免试硕士研究生资格的高校中，选拔部分优秀应届普通本科毕业生，录取为"硕师计划"研究生，并与地方政府教育行政部门签约聘为编制内正式教师。在县镇及以下农村学校任教，服务期三年，并在职学习研究生课程。第四年，到培养学校脱产集中学习一年，毕业时获硕士研究生毕业证书和教育硕士专业学位证书。

研究生硕师计划报考条件：政治思想素质好，热爱教育工作，具备教师资格条件，志愿到农村学校任教；可按时获得学士学位的应届本科毕业生；本科所学专业为：思想政治教育、汉语言文学、汉语言、历史学、英语、数学与应用数学、信息与计算科学、物理学、应用物理学、化学、应用化学、生物科学、生物技术、地理科学、计算机科学与技术、教育技术学、音乐学、美术学、体育教育等相关专业。

（四）少数民族骨干计划

少数民族骨干计划全称为"少数民族高层次骨干人才培养计划"，又称"民族骨干""少骨计划""骨干计划"等，是由教育部、国家发展改革委、国家民委、财政部、人事部五部委联合实施的人才培养计划。以目前政策所示，少数民族骨干计划研究生毕业后，履行定向协议回定向地区和单位就业。在职研究生派遣回原工作单位；非在职研究生派遣回定向地区就业单位；毕业离校时仍未就业的非在职研究生派遣回定向省份毕业生就业工作主管部门。毕业研究生档案转回原工作单位、就业单位或定向省份毕业生就业工作主管部门。对未履行定向协议的毕业研究生，将视情记入个人征信档案。

未经生源所在地省级教育行政部门和在职研究生原工作单位同意，骨干计划硕士研究生在学期间和服务期内不得报考博士研究生；经生源所在地省级教育行政部门和在职研究生原工作单位同意，骨干计划硕士研究生在学期间和服务期内可报考骨干计划博士研究生并签订骨干计划博士研究生定向协议书，毕业后服务年限按新协议重新计算。

招生对象包括：
- 生源地在内蒙古、广西、西藏、青海、宁夏、新疆（含新疆生产建设兵团）的少数民族考生，以及在上述地区工作满3年以上，报名时仍在当地工作的汉族考生。
- 生源地在海南、重庆、四川、贵州、云南、陕西、甘肃的少数民族考生，以及河北、辽宁、吉林、黑龙江、湖北、湖南（含张家界市享受西部政策的一县两区）等6个省的民族自治地方和边境县（市）的少数民族考生，以及在上述地区国务院公布的民族自治地方工作满3年以上，报名时仍在民族自治地方工作的汉族考生。
- 在内地西藏班、新疆班承担教学和管理任务的教职工；在西藏工作且满5年以上的"非西藏生源定向西藏就业计划"毕业生。

（五）退役大学生士兵计划

为鼓励更多高素质高校学生参军入伍，支持国防和军队现代化建设，教育部实施"退役大学生士兵"专项硕士研究生招生计划，简称"退役大学生士兵计划"。

退伍大学生考研专项计划报名条件为，报考考生应为高等学校学生应征入伍退出现役且符合硕士研究生报考条件者。高等学校是指根据国家有关规定批准设立、实施高等学历教育的全日制公办普通高等学校、民办普通高等学校和独立学院。高等学校学生是指高校全日制普通本专科（含高职）、研究生、第二学士学位的应（往）届毕业生、在校生和入学新生，以及成人高校招收的普通本专科（含高职）应（往）届毕业生、在校生和入学新生。

每年教育部安排退役大学生士兵计划的招生计划，并确定相应高校承担招生录取工作。

为什么要报考研究生

第十一章

海外留学深造

第一节 留学规划

一、选择留学

中华民族自古以来就是一个虚怀若谷、勤奋好学的民族。自清朝开始，就有向海外派遣留学生的先例。新中国成立后，特别是改革开放以来，随着社会经济发展和人民生活水平的不断提高，海外留学已经不再神秘，普通工薪家庭的孩子也能走出国门，成为国际化人才的一部分。去海外留学业已成为国家打开国门、走向世界的重要标志，也是迎接全球化、国际化这一重大战略决策的必然产物。

海外留学通常是指一个人去母国以外的国家接受各类教育，了解海外国家和地区的文化和人情，转变思维习惯，形成新的认识和判断，培养新的精神和气质。时间可以为短期或长期（从几个星期到几年），这些人被称为"留学生"。在内地，学生把前往香港、澳门等地区的学习也称为留学，这是由于这些地区有着不同的教育制度。

大学生留学的作用和意义，主要有以下几方面。

1. 丰富人生阅历

在当今信息高度发达的社会，尽管媒体与互联网为我们提供了了解国外情况的窗口，但亲身体验与间接认知之间存在本质区别。留学作为一种独特的人生经历，不仅使学子能够深入学习知识与技术，更是他们切身感受、理解和融入留学国家社会的重要途径。

2. 培养国际视野

全球化时代，世界正处于前所未有的交流与互动之中，机遇与挑战均带有鲜明的国际化色彩。作为国家的未来栋梁，年轻大学生需积极培养国际观念，以应对这一时代趋势。留学先进国家，通过学习、生活、接触新兴科技与人文理念，能够有效拓宽国际视野，成为培养国际观念的有效手段。同时，这也是向世界展示中国年轻一代自信与活力，增进国际社会对中国的理解与认知的重要途径。

3. 提升外语能力

留学国外，学生将与当地师生及社会成员进行深入的交流与互动，日常生活的方方面面均需使用外语进行沟通。这种沉浸式的语言环境，将使学生在实际运用中迅速提升外语水平。

4. 拓宽专业选择

国外部分大学的专业设置广泛，涵盖了一些国内尚属空白或认可度有限的领域。对于有意在国外就业的大学生而言，获取国外学位成为必然选择。此外，国外硕士课程转专业相对灵活,没有严格的学术考试限制,为学生提供了更加多元化的专业选择。

5. 优化资源配置

从全球视角来看,我国教育资源相对有限。尽管近年来高等教育不断扩招,但在师资力量、教学设施等方面与先进国家仍存在一定差距。留学国外,学生可接触并吸收先进的教育理念与方式,充分利用国外优质教学资源,实现个人成长。

6. 提高学习效率

相较于国内本科四年、硕士三年的学制,澳大利亚、英国、新西兰等国本科三年、硕士一年的学制显著缩短了学习时间,降低了留学成本。同时,国外教育强调高效学习与严格考核,确保了教学质量。这使得留学生能够更早地开始职业生涯,实现个人价值的最大化。

7. 促进职业发展与转型

部分毕业生在国内已拥有稳定的工作岗位与可观的收入,但面对职场竞争压力与职业发展瓶颈,他们意识到持续学习与提升的重要性。留学深造成为他们追求超越、实现职业转型的重要途径。此外,部分学生也希望通过获得海外学位,转行至自己热爱的行业领域。

二、时间规划

时间规划在海外留学的准备阶段扮演着至关重要的角色。一个科学合理的时间规划不仅能够确保语言考试、文件提交、面试等申请环节的按时完成,还能为学术背景提升、课外活动参与等预留充足的时间。对于有志出国留学并攻读研究生的学生而言,制定一套系统的时间规划是确保申请顺利进行的基石。以下是有关关键步骤及时间安排的一般性建议。

1. 前期阶段(大一或大二)
   - 启动留学规划,逐步明确个人的学术兴趣与职业规划。
   - 寻求留学导师的指导,获取关于研究生申请及学术准备的宝贵建议。
   - 提前启动英语语言能力提升计划,积极参与托福、雅思或GRE等标准化考试的准备,力求获得理想的分数。

2. 中期阶段(大二下学期至大三上学期)
   - 深入准备标准化考试,努力争取令人满意的成绩。
   - 对潜在的研究生项目和目标国家进行细致研究,明确研究领域与心仪学府。
   - 积极参与学术研究、实习或志愿服务等活动,以丰富个人履历,增强申请竞争力。

3. 关键阶段(大三下学期)
   - 继续备考标准化考试。
   - 正式启动研究生申请流程,包括撰写个人陈述、收集推荐信及准备其他申请文件。
   - 积极探索奖学金及财政支持的机会,详细了解申请流程与截止日期。

4. 冲刺阶段(大四上学期)
   - 提交研究生申请材料,确保所有文件均按时、准确递交。
   - 密切关注申请进展,准备并参加可能的面试。
   - 持续关注奖学金及财政支持信息,同时着手准备申请签证所需的材料。

5. 收尾阶段(大四下学期)
   - 完成签证申请流程,准备相关文件。
   - 确保本科阶段学业的圆满结束,顺利获得学位证书。
   - 制定详细的出国前旅行与生活安排计划,同时了解目标国家的文化与生活环境。

6. 留学前准备（本科毕业后）

- 参加留学前的适应性课程或培训，以增强自身的适应能力。
- 整理并确认所有出境所需文件，包括签证、护照及健康证明等。
- 安排好在目标国家的住宿与生活，熟悉当地的基本信息与服务设施。

有效的时间规划能够缓解申请过程中的压力，确保每个步骤都能按计划有序进行，避免因时间紧迫而导致的疏忽与遗漏。通过提前规划与分解任务，学生能够更加从容地处理文书撰写、考试准备、材料提交等各项工作，提高申请质量，增加录取机会。同时，提前准备还能有效减少焦虑情绪，使整个留学申请过程更加平稳顺畅。

第二节 国家（地区）的选择

一、留学选择的关键考量因素

1. 选择留学国家（地区）：综合考虑教育质量与个人经济能力

出国留学是学生生涯规划中的重大决策，不仅关乎学生个人，也对其家庭有着时间与经济上的双重挑战。因此，规划留学路径时，需深思熟虑，以应对潜在困难与考验。在选择留学目的地时，首要考量因素为该国的教育水平及学生个人的经济承受能力。此外，还应全面评估该国的地理位置、经济发展水平、历史文化底蕴、气候环境及对留学生的优惠政策等因素。

在依据个人实际情况做出选择时，需警惕以下常见误区。

盲目追求美国留学：美国虽为留学热门地，但其签证要求严苛，尤其是非全额奖学金申请者。因此，应理性评估获签可能性，避免单一目标导致的局限。

过度依赖亲友关系：国外亲友关系未必如预期般紧密，且过度依赖可能削弱学生的独立生活与学习能力。留学的核心价值在于受到教育与自我成长，而非简单依赖外界支持。

盲目追求名校光环：世界顶尖大学竞争激烈，录取门槛高。对于大多数学生而言，应基于自身实力与兴趣，选择适合的院校，而非盲目追求排名。同时，需认识到国外大学教育质量普遍较高，不必过分迷信排名。

针对上述误区，提出以下建议。

经济条件优越者：优先考虑教育体系成熟、留学环境优越的国家，如美国、英国、澳大利亚及加拿大等。

经济条件有限者：可探索新兴留学国家，这些国家不仅教育水平高，且生活成本相对较低，部分国家还提供学费减免等优惠政策，如韩国、意大利等。

语种考量：根据语言能力选择留学国家，英语国家如美、英、澳、加及新西兰等；非英语但用英语授课的国家如荷兰；使用当地语言授课的国家如法国、德国、日本等。

总之，选择留学国家（地区）应谨慎且全面，避免盲目跟风，以确保留学之路的顺利。

2. 选择院校：全面评估院校实力与认可度

在选择留学院校时，首要确认该院校是否为我国教育部门所认可的正规教育机构，这可通过教育部涉外教育监管网及中国留学网等官方渠道查询核实。同时，应遵循"适合原则"，从多个维度全面评估院校的实力与认可度。具体考量因素包括以下几个方面。

质量保证：确认院校提供的课程是否获得相关权威机构的认证。

院校类型：根据课程需求选择公立还是私立、专业还是综合性院校。

院校规模： 考查学生人数、班级规模、教学设施、师生比例及校园规模等。
地理位置： 关注城市生活成本、气候条件、人口结构及中国学生比例。
住宿条件： 了解院校住宿政策、校外住宿便利性及交通状况。
院校服务： 评估院校为学生提供了哪些服务支持，如新生入学教育、就业指导等。
外语辅导： 考虑院校是否提供外语学习辅导及其费用情况。
留学生服务： 了解为留学生提供的专门设施、社团及留学生比例。
校园生活： 考察院校提供的课外活动种类与质量。

此外，应理性看待院校排名，将其作为参考而非唯一标准，以免误导决策。综合以上因素，选择最适合自己的留学院校，是迈向成功留学关键的一步。

3. 选择专业：契合个人天赋与未来职业规划

出国留学时，专业的选择往往预示着个人职业生涯的初步方向，不仅关乎未来的生活方式、职业性质及层次，更是一项高投入、高期待的决策。因此，学生及家长需深思熟虑，理性评估，确保所选专业能够契合个人的天赋与长远的职业规划。

留学专业的选定伴随着一定的风险，理想的选择应基于个人擅长领域，以激发学习动力，成就未来。同时，需将专业选择与社会需求及个人就业前景相结合，选择那些既符合个人优势又具备广阔就业前景的专业，通过不懈努力，实现理想就业。

依据个人特长与兴趣。结合个人的专业特长、兴趣爱好及潜力，选择能够充分发挥自身优势的专业，将使学习过程更加轻松高效，同时增加成功的可能性。

基于专业背景进行深造。申请专业时，应确保有合理的申请动机，尤其是基于已有的专业基础进行深造，这样的选择往往更具说服力，且有助于未来学术发展。若在某专业领域已有良好的学业成绩，并希望进一步探索与拓展，则该专业应成为首选。

根据职业目标规划专业。选专业即是提前为职业生涯铺路，需结合个人职业发展目标及就业市场趋势，选择具有发展潜力的专业。对于计划学成归国的留学生，建议深入分析国内就业市场现状与未来趋势，以精准定位专业方向。

优先确定专业大类再选院校。当前，部分留学生倾向于先选院校后定专业，这种做法未必最佳。在国外，学校的综合实力强并不等同于所有专业都很卓越。因此，建议先明确专业大类，再在此基础上挑选在该领域具有优势的院校。

避免盲目追逐热门专业。热门与冷门专业的界定具有滞后性。IT、金融、商科等专业虽备受青睐，但竞争激烈且存在人才饱和的风险。选择时应综合考虑个人兴趣、能力及市场需求，避免盲目跟风。

值得注意的是，出国留学时，具体专业的选择不宜操之过急。可以先确定专业大类，待进入大学后，根据学习体验及职业规划的进一步清晰，再于第二年或适当时候慎重选定具体专业方向。

二、主要留学国家（地区）概况

（一）留学美国

美国以其多元化的高等教育体系著称，能够充分满足不同学生的个性化需求，提供广泛而深入的学术专业与课程选择。无论学生的兴趣聚焦科学、工程、社会科学、人文学科还是商业领域，均能在美国找到与自己志向相契合的学习路径。尤其是在科学、技术、工程和数学（STEM）领域，美国始终保持着国际领先的研究与创新地位。

美国汇聚了众多世界顶尖学府，如哈佛大学、斯坦福大学、麻省理工学院及加州大学伯克利分校等，这些大学在全球大学排名中屡居前列，拥有杰出的教师团队与先进的科研设施。美国的学术环境崇尚开放与自由，鼓励学生勇于探索未知，培养批判性思维能力，学术自由与言论自由是其高等教育体系的核心价值所在。

美国的学术社群充满活力且多元化，吸引了全球范围内的优秀学生与学者。这种多元性不仅促进了不同观点与思维方式的碰撞，还极大地推动了创新与知识的跨界交流。众多美国大学积极构建国际合作伙伴关系，致力于全球性问题的研究与解决，并设立国际学生服务中心及国际交流项目，为留学生提供全方位的支持与服务，鼓励其参与国际学术研究活动。

在奖学金与资助方面，美国大学提供了丰富的奖学金、助学金及研究助理岗位，以减轻学生的经济负担。此外，部分学校还设立了特别奖项，以吸引并表彰杰出的国际学生。

从职业发展的角度来看，留学美国无疑能显著提升个人的国际竞争力，为未来的职业生涯奠定坚实基础。作为全球经济的重要引擎，美国为留学生提供了广阔的就业市场与职业机会。许多留学生在完成学业后，能够凭借获得的工作签证在美国积累宝贵的国际职业经验。

美国的大学体系还涵盖了公立与私立两大类别。相较于私立院校，公立大学通常能够获得更多的政府资金支持，因此在学费上更为亲民。在美国约 3600 所大学中，公立大学占据了近半壁江山。留学美国公立大学的优势在于：一方面，公立大学以相对较低的学费为国际学生提供了高性价比的教育选择；另一方面，公立大学在教育质量、研究资源及国际化程度等方面均表现出色，能够为学生提供高质量的学术教育与丰富的跨文化交流机会。此外，公立大学的广泛认可度也为毕业生在未来的职业生涯中带来了更多机遇。

在众多美国公立大学中，加州大学伯克利分校、加州大学洛杉矶分校、密歇根大学、弗吉尼亚大学及佛罗里达大学等更是备受瞩目，成为众多留学生的理想之选。

值得一提的是，"常春藤盟校"（Ivy League）作为美国八所顶尖私立大学的联合体，不仅拥有卓越的学术声誉与悠久历史，更以其高质量的教学与研究水平闻名于世。这八所学校分别是——哈佛大学、耶鲁大学、普林斯顿大学、哥伦比亚大学、康奈尔大学、宾夕法尼亚大学、布朗大学及达特茅斯学院，每年吸引着全球范围内的顶尖学子与研究人才。

（二）留学英国

英国的教育制度历经数世纪的沉淀，以卓越的教学质量和深厚的学术底蕴享誉全球。其众多历史悠久的高等学府不仅孕育了超过 90 位诺贝尔奖得主，还持续为世界贡献着知识与智慧。

在英国求学，学生不仅能够享受到顶尖的教育资源，还能体验到高效且紧凑的学制安排。一般而言，本科学位课程需三年（苏格兰地区为四年），硕士研究生课程则多为一年至两年，而博士研究则需三到四年时间。特别值得一提的是，英国的一年制授课型硕士学位，以其高效、经济的优势，成为众多国际学生的首选，不仅节省了时间与金钱成本，更确保了学位的高含金量与国际认可度。

英国在高等教育领域的卓越成就，直接体现在其顶尖名校的辉煌排名上。在 2024 年 QS 世界大学排名中，英国有 90 所高校榜上有名，其中 4 所更是跻身全球前 10，充分彰显了英国高等教育的强大实力与国际竞争力。这些名校不仅科研成果斐然，还培养出了一大批杰出的诺贝尔奖得主，为世界科学发展做出了巨大贡献。

此外，英国深厚的文化底蕴、优美的自然环境及多元包容的社会氛围，也为留学生提供了理想的学习与生活环境。从激动人心的文化艺术到宁静古朴的乡村风光，从繁华现代的城市景观到热情友好的当地居民，英国以其独特的魅力吸引着来自世界各地的学子。在这里，留学生可以充分领略和享受不同于本国的文化氛围，拓宽国际视野，增进跨文化交流。

当前，留学英国的热门院校包括牛津大学、剑桥大学、伦敦政治经济学院、帝国理工学院、伦敦大学学院、爱丁堡大学、曼彻斯特大学等。这些名校不仅学术实力雄厚，更以其独特的校园文化、丰富的国际交流机会以及卓越的就业前景，吸引着全球范围内的优秀学生前来深造。

（三）留学澳大利亚

澳大利亚的高等教育以其灵活的学制著称，通常分为两年、一年半及一年制等多种模式，这一特点成为吸引众多国际学生的重要因素之一。特别是两年制硕士课程，虽为普遍选择，但拥有相关专业背景的学生，通过学分减免机制，亦有机会申请到更短学制（如一年半或一年制）的硕士课程，以满足个性化需求。

澳大利亚的另一大亮点在于其宽松且多样化的移民政策，这为留学生提供了额外的吸引力。政府长期致力于吸引年轻、高学历且英语能力强的海外人才移民，以促进国家经济发展。相较于其他发达国家，澳大利亚的移民政策更为宽松，并提供了多元化的移民路径供选择。

在教育质量上，澳大利亚的高等教育机构同样表现出色。特别是被誉为"澳洲八大"的顶尖学府，在 QS 世界大学排名中稳居前百强，彰显了其卓越的学术实力。这些大学在护理、商科会计、工程学等多个专业领域均处于世界领先地位，为留学生提供了丰富的学术资源与高水平的职业发展平台。对于计划回国发展或在国内热门城市落户的留学生而言，这些院校的高排名无疑是一个巨大的优势。

此外，澳大利亚对跨专业申请的研究生也展现出极大的包容性。部分院校及专业对本科背景的要求相对宽松，使得材料工程等非商科背景的学生也有机会进入"澳洲八大"等顶尖学府的商科专业学习。以昆士兰大学商业硕士课程为例，其两年制课程模式接受任何本科背景的学生申请，为跨专业申请者提供了宝贵的升学机会。

澳大利亚的自然风光与人文环境同样令人向往。这个地广人稀的国家拥有狭长的海岸线、广袤的内陆和繁华的现代都市，每一处都散发着独特的魅力。留学生可以在学习之余，利用假期深入探索这片神奇的土地，作为拥有 20 项联合国教科文组织世界遗产的国家，澳大利亚无疑是留学与旅行的绝佳选择。悉尼、墨尔本、珀斯及布里斯班等城市更是以其宜居性闻名遐迩，多次荣登全球宜居城市榜单。

目前，留学澳大利亚的热门院校包括悉尼大学、墨尔本大学、堪培拉大学、昆士兰大学及阿德莱德大学等，这些学府以其卓越的教育质量、丰富的学术资源及优美的校园环境吸引着来自世界各地的优秀学子。

（四）留学加拿大

加拿大政府高度重视教育事业，每年在教育领域的投入较高。对于学术表现优异的学生，不仅学校会慷慨提供奖学金以资鼓励，政府亦设有学生贷款计划，旨在确保每位学生都能无后顾之忧地完成学业。此外，加拿大的教育体系完善且教学质量卓越，享誉全球。

相较于英国与美国等西方国家，加拿大的留学费用更为亲民。这主要得益于加拿大顶尖大学多为公立性质，享有政府补贴，因此学费相对较低。尽管费用更为经济，加拿大的教育水平却丝毫不逊色于英美，以世界排名为例，多伦多大学与麦吉尔大学分别在2024年QS世界大学排名中占据第21位与第30位，彰显了其国际竞争力。

作为英法双语国家，加拿大为留学生提供了一个独特的语言环境。在日常生活中，学生不仅能沉浸在英语环境中，还有机会接触并学习法语。特别是魁北克省及首都渥太华等地区，法语普及率高达78%，为希望掌握双语的学生提供了宝贵的实践机会。

目前，多伦多大学、渥太华大学、不列颠哥伦比亚大学及蒙特利尔大学等高等学府，已成为中国留学生赴加留学的热门选择。

（五）留学德国

德国的高等教育机构普遍坐落于人文氛围浓厚、自然环境优美的城市之中，为留学生提供了便捷的生活条件与卓越的教育水平。特别是在生物科学、汽车工业、机械制造、建筑设计及经济学等领域，德国大学的专业优势尤为显著。德国教育体系以公立为主，倡导普及化教育理念，与英美的精英化教育模式形成鲜明对比。这些历史悠久的学府，不仅承载着深厚的文化底蕴，还各自拥有独特的办学特色，共同构筑了德国坚实的教育基石。

德国教育质量卓越，名校林立，专业领先，拥有众多享誉全球的高等学府。作为"欧洲经济引擎"，德国强大的工业实力与其深厚的科技底蕴和高质量教育密不可分。均处于国际领先地位。在2024年QS世界大学排名中，德国共有9所高校跻身前两百强，其中4所更是荣登百强榜单。

中德两国之间的密切合作，为留学德国的学生开辟了广阔的就业前景。随着中德全方位战略伙伴关系的不断深化，两国在经贸、科技、教育等领域的合作日益紧密。中国认可德国大学文凭，双方签订的学位互认协议为留学生回国发展提供了便利。同时，德国在华投资规模庞大，德国企业对中国留德人才的需求持续增长；而中国企业在国际化进程中，也迫切需要具备德语能力和德国教育背景的专业人才。因此，留学德国无疑为有志在这些方向发展的学生奠定了坚实基础。

当前，慕尼黑大学、海德堡大学、柏林自由大学、慕尼黑工业大学、柏林工业大学及哥廷根大学等德国知名学府，已成为中国学生留学德国的热门选择。

第三节　留学体验

一、制定学校申请方案

第一步：明确留学意向。在决定留学之前，需深入思考：是选择本科毕业后直接出国，还是待国内研究生毕业后继续深造？要对留学所需付出的努力与成本有着清晰认知，包括语言能力、心理素质等软性条件，以及家庭经济支持等硬性条件。

第二步：评估家庭经济实力。家庭经济状况是留学决策的关键考量之一。需全面了解家庭经济基础，结合各国留学的经济门槛，合理规划预算，确保留学计划的可行性与可持续性。建议申请者与家长进行开放、深入的沟通，确保资金安排的妥善与合规。

第三步：精准定位留学目标。明确留学的根本动因，如拓宽国际视野、深化专业知识、职业规划需求等，这有助于构建理性、成熟的留学目标。在此基础上，对比各国留学优势（费用、安全、发展前景），选择最适合自己的留学国家。

第四步：个性化选择留学专业或项目。结合个人学习风格、兴趣爱好、职业规划等因素，进行自我评估，选定契合自身发展的留学专业或项目。

第五步：信息搜集与学校筛选。全面评估自身条件，根据申请学校的入学要求，制定个性化申请方案。设置不同层次的申请目标（最高、适中、保底），制定详细的时间表与申请计划。

第六步：启动学校申请流程。严格按照学校要求准备申请材料，确保材料的完整性与准确性。及时提交申请，并关注申请进度，适时提供补充材料或进行面试准备。

第七步：保持与学校的高效沟通。在申请过程中，定期与学校保持联系，了解申请状态，及时响应学校的要求与建议。确保信息的准确传递与问题的及时解决。

第八步：精心挑选录取院校。综合考虑专业匹配度、目标达成度及经济承受能力等因素，从多个录取通知中挑选出最适合自己的学校，并按要求确认入学意向及缴纳相关费用。

第九步：启动签证申请程序。在完成上述所有准备工作的基础上，开始着手签证申请事宜。遵循签证流程，准备必要的签证材料，确保签证申请的顺利进行。

二、语言考试概览

在筹备留学之际，深入了解目标留学院校对语言考试的具体要求至关重要。以下是有关主流语言考试的全面介绍。

（一）雅思考试（IELTS）

1. 雅思考试概述

雅思考试，全称为国际英语语言测试系统（International English Language Testing System），是由剑桥大学考试委员会（Cambridge Assessment English）、英国文化教育协会（British Council）及澳大利亚国际开发署（IDP Education Australia）共同研发并管理的全球性英语语言能力评估体系。该考试旨在全面检测考生在听、说、读、写四个方面的英语能力。

雅思考试根据考试成绩的不同用途，可细分为普通雅思考试、用于英国签证及移民的雅思考试（UKVI IELTS），以及雅思生活技能类考试，如表 11-1 所示。其中，普通雅思考试与 UKVI 雅思考试根据适用人群和考试结构的不同，进一步划分为学术类（A 类）和培训类（G 类）。此外，根据考试形式的不同，考生可选择参加纸笔考试或机考，以满足个人需求与偏好。

表 11-1　雅思考试

考试类型	考试结构	考试形式	适用人群
普通雅思考试	A 类	纸笔考试/机考	出国留学申请本科、研究生及以上学位，或获得专业资质
	G 类	纸笔考试/机考	英语国家移民申请（如澳大利亚、加拿大、新西兰及英国）或申请培训及非文凭类课程
UKVI 雅思考试	A 类	纸笔考试/机考	赴英国读预科或语言班
	G 类	纸笔考试/机考	
雅思生活技能类考试		人人对话	申请赴英国的探亲或入籍签证

2. 雅思考试内容

雅思考试涵盖听力、阅读、写作和口语4个考试项，对学生语言理解与表达能力和逻辑思维两大方面进行考查，如表11-2所示。

表11-2 雅思考试内容解析

考试项	考试时长	能力考查
听力	30分钟	生活词汇与学术词汇、发音、短时记忆能力、理解说话者的态度、理解演讲的结构、同义替换的识别
阅读	60分钟	学术词汇、语法、长难句的理解、段落归纳总结能力、跳读和扫读、同义替换的识别
写作	60分钟	用词的准确性、语法多样性、句子间的连贯与衔接、题目的回应情况、逻辑思维
口语	11～14分钟	词汇和语法的多样性及准确性、发音与流利度、逻辑思维、语言组织能力

3. 主要适用国家及地区

雅思考试在全球范围内广泛被接受，作为语言能力的重要证明，其主要适用国家及地区涵盖具体如下。

英语国家：雅思在英国、澳大利亚、加拿大等以英语为主要语言的国家中，是高等教育入学的标准语言测试之一。此外，美国的部分院校同样认可雅思成绩作为申请时的语言能力证明。

欧洲国家：尽管部分欧洲国家拥有其本国的语言测试体系，但德国、荷兰、法国等国的部分英语授课项目，仍要求申请者在入学时提交符合要求的雅思成绩，以证明其英语语言能力达到课程要求的标准。

亚洲国家：在新加坡、马来西亚等英语普及度较高的国家，雅思成绩是申请高等教育的重要参考。同时，日本、韩国等国的部分院校，尤其是开设英语授课项目的机构，也普遍接受雅思成绩作为语言能力评估的依据。

（二）托福考试（TOEFL）

1. 托福考试概述

托福（The Test of English as a Foreign Language）考试，是由美国教育测验服务社（Educational Testing Service）在全球范围内组织并实施的一项标准化英语水平测试。该考试专为母语非英语的考生设计，旨在全面评估其在大学学术环境中使用和理解英语的能力。

托福考试在全球范围内享有极高的认可度，被超过160个国家的1.1万余所高等教育机构、专业组织及政府部门所接纳。这一广泛接受度涵盖英国、美国、加拿大、澳大利亚、新西兰等英语国家的高等教育机构，以及欧洲和亚洲的众多知名学府。此外，托福成绩还常被用于申请澳大利亚等国家的移民签证，进一步体现了其在国际交流与合作中的重要作用。

2. 托福考试内容

托福考试分为听力、阅读、写作和口语4个部分，如表11-3所示，考试内容兼具学术英语和生活英语。每部分各占30分，总分为120分。

表 11-3 托福考试内容解析

科 目	考试内容	分 数	时 间
听力	形式为对话和讨论，问题一般着眼于内容、句义，同时也包括说话人的态度和用意	30分	41~57分钟
阅读	在读过每篇文章后（有3~5篇），有12~15个关于大概内容、作者意图、从文章得出的推断等问题，以及复述、填补图表、完成总结等问题	30分	54~72分钟
写作	一种是受试者需针对某种特定议题，为某方立场提出观点来进行辩护。另一种是受试者需读过一篇段落或听过一段演讲，接着以写作方式回答或讨论其相关问题	30分	50分钟
口语	有关个人简历和偏好问题，也有需要综合阅读材料和听力短文的问题。需要考生能够清楚、完整及准确地复述内容、解释想法和阐释观点	30分	17分钟

（三）GRE 考试

GRE 考试是美国及全球众多高校研究生入学的重要评估标准之一。该考试旨在测量考生的文字推理能力、数量推理能力及分析性写作能力，这些衡量标准并不局限于某一具体研究领域，而是广泛适用于评估考生是否具备在研究生院和商学院进一步深造的潜力。在招生过程中，高校入学委员会和奖学金评定组通常会综合考虑 GRE 分数、本科成绩单、推荐信及其他相关资格证明，以全面评估候选人的综合素质。

作为全球范围内最为广泛接受的研究生入学标准考试之一，GRE 考试在全球 160 多个国家和地区设有众多考点，为考生提供了极大的便利。目前，在多数地区，考生可选择全年任意时间参加机考，以灵活安排备考与考试计划。

GRE 考试由三大核心部分构成：分析性写作（Analytical Writing）、文字推理（Verbal Reasoning）和数量推理（Quantitative Reasoning）。其中，分析性写作部分总是作为考试的开篇，而文字推理、数量推理及不计分部分（如有）则可能以任意顺序呈现，因此考生需对每一部分都保持高度专注，视其为计分题来对待。

1. 分析性写作

分析性写作部分旨在评估考生的批判性思维、分析性写作技能以及清晰表达复杂观点的能力。考生需展现出围绕特定主题构建和评估论证的能力，同时确保论述的连贯性、针对性和逻辑性。此部分不考查具体的学科知识，而是侧重于考生的写作技巧和思维深度。

分析性写作包含两个独立计时的任务。

Analyze an Issue：该任务要求考生就一个具有普遍意义的话题提出自己的观点，并依据题目中给出的写作指导进行论证。考生需深入分析话题的复杂性，通过合理的推理和具体实例来支持自己的观点，展现其批判性思维和论证能力。

Analyze an Argument：与"Analyze an Issue"不同，此任务要求考生评估一个给定的论证过程，而非简单地赞同或反对其中的观点。考生需分析论证的逻辑性、论据的充分性及结论的合理性，展现出对论证过程的深入理解和批判性评价能力。

这两项写作任务相辅相成，共同构成了对考生分析性写作能力的全面考查。通过这两个任务，考生不仅能够展示自己的思维深度和论证技巧，还能在直接回应问题、构建和评估论证的过程中，充分展现其作为未来研究生的潜力和素养。

2. 文字推理

文字推理部分旨在评估考生对书面材料的分析、评估，以及理解词、句、篇章的深层含义、辨析不同单词、概念间关系的能力。该部分核心考查的是考生的阅读理解力与推理技巧。文字推理测试形式多样，约半数题目要求考生阅读一段或多段文字后，回答相关问题；另一半则侧重于句子、句群或段落的阅读、理解与完成。题型包括标准的单项选择题（要求选出唯一正确答案）、多项选择题（需选出多个正确答案）及从段落中挑选特定句子的题目，选项数量依据题型而定。具体而言，文字推理测试涵盖阅读理解（Reading Comprehension）、段落完形填空（Text Completion）与同义句填空（Sentence Equivalence）三种题型。

3. 数量推理

数量推理部分测试考生的基本数学技能、对数学概念（如算术、代数、几何）的理解，以及数据分析、量化信息解释与分析、数学模型的构建与应用等能力。该部分问题背景多样，既有现实生活情境，也有纯数学设定，其中不少"文字题"需考生转化为数学语言或构建数学模型来解答。数量推理题型包括数量比较题、单项选择题、多项选择题及数字填空题等。部分题目独立呈现，而数据分析题则围绕同一表格、图表等数据源提出多个问题，考查考生对数据的综合分析能力。

三、留学申请策略

（一）理工科专业留学申请策略

对于有意向申请理工科专业的留学生而言，标准化考试成绩虽为关键要素，但绝非决定性因素。即便成绩出众，也未必能确保顺利进入顶尖学府。当标准化考试成绩达到基本要求后，校方更侧重于评估申请者的专业背景及综合软实力。以下是提升理工科申请者软实力的主要策略。

1. 强化专业匹配度

众多国家和地区的高校在选拔学生时，尤为重视申请者的专业背景与所申请方向的契合度，而非单纯追求高分但专业不对口的申请者。学校会综合考虑学生是否具备完成学业的潜力、是否满足专业基本要求、是否为学校所需人才，以及申请背景与专业需求的匹配度。因此，建议申请者事先详查目标学校的先修课程要求，并在大学初期（大一、大二）积极选修相关课程；若已至中后期（大三、大四），则可通过科研、实习、志愿服务等经历来增强专业背景，确保与申请专业的高度匹配。

2. 精进学术理论能力

发表论文：虽非必需，但发表学术成果对申请大有裨益。这不仅体现学术潜力，也是综合能力的展现。参与导师的研究项目，撰写英文论文或摘要，参与国内外学术会议，尤其是国际性会议，均能显著提升个人学术影响力。

人际网络拓展：除学术能力外，构建广泛的人际网络同样重要。利用师生、学长学姐、朋友等资源，拓宽信息渠道，增加推荐信等申请材料的分量。

3. 提升实际动手能力

通过参与实际项目来锻炼动手能力。选择项目时应紧密围绕申请方向，确保与个人发展目标相契合，从而在实践中积累经验，提升技能。

4. 拓宽专业视野

积极学习并研究同行或前辈的项目资料，从中汲取灵感和思路。遇到疑惑时，勇于向相关领域的专家请教，深入了解其思考过程和决策依据，从而掌握行业精髓，提升个人见解和视野。

（二）商科类专业留学申请策略

1. 留学规划

当前，商科专业作为热门的留学选择，其未来就业前景虽广阔，但留学申请及就业市场的竞争亦异常激烈。在决定攻读商科之前，学生应深入剖析个人优势与劣势，精选既擅长又热爱的专业领域。同时，对所选专业的就业方向及潜在应用领域应有充分认知，以避免盲目跟风。在规划过程中，需同步提升软硬实力，遵循留学申请的既定流程，稳步前行。

硬实力：毕业院校背景、GPA（Grade Point Average，即平均成绩点数）成绩、语言考试成绩（如雅思、托福）及入学类考试成绩。

软实力：丰富的工作（实习）经验、课外活动及竞赛参与、国际交换学习经历，以及广泛的阅读积累、志愿活动经历等。

2. 考试规划

GRE（Graduate Record Examination）与 GMAT（Graduate Management Admission Test）作为入学类考试，全面考查申请者的逻辑思维、数学分析、综合推理及写作表达能力。虽然许多商科院校未设定明确的最低分数要求，但这些考试成绩对于评估申请者的学术潜力至关重要。

GRE 主要针对除法律、商科及医学以外的各专业研究生申请。而 GMAT 则是评估申请者在商业、经济及管理类专业研究生阶段学习能力的关键指标，广泛应用于美国、英国、澳大利亚等国家的商学院招生中。

传统上，商科专业更倾向于 GMAT 成绩，但近年来这一界限逐渐模糊。例如，金融工程等交叉学科常设于工程学院下，申请者多选择 GRE；然而，也有部分学校接受 GMAT 成绩，这往往意味着学校要求较为灵活，竞争相对平缓，可能是商学院下新设立的金融工程项目。鉴于各校要求不一，建议申请者仔细查阅学校官网，明确具体考试要求。

（三）人文社科专业留学申请策略

1. 早期明确专业方向

鉴于人文社科领域专业众多，选择申请方向时需深思熟虑，可围绕职业规划、专业匹配度、目标院校实力、申请难度及个人兴趣等因素进行综合分析。鉴于此过程涉及的信息量庞大，建议深入了解国外院校及专业的具体情况，并结合自身背景进行有效评估。为确保决策的科学性与合理性，可寻求专业教育机构的协助。

2. 加强学术背景与科研准备

学术能力与科研潜力是衡量人文社科专业学生专业度的重要标尺，两者不仅体现了学生的分析能力、逻辑思维能力、写作能力及实验能力等多方面的素养，更是学习此类专业不可或缺的基础。若能在大学期间发表高质量的论文或研究报告，将极大增强目标院校对学生学习能力的认可。学术背景的积累非一朝一夕，建议在标准化考试准备充分的基础上，回顾并梳理自身的学术历程。对于缺乏学术项目经历或积累，但有志于申请研究型专业或学位的学生，积极参与学术项目，提升自身科研能力，将是明智之举。学校往往青睐那些对特定领域怀有浓厚兴趣并已取得一定科研成果或学术积累的学生。

3. 重视 GPA 的维持与提升

无论是申请研究生还是博士项目，全球顶尖名校均将 GPA 视为评估学生学术表现的重要指标。GPA 不仅反映了学生的学习能力与学术水平，更是其在校期间勤奋努力的直接体现。

为保持或提升 GPA，建议学生在每次重要考试前至少预留一个月的时间进行充分准备。更重要的是，应培养高效的学习习惯，根据每学期课程安排制订合理的学习计划，对优势科目与弱势科目进行有针对性的时间管理与资源分配。

4. 根据申请专业精选实习项目

实习经历，包括但不限于企业实习与志愿者工作，对于众多院校而言，是评估申请者实践能力与职业素养的重要参考指标。这些经历不仅为学校提供了观察申请者解决实际问题能力的窗口，也是衡量学生在应对挑战时所展现出的能力与潜力的关键依据。

对于有志于人文社科专业的学生而言，虽然实习并非普遍必须，但选择恰当的实习项目仍能显著提升申请竞争力。学生应根据自身申请的专业方向及个人发展目标，精心挑选实习项目，确保实习内容与所学专业紧密相连，或能展现个人在相关领域的研究兴趣与实践能力。通过这样的实习经历，学生能够更好地将理论知识应用于实践，增强自身的综合素质，从而在激烈的留学申请中脱颖而出。

四、留学申请流程

不同国家（或地区）的留学申请流程虽各有差异，但总体上遵循以下主要步骤。

1. 查询学校资料

通过多渠道方式，如官方网站、电子邮件或直接邮寄，收集并了解目标院校的详细资料。

2. 提交书面申请

向选定的学校发送正式信函，请求入学指南、申请表、奖学金申请表等必要文件。建议提前至少 10 个月联系学校，以确保学校有足够时间处理申请并评估相关材料。

3. 认真填写申请表

在填写前，先仔细阅读申请表说明，并建议预先复印一份进行练习。填写时需确保信息准确无误，字迹清晰，且对每个问题都尽量给予完整回答。

4. 提供标准化考试成绩

提交如 TOEFL、GRE、GMAT 或 IELTS 等考试成绩。美国院校通常要求 TOEFL 成绩，而研究生课程往往有更高的分数要求，申请奖学金则需达到更高标准。英国、加拿大等国的分数要求亦需关注。

5. 提交大学成绩单及证书

申请研究生需提供中英文成绩单及公证书，详细列出所修课程、学分、成绩及班级排名。同时，还需提交毕业证书和学位证书的中英文复印件及公证书。

6. 准备推荐信

多数学校要求 2～3 封推荐信，推荐信应由了解申请人学术成就、能力特长及个性品质的人士撰写，如教授、系主任或工作上司等，推荐人须具备高级学术职称。

7. 撰写个人陈述

个人陈述是展现申请人综合素质及申请动机的重要材料，对奖学金申请尤为重要。

8. 提供经济担保证明

提供银行存款证明或亲友资助信，证明有足够的经济能力支付留学费用。若获得全额奖学金，则可能无须此证明。

9. 完成体检并提交健康证明

根据学校要求，完成体检并获取健康证明或填写指定体检表，部分学校可能还需提供防疫注射记录。

  10. 申请住宿

根据学校政策，选择是否申请校内住宿，并按时提交申请及可能需要的押金。

  11. 正式提交申请

将所有申请材料连同申请费一并提交至目标学校。

  12. 等待录取通知

若申请成功，将收到学校的录取通知书及用于签证申请的入学许可。

五、留学前的准备

1. 出行前的准备

历经一番不懈的努力，成功获取签证，这标志着即将远赴海外的学子可以着手进行详尽的出行准备了。这些准备涵盖心理调适、能力提升、常识积累及行李物品的打包。

2. 抵达留学国度后的心路历程

当一切准备就绪，手续办理妥当，踏上国际航班的那一刻起，真正的留学之旅便拉开了序幕，同时也开启了一段截然不同的人生体验。这段留学经历可大致划分为兴奋期、文化冲突期与习惯融合期三个阶段，其时长因人而异，受个人心理素质、教育背景、年龄及语言能力等多重因素影响。

兴奋期。初抵异国，面对截然不同的肤色人群、独特的建筑风格、迷人的风景、风味迥异的饮食，留学生往往沉浸在强烈的新奇感与兴奋之中，宛如初来乍到的游客，对周遭的一切都充满了好奇与探索欲。此时，他们尚未深入当地社会，对文化差异的敏感度与容忍度相对较高。在此阶段，建议保持平和的心态，珍惜这份难得的初体验。

文化冲突期。然而，好景不长，随着日常学习与生活的深入，新鲜感逐渐消退，取而代之的是由地理、历史、文化等差异引发的诸多挑战。这一时期，留学生可能遭遇生活、学习及语言交流上的重重困难，对心理与生理构成严峻考验。若缺乏良好的心理素质及充分的出国前准备，极易陷入孤独、失落的情绪之中。为有效缓解文化冲击带来的身心压力，建议采取以下措施：积极结交新朋友、加入各类社团组织以培养团队精神；保持开放心态，勇于接纳新事物；给予自己时间学习并适应新环境，树立自信；面对困惑与不快时，耐心寻求帮助并勇于提问；利用图书馆等资源深入了解当地文化习俗，增进理解与尊重。

习惯融合期。随着对新环境的日益熟悉与适应，留学生逐渐建立起自己的社交圈，从文化冲突期的抵触与失落中走出，开始享受异国生活的乐趣，并在此过程中获得成长与自我发现。进入习惯融合期后，重要的是要在融入当地生活方式与文化的同时，坚守自己的文化价值观，不盲目迎合他人。差异是沟通的桥梁而非障碍，通过好奇与尊重促进跨文化交流，既能结交更多朋友，又能促进文化的相互理解与尊重。同时，保持谦虚好学的态度，不卑不亢，以礼待人，避免用自己的标准评判他人行为。此外，学会在跨文化交流中保护自身权益，维护民族自尊，是每位留学生不可或缺的能力。

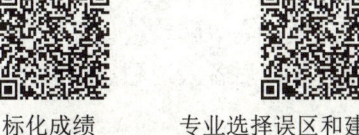

标化成绩　　专业选择误区和建议对策　　留学选课技巧

第十二章

其他就业项目

第一节　国家鼓励就业项目

一、高校毕业生面向基层就业的现实意义

1. 引导和鼓励高校毕业生面向基层就业，是实现经济社会协调发展的需要

当前，我国在统筹城乡发展、统筹区域发展和统筹经济社会发展方面，任务比较繁重，一些远郊区县的农村的发展还相对落后，城市社区管理和建设尚需进一步加强，中小企业和非公经济还有较大的发展空间。鼓励和支持高校毕业生到农村尤其是边远地区的农村工作，到城市社区工作，到中小企业和非公有制单位就业，对改善基层干部队伍结构、加强基层建设、促进经济社会全面协调可持续发展，将发挥重要作用。

2. 引导和鼓励高校毕业生面向基层就业，是推动和谐社会建设发展的需要

随着经济体制改革的不断深化和经济结构的战略性调整，高校毕业生就业面临着一些困难和问题。加大政策倾斜力度，引导和鼓励高校毕业生面向基层就业，有利于缓解目前由于人才供需结构性矛盾造成的就业压力，维护社会稳定，促进和谐社会的建设与发展。

3. 引导和鼓励高校毕业生面向基层就业，是培养毕业生健康成长的需要

基层是高校毕业生熟悉社会、了解国情与市情、砥砺品格、增进与人民群众感情的大课堂。高校毕业生到实践中去，到现代化建设的第一线去，到基层和艰苦的地方去，可以经受磨炼，增强本领，在报效国家、服务社会的过程中实现个人价值。

二、高校毕业生面向基层就业项目

近年来，党中央、国务院积极引导和鼓励大学毕业生面向基层就业，国家各部委、各地方政府陆续推出了一系列有相应的保障措施及优惠条件的政策和就业项目。大学生可根据自身的专业特长、发展需求和政策支持等情况，有针对性地进行职业生涯规划。

下面着重介绍国家倡导力度大、受到广大学子关注的4个项目，分别是选调生工作、农村义务教育阶段学校教师特设岗位计划、"三支一扶"计划和大学生志愿服务西部计划。

（一）选调生工作

选调生，是各省区市党委组织部门有计划地从高等院校选调品学兼优的应届大学本科及以上学历的毕业生到基层工作，作为党政领导干部后备人选和县级以上党政机关高素质的工作人员人选而进行重点培养的群体的简称。

1. 政策支持

选调生工作是受中央高度重视、地方积极响应的就业项目。中央鼓励优秀大学生毕业后到人民最需要的地方去，把个人理想追求融入党和国家事业之中，为党、为祖国、为人民多作贡献。2018 年，中组部印发《关于进一步加强和改进选调生工作的意见》，鼓励优秀大学生到基层艰苦的岗位和复杂的环境中锻炼。各个地方政府积极响应，出台相关政策吸引和培养优秀大学毕业生。

2. 求职备考

各省市在求职季发布公告进行选调生招考工作。大学生报考后往往需要经历笔试、资格审查、面试、体检、考察、公示、工作安排等阶段。报考信息的获取渠道是学校就业中心等。

选调生面临基层工作的挑战，未来要担任重要工作。因此，对于这一工作感兴趣的同学不妨在校内参加相关的理论实践活动，利用暑期实践机会，去基层、各地方政府机关开展学习调研、参观实习等活动。

（二）农村义务教育阶段学校教师特设岗位计划

农村义务教育阶段学校教师特设岗位计划由教育部、财政部等部门联合启动，吸引优秀高校毕业生到农村学校任教，推动城乡义务教育一体化发展，以更好地服务乡村振兴战略和巩固教育脱贫攻坚成果。

1. 招募情况

主要招募普通高校本科及以上学历的毕业生和师范专业专科毕业生，重点为乡村学校补充特岗教师，进一步补充思想政治、音体美、外语、信息技术等紧缺、薄弱学科教师。

2. 报名信息

报名信息可以在各省市事业单位人事综合管理部门公开招聘服务平台、教育部门的网站及国家大学生就业服务平台"24365 校园招聘"中查看。

3. 优惠政策

对参加农村义务教育阶段学校教师特设岗位计划的大学生，国家提供了相应的优惠政策：按规定参加社会保险，同等条件下在职称评审、评先评优、年度考核等方面享受与当地公办学校在编教师同等待遇。特岗教师在聘任期间，执行国家统一的工资制度和标准；其他津贴补贴由各地根据当地同等条件公办教师年收入水平和中央补助水平综合确定。要落实好周转宿舍等安排，帮助解决工作生活中的实际困难。开展特岗教师针对性培训；保证三年服务期满、考核合格且愿意留任的特岗教师及时入编并落实工作岗位。

（三）"三支一扶"计划

高校毕业生"三支一扶"计划是引导和鼓励高校毕业生到基层工作的示范性项目。所谓"三支一扶"，是指大学生在毕业后到农村基层从事支农、支教、支医和帮扶乡村振兴工作。在优化基层人才队伍结构、促进基层经济社会事业发展、带动高校毕业生就业观念转变方面发挥了积极作用。

1. 招募情况

招募情况，每年根据实际情况确定。如 2023 年，中央财政支持招募"三支一扶"人员 3.4 万名，鼓励有条件的地方结合实际，优化选拔招募结构，适当扩大招募规模。紧贴全面推进乡村振兴重点工作需要，积极拓展水利基础设施建设与运行管理、农技推广、林草生态保

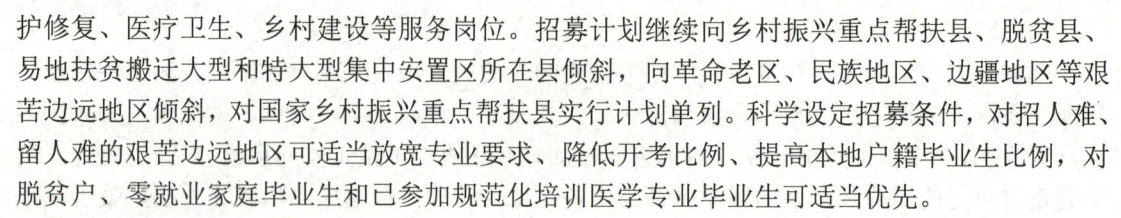

护修复、医疗卫生、乡村建设等服务岗位。招募计划继续向乡村振兴重点帮扶县、脱贫县、易地扶贫搬迁大型和特大型集中安置区所在县倾斜，向革命老区、民族地区、边疆地区等艰苦边远地区倾斜，对国家乡村振兴重点帮扶县实行计划单列。科学设定招募条件，对招人难、留人难的艰苦边远地区可适当放宽专业要求、降低开考比例、提高本地户籍毕业生比例，对脱贫户、零就业家庭毕业生和已参加规范化培训医学专业毕业生可适当优先。

2. 服务保障

国家落实配套资金支持力度，按月足额发放"三支一扶"人员工作生活补贴，落实一次性安家费，按规定缴纳社会保险。结合实际按规定缴纳住房公积金，办理补充医疗和商业保险，发放艰苦边远地区津贴等，提高保障水平。按规定对中央财政补助资金的使用进行严格管理，开展年度绩效自评，提高资金使用效益。推动基层服务单位加强工作生活保障，参照本单位人员标准给予食宿、交通等相应补助。多渠道搭建"三支一扶"人员交流平台，组织开展节日慰问座谈，激发干事创业热情。

3. 优惠待遇

强化期满服务，完善期满流动政策，畅通流动渠道，创新流动服务，促进"三支一扶"人员扎根基层成长成才。落实公务员定向考录、事业单位专项招聘、住院医师规范化培训等支持政策。要在县乡基层事业单位公开招聘中拿出一定数量或比例的岗位对服务期满考核合格的人员进行专项招聘，并增加工作实绩在考察中的权重，聘用后可以不再约定试用期。组织开展多种形式的专场招聘活动，鼓励国有企业基层单位优先招聘服务期满人员。将有创业意愿的期满人员纳入创业扶持范围，按规定落实创业政策。符合条件人员可同等享受应届毕业生相关政策，按相关规定享受考研初试加分、学费补偿或助学贷款代偿等政策。加强对服务期满人员的跟踪培养，建立联系服务机制，在职称评审、进修学习等方面予以优先。

（四）大学生志愿服务西部计划

大学生志愿服务西部计划是由共青团中央、教育部、财政部、人力资源和社会保障部共同组织实施的一项重大人才工程。2022 年至 2023 年，由中央财政支持，面向普通高等学校应届毕业生或在读研究生，按照公开招募、自愿报名、组织选拔、集中派遣的方式，招募选派 2 万名西部计划全国项目志愿者到西部地区基层工作。

1. 招募情况

招募对象为普通高等学校应届毕业生或在读研究生，到岗之前获得毕业证书或学位证书，通过西部计划体检，有志愿服务经历的优先录用。服务期为 1～3 年，服务协议一年一签。岗位类别须从乡村教育、服务乡村建设、健康乡村、基层青年工作、乡村社会治理等专项中选择。全国项目办根据历年招募情况和国家对口帮扶、对口援疆、对口援藏机制等，建立相关省份对口招募机制，并明确各服务省省内招募指标、对口招募省招募指标。

2. 报名信息

西部计划项目每年根据实际情况有所调整，报名时间一般在 4～6 月。

3. 优惠政策

对参加此项目的大学生，国家提供了相应的优惠政策。

- 服务 2 年以上且考核合格的，服务期满后 3 年内报考硕士研究生的，初试总分加 10 分，同等条件下优先录取。
- 参加西部计划项目前无工作经历的志愿者，服务期满且考核合格后 2 年内（研究生支教团志愿者自研究生毕业时开始计算），在参加机关事业单位考录（招聘）、各类企业吸纳就业、自主创业、落户、升学等方面可同等享受应届高校毕业生的相关政策。
- 服务期满考核合格的，按规定符合相应条件的，可享受相应的学费补偿和助学贷款代偿政策。
- 服务期满考核合格的，依实际服务年限计算服务期及工龄（参加工作时间按其到基层报到之日起算），并在服务证书和服务鉴定表中体现。
- 服务期满1年且考核合格后，可按规定参加职称评审。
- 出省服务的和在本省服务的志愿者享受同等优惠政策。

国家引导和鼓励高校毕业生面向基层就业的主要项目，都是大学生能够实现自身价值的舞台。大学生要从"取势""明道""优术""践行"和"合众"等方面思考自己的生涯发展策略："取势"即看到发展趋势，能够抓住机遇；"明道"即清楚自己为何选择，能够明确自己的方向；"优术"即有好的方式方法，能够帮助自己达成目标；"践行"即不断地探索与行动，做到知行合一；"合众"即与众人行，能够超越自己服务大众。只有这样，不断抓住机遇、明确方向、树立目标、知行合一，才能最终超越自我，获得生涯发展的更大成功。

第二节 应征入伍服义务兵役

《中华人民共和国宪法》规定："依照法律服兵役和参加民兵组织是中华人民共和国公民的光荣义务"。部队是青年学生成长成才的大学校，是砥砺品格、增强意志的好课堂，是施展才华、成就事业的大舞台。国防和军队现代化建设，迫切需要一大批有责任、敢担当的有志青年携笔从戎、报效祖国。

一、应征入伍的政治条件和基本身体条件

征集服现役的公民，必须热爱中国共产党，热爱社会主义祖国，热爱人民军队，遵纪守法，品德优良，决心为抵抗侵略、保卫祖国、保卫人民的和平劳动而英勇奋斗。征兵政治审查的内容包括：应征人员的年龄、户籍、职业、政治面貌、宗教信仰、文化程度、现实表现及家庭主要成员和主要社会关系成员的政治情况等。

公民应征入伍要符合国防部颁布的《应征公民体格检查标准》和有关规定。其中，有几项基本条件如下：
- 普通高等学校在校生为年满17~22周岁，大学毕业生放宽到24周岁。
- 身高：男性160cm以上，女性158cm以上。
- 体重：男性：不超过标准体重的30%，不低于标准体重的15%。
- 女性：不超过标准体重的20%，不低于标准体重的15%。
- 标准体重=（身高-110）kg。
- 视力：大学生右眼裸眼视力不低于4.6，左眼裸眼视力不低于4.5。屈光不正，经准分子激光手术后半年以上，无并发症，任何一眼裸眼视力达到4.8，眼底检查正常，除条件兵外合格。
- 内科：乙型肝炎表面抗原呈阴性，等等。

上述条件以"全国征兵网"和当地兵役机关公布的信息为准。

二、高校毕业生应征入伍服义务兵役的主要程序

1. 网上报名预征

有应征意向的高校毕业生可在征兵开始之前登录"全国征兵网"进行报名，填写、打印《应届毕业生预征对象登记表》和《高校毕业生应征入伍学费补偿国家助学贷款代偿申请表》（以下分别简称《登记表》《申请表》），交所在高校征兵工作管理部门。

2. 初审、初检

毕业生离校前，在高校参加身体初检、政治初审，符合条件者确定为预征对象；高校协助兵役机关将《登记表》和《申请表》审核盖章发给毕业生本人，并完成网上信息确认。初审、初检工作一般最晚在当年7月15日前完成。

3. 实地应征

高校应届毕业生可在学校所在地应征入伍，也可在入学前户籍所在地应征入伍。

组织高校应届毕业生在学校所在地征集的，结合初审、初检工作同步进行体格检查和政治审查，在毕业生离校前完成预定兵，当年9月初学校所在地县（市、区）人民政府征兵办公室为其办理批准入伍手续。政治审查以本人现实表现为主，由其就读学校所在地的县（市、区）公安部门负责，学校分管部门具体承办，原则上不再对其入学前和就读返乡期间的现实表现情况进行调查。

在入学前户籍所在地应征入伍的，高校应届毕业生当年7月30日前将户籍迁回入学前户籍地，持《登记表》和《申请表》到当地县级兵役机关参加实地应征，经体格检查、政治审查合格的，当年9月初由当地县（市、区）人民政府征兵办公室办理批准入伍手续。

三、高校毕业生应征入伍服义务兵役享受的优惠政策

高校毕业生应征入伍服义务兵役，除享有优先报名应征、优先体检政审、优先审批定兵、优先安排使用这"四个优先"政策外，还享受优先选拔使用、学费补偿和国家助学贷款代偿、退役后考学升学优惠、就业服务等政策。

高校毕业生预征对象参军入伍享受"四个优先"政策。

优先报名应征。报名由县级兵役机关直接办理。夏秋季征兵开始前，县级兵役机关通知其报名时间、地点、注意事项等。确定为预征对象的高校毕业生，持《应届毕业生预征对象登记表》，可以直接到学校所在地或户籍所在地县级兵役机关报名应征。

优先体检政审。体检由县级兵役机关直接办理。夏秋季征兵体检前，县级兵役机关通知其体检时间、地点、注意事项等。确定为预征对象的高校毕业生，未能在规定时间内在学校参加体检的，本人持《应届毕业生预征对象登记表》，可在征兵体检时间内报名直接参加体检。

优先审批定兵。审批定兵时，应当优先批准体检政审合格的高校毕业生入伍。高职（专科）以上文化程度的合格青年未被批准入伍前，不得批准高中文化程度的青年入伍。

优先安排使用。在安排兵员去向时，根据高校毕业生的学历、专业和个人特长，优先安排到军兵种或专业技术要求高的部队服役；部队对征集入伍的高校毕业生，优先安排到适合的岗位，充分发挥其专长。

四、国家资助大学生应征入伍服义务兵役

国家资助大学生应征入伍服义务兵役，是指国家对应征入伍服义务兵役的大学生，在入

伍时对其在校期间缴纳的学费实行一次性补偿或获得的国家助学贷款（国家助学贷款包括校园地国家助学贷款和生源地信用助学贷款，下同）实行代偿；应征入伍服兵役前正在高等学校就读的学生（含按国家招生规定录取的高等学校新生），服役期间按国家有关规定保留学籍或入学资格、退役后自愿复学或入学的，国家实行学费减免。

按照《关于调整完善国家助学贷款相关政策措施的通知》（财教〔2014〕180号）、《财政部、教育部、总参谋部关于印发<高等学校学生应征入伍服义务兵役国家资助办法>的通知》（财教〔2013〕236号）、《关于对直接招收为士官的高等学校学生施行国家资助的通知》（财教〔2015〕462号）文件规定：

- 学费补偿、国家助学贷款代偿及学费减免标准，本专科生每人每年最高不超过8000元，研究生每人每年最高不超过12000元。
- 学费补偿或国家助学贷款代偿金额，按学生实际缴纳的学费或获得的国家助学贷款（国家助学贷款包括本金及其全部偿还之前产生的利息，下同）两者金额较高者执行，据实补偿或者代偿。退役复学后学费减免金额，按学校实际收取学费金额执行。超出标准部分不予补偿、代偿或减免。
- 获学费补偿学生在校期间获得国家助学贷款的，补偿资金必须首先用于偿还国家助学贷款。如补偿金额高于国家助学贷款金额，高出部分退还学生。
- 从2015年起，国家对直接招收为士官的高等学校学生实行国家资助，入伍时对其在校期间缴纳的学费实行一次性补偿或获得的国家助学贷款（包括校园地国家助学贷款和生源地信用助学贷款）实行代偿。
- 在校期间已免除全部学费的学生，定向生、委培生和国防生，均不享受学费补偿和国家助学贷款代偿政策。

大学生应征入伍服兵役享受学费补偿、国家助学贷款代偿和学费减免的年限计算方式：

学费补偿、国家助学贷款代偿和学费减免的年限，按照国家对本科、专科（高职）、研究生和第二学士学位规定的相应修业年限据实计算。以入伍时间为准，入伍前已达到的修业规定年限，即为学费补偿或国家助学贷款代偿的年限；退役复学后应完成的国家规定的修业年限的剩余期限，即为学费减免的年限；复学后攻读更高层次学历不在减免学费范围之内。

专升本、本硕连读、中职高职连读、第二学士学位毕业生补偿学费或代偿国家助学贷款的年限，分别按照完成本科、硕士、高职和第二学士学位阶段学习任务规定的学习时间计算。

专升本、本硕连读学制在校生，在专科或本科学习阶段应征入伍的，以实际学习时间实行学费补偿或国家助学贷款代偿；在本科或硕士学习阶段应征入伍的，以本科已学习时间或硕士已学习时间计算，实行学费补偿或国家助学贷款代偿，其以前专科学习时间或本科学习时间不计入学费补偿或国家助学贷款代偿。中职高职连读学生学费补偿或国家助学贷款代偿的年限，按照高职阶段实际学习时间计算。

五、大学生申请应征入伍服义务兵役的国家资助程序

- 应征报名的大学生登录全国征兵网，按要求在线填写、打印《高校学生应征入伍学费补偿国家助学贷款代偿申请表》（一式两份，以下简称《申请表》）并提交至学校的学生资助管理部门。在校期间获得国家助学贷款的学生，需同时提供《国家助学贷款借款合同》复印件和本人签字的一次性偿还贷款计划书。

- 学校相关部门对《申请表》中学生的资助资格、标准、金额（如有生源地信用助学贷款，学校应联系贷款经办银行或贷款经办地县级学生资助管理机构确认贷款金额）等相关信息审核无误后，对《申请表》加盖公章，一份留存，一份返还学生。
- 学生在征兵报名时将《申请表》交至入伍所在地县级人民政府征兵办公室（以下简称"县级征兵办"）。学生通过征兵体检被批准入伍后，县级征兵办对《申请表》加盖公章并返还学生。
- 学生将《申请表》原件和入伍通知书复印件，寄送至原就读高校学生资助管理部门。
- 高校在收到《申请表》原件和入伍通知书复印件后，对各项内容进行复核，符合条件的，及时向学生进行学费补偿或国家助学贷款代偿。

六、大学生士兵退役后享受的就学优惠政策

- 高职（专科）学生入伍经历可作为毕业实习经历。
- 退役大学生士兵入学或复学后免修军事技能训练，直接获得学分。
- 设立"退役大学生士兵"专项硕士研究生招生计划。根据实际需求，每年安排一定数量专项计划，专门面向退役大学生士兵招生。
- 将高校在校生（含高校新生）服兵役情况纳入推免生遴选指标体系。鼓励开展推荐优秀应届本科毕业生免试攻读研究生工作的高校在制定本校推免生遴选办法时，结合本校具体情况，将在校期间服兵役情况纳入推免生遴选指标体系。在部队荣立二等功及以上的退役人员，符合研究生报名条件的可免试（指初试）攻读硕士研究生。
- 将考研加分范围扩大至高校在校生（含高校新生）。退役人员在继续实行普通高校应届毕业生退役后按规定享受加分政策的基础上，允许普通高校在校生（含高校新生）应征入伍服义务兵役退役，在完成本科学业后3年内参加全国硕士研究生招生考试，初试总分加10分，同等条件下优先录取。
- 退役大学生士兵专升本实行招生计划单列。高职（专科）学生应征入伍服义务兵役退役，在完成高职学业后参加普通本科专升本考试，实行计划单列，录取比例在现行30%的基础上适度扩大，具体比例由各省份根据本地实际和报名情况确定。
- 高校新生录取通知书中附寄应征入伍优惠政策。高校向新生寄送《录取通知书》时，附寄应征入伍宣传单，宣传单主要内容包括优惠政策概要、报名流程指南、学籍注册要求等。
- 放宽退役大学生士兵复学转专业限制。大学生士兵退役后复学，经学校同意并履行相关程序后，可转入本校其他专业学习。
- 具有高职（高专）学历的，退役后免试入读成人本科，或经过一定考核入读普通本科；荣立三等功以上奖励的，在完成高职（专科）学业后，免试入读普通本科。
- 应征入伍的高校毕业生退役后报考政法干警招录培养体制改革试点招生时，教育考试笔试成绩总分加10分。

让青春在祖国最需要的地方绽放绚丽之花

参考文献

[1] 德博诺. 六顶思考帽[M]. 马睿, 译. 北京：中信出版社, 2016.

[2] 武洪明, 许湘岳. 职业沟通教程[M]. 北京：人民出版社, 2011.

[3] 嵇建珍. 大学生创业实用教程[M]. 南京：南京大学出版社, 2013.

[4] 张敏. 大学新生[M]. 北京：中国水利水电出版社, 2014.

[5] 杨超有, 李家贵. 就业指导与职业规划[M]. 北京：人民邮电出版社, 2015.

[6] 焦金雷. 大学生就业与创业指导[M]. 西安：西安交通大学出版社, 2014.

[7] 杨东, 解恒岩, 姚圆鑫. 大学生就业与创新创业基础[M]. 北京：国家行政学院出版社, 2018.

[8] 任晓剑, 姚树欣. 大学生就业创业指导[M]. 北京：国家行政学院出版社, 2019.

[9] 刘建中. 大学生职业生涯规划（微课版）[M]. 成都：电子科技大学出版社, 2020.

[10] 贺尊. 创业学[M]. 北京：中国人民大学出版社, 2020.

[11] 王作辉, 肖强, 田曼. 新时代劳动教育理论与实践[M]. 北京：中国言实出版社, 2020.

[12] 蒋承勇. 大学生职业发展规划与就业创业指导[M]. 2版. 北京：高等教育出版社, 2023.

[13] 杨松涛, 徐洪, 杨守国. 大学生劳动教育[M]. 北京：首都师范大学出版社, 2021.

[14] 丁放, 吴朵美, 郑天翔. 大学生职业生涯发展与就业指导[M]. 天津：天津人民出版社, 2021.

[15] 马立修. 创新思维与创新方法[M]. 北京：科学出版社, 2021.

[16] 亓正申, 王保军. 创新创业基础与实务[M]. 西安：西北工业大学出版社, 2021.

[17] 张少华, 杨京楼, 李文垒. 新时代劳动教育教程[M]. 南京：南京大学出版社, 2022.

[18] 关春燕, 徐峰, 陈苗青. 大学生创新创业实务[M]. 北京：电子工业出版社, 2022.

[19] 林翔, 葛龙威. 大学生职业发展与核心能力培养[M]. 北京：电子工业出版社, 2023.

[20] 林翔, 葛龙威. 大学生职业规划与就业指导教程[M]. 北京：电子工业出版社, 2024.

欢迎登录 免费 获取优质教学资源
http://www.hxedu.com.cn

大学生
学业引导、职业规划
与就业指导

责任编辑：吴　琼
责任美编：秦　靖

ISBN 978-7-121-48742-2

定价：48.50元